KB219828

범부 김정설의 풍류사상

범부 김정설의 풍류사상 – 멋·和·妙 –

초판 1쇄 발행 2010년 11월 23일

저 자 | 정다운
발행인 | 윤관백
발행처 | 선인

편 집 | 이경남·김민희·하초롱·소성순·주명규
표 지 | 김현진
제 작 | 김지학
영 업 | 이주하

인 쇄 | 한성인쇄
제 본 | 광신제책

등록 | 제5－77호(1998.11.4)
주소 | 서울시 마포구 마포동 324－1 곶마루 B/D 1층
전화 | 02)718－6252 / 6257 팩스 | 02)718－6253
E-mail | sunin72@chol.com
Homepage | www.suninbook.com

정가 18,000원
ISBN 978-89-5933-395-0(세트)
ISBN 978-89-5933-396-7 94100

범부 김정설의 풍류사상

-멋·和·妙-

정 다 운

선인

서문

"자네가 나에 대해 공부를 한다고……허허"

그때는 몰랐다. 그 한 자락의 꿈이 날 이토록 범부에 몰두하게 만들 줄은…….

학부를 마치고 공부하는 것이 싫어 애기 아빠에게는 미안한 이야기이지만 도망치다시피 서둘러 결혼을 하고 학교를 떠났다. 그러면서 다른 평범한 주부들처럼 애기 낳고 애기 아빠 뒷바라지하고 살았다. 7년을 그렇게 살았다.

그런데 더는 못하겠더라. 왠지 나만 그 자리에 머물러 정체되고 있다는 느낌을 지울 수가 없었다. 그래서 결혼하기 전 언제든지 공부를 하고 싶으면 다시 시작해도 좋다는 애기 아빠의 약속을 무기로 대학원 석사과정에 진학했다. 동네 아줌마들 다른 취미 생활을 해도 그 정도 돈은 드니 나는 나 좋아하는 공부하고 안전하게 학교에서 놀겠다고 떼를 쓰다시피 해서 허락을 받아냈다. 그리고 그때까지만 해도 애기 아빠도, 그리고 나도 이렇게 공부에 매달려 미친 듯이 이것만 파고 들 줄은 상상도 못했다.

그냥 아무것도(?) 안하고 있는 나 자신이 서글퍼 보여서 취미로 시작한 대학원 생활이었다. 하지만 아무리 학교 다닐 때 돈 한번 내지 않고 학교를 다니던 나로서도 바뀌어버린 학습체제나 어린 학생들을 따라가기란 여간 어렵지 않았다. 우선 강의실 의자에 75분을 앉아있는 것 자체가 고통이었다. 나의 집중도는 그리 오래가지 못했고 이 말이 저 말 같고 저 말이 이 말 같고……들어본 말이긴 한데……머릿속에서 뱅뱅 맴도는 개념들은 나를 더욱 미치게 만들었다.

그 과정을 내가 그래도 남들보다 조금이라도 더 가지고 있다고 생각하는 끈기와 오기로 버텼다. 그 잘난 자존심이 내 석사과정을 그렇게 무사히 마치게 만들어 주었던 것이다. 그렇게 석사를 마치고 곧바로 박사과정을 밟게 되었다.

석사과정에서는 중국 고대 선진유가 사상 중 인성론을 중심으로 한 교육학을 전공하였다. 그러나 대학교 1학년 당시 학년 담당을 하셨던 지금의 지도교수님의 배려로 석사과정에 있던 나는 한국학술진흥재단 프로젝트 '일제강점기 한국철학의 재발견 – 대중매체와 사적 글쓰기를 중심으로'에 참여, 한국근대사에 관심을 가지기 시작하였다. 그리고 이를 계기로 2007년 영남대학교 대학원 한국학과 박사과정에 입학하면서 지도교수님의 권유로 한국근대사를 전공, 본격적으로 연구하기 시작하였다. 그 과정에서 한국근대 지성사에서 잊혀진 인물 범부(凡父) 김정설(金鼎卨, 1897~1966)이란 인물을 알게 되었고 그의 매력에 빠지게 되었다.

아무도 지나가지 않은 길. 힘은 들겠지만 너무나 흥미롭고 재미있을 것 같았다. 단순히 이 생각뿐이었다. 내가 처음 범부에 대해 공부를 시작할 때는…….

그러나 이미 굳어버린 내 머리로 감당하기에 그 연구는 그리 녹록하지만은 않았다. 범부에 관한 아무런 자료가 없는 상태에서 마치 유령 같은 인물을 쫓아가는 기분이 들 때도 있었다. 그래서 그의 실재성, 그리고 실존성을 객관적으로 뒷받침해줄 수 있는 기초자료 수집부터 단계적으로 시작, 당시 인문학 분야에서는 보편적으로 행해지고 있지 않았던 현지조사와 구술조사 등을 포함한 다양한 연구 방법을 시도해 범부의 실제성을 밝히고 그의 흩어진 자료들을 하나하나 수집하는 등의 기초연구에 몰두하였다. 자료를 찾아 국내외를 막론하고 돌아다녔고 범부와 조금이라도 관련된 인물이 있다면, 그리고 그가 생존해 있다면 어디든 찾아가 구술증언을 들었다. 정신없이 그렇게 기초 조사만을 하는데 2년여의 시간을 보냈다. 그렇게 찾아낸 자료들을 정리하여 지도교수님의 도움으로 소논문을 내 놓으면 그게 무슨 인문학 논문이냐, 철학적 사상이 있는 논문이냐며 비아냥거리는 사람들이 대부분, 아니 전부였다.

그러다 과연 '내가 하는 것이 제대로 하고 있는 것인가?'라는 나 자신에 대한 의문을 가지며 멍하게 하늘만 쳐다보고 있던 그 어느 날. 나는 사진에서만 보았던 범부의 모습을 보았다. 그는 사진 속의 그 모습 그대로 단정하고 정갈한 모습으로 나에게 웃으며 그렇게 이야기하고 있었던 것이다. 퍼뜩 정신이 들어 깨어났는데……꿈이었다. 너무나 간절하면 꿈으로 나타난다더니 지쳐있는 나에게 그가 내 눈 앞에 나타났던 것이다.

범부의 사상을 지금 내가 논하기에는 너무나 커 그 윤곽조차 제대로 볼 수가 없다. 그런데 감히 그의 사상으로 학위논문을 썼고 그 글을 이렇게 책으로 내려하고 있다. 아직 나이가 어리다보니 그의 생각을 쫓아갈 만한 고민이 충분하지 못하고 공부가 미숙하다보니 그의 사상을 읽어내기가 나에게는 너무나 버겁고 무거운 짐이다. 그러나 그에 대한 연구를 계속하겠다는 의지는 그 누구보다도 강하다 자신한다. 작년 겨울학기 학위논문을 내기 직전 쇼크로 쓰러져 논문 제출이 한 학기 미루어졌다. 그리고 이번 학위논문도 병원에서 링거를 꽂은 채 썼으며 이 글 역시 어느 대학병원의 병실에서 쓰고 있다.

그냥, 그냥 공부하는 것이 좋고 블루오션을 탐험하는 그 기분에 마냥 취하고 싶다. 언제까지나……그래서 내가 처음 범부에 대한 연구를 시작할 때 그 사람이 누구냐고 물으면 소설가 김동리의 백씨라고 굳이 설명을 붙여야만 했던 자존심 상하는 일도 이제는 점점 사라지고 있다. 몇 년 전 세상 모든 것을 검색할 수 있다는 인터넷에서조차 그의 이름을 찾을 수 없었는데 이제는 그의 이름이 당당하게 뜨는 것만으로도 그를 공부하는 사람으로서의 희열을 느낀다.

한때는 신은 나에게 왜 이리 허약한 신체를 주셨나, 그래서 내가 하고 싶은 공부를 몇 날 몇 일이고 밤새워하고 싶은 나를 왜 이렇게 울게 만드냐고 원망도 했다. 혼자 울기도 많이 했다. 그러나 신은 공평하신 분인가 보다라는 생각을 어리석은 나는 이제야 한다. 내가 허약한 신체를 탓하며 자포자기하는 대신 공부를 할 수 있는 능력을 나에게 주셨다. 단지 그 능력을 조금 모자라게 주셔서 언제까지나 그 끈을 놓지 않고 꾸준히 하기를 묵묵히 지켜보고 계신 것뿐이리라. 또한 내가 외로움에 떨까봐 다른 사람들보다 더 많은 좋은 이들을 내 곁에 있게 해주셨다. 그들과 함께 공부하고 정이 힘들 땐 그들에게 기댈 수 있게. 내가 다시 공부를 시작한다고 할 때 유학을 가지 않고 결혼을 택한 나 때문에 그리도 많은 눈물을 흘리셨던 아버지께서 제일 심하게 반대를 하셨다. 하지만 이제는 나의 가장 든든한 지원군이 되셨다. 일 년여의 병원생활 동안 하루도 눈물 마를 날 없이 날 업고 다니시며 가슴 졸이시던 어머니, 그리고 그 모든 것을 아무 말 하지 않은 채 묵묵히 지켜봐준 애기 아빠와 학교와 병원에 엄마를 빼앗겨버린 열 한 살짜리 하나뿐인 아들까지. 이 모두가 나의 건강 대신 신이 나에게 주신 선물이신 것이다.

오늘의 내가 있게 한 지도교수님께 평생의 은혜를 입었다. 그래서 나에게는 두 분의 아버지가 계신다. 나를 낳아주신 아버지와 나의 공부 길을 열어주신 아버지. 이 두 분의 아버지에게 가슴으로 감사의 인사를 드린다.

언제나 모자라는 글을 흔쾌히 받아주시는 도서출판 선인의 윤관백

사장님 역시 나의 든든한 지원군 중의 한 명이시며 내팽개치고 싶을 만큼 재미없는 책을 무던한 인내심으로 끝까지 읽으며 오탈자를 일일이 교정해 준 선인 식구 모두에게 마음으로 감사의 인사를 드린다.

2010년 8월 말
어느 대학병원 1012호 병실 창가에서 정다운 씀

차례

화 보

[범부 모습]

1-1

1-1_ 범부 젊은 시절 모습 (출처)경주 동리목월 문학관 보관

1-2

1-2_ 범부 생전의 모습 (출처)『풍류정신』(초판) 내

1-3_ 서울 아서원에서 있었던 회갑연 당시의 범부 모습 (출처)『범부유교』(초판) 내

[범부 강연 모습]

2-1
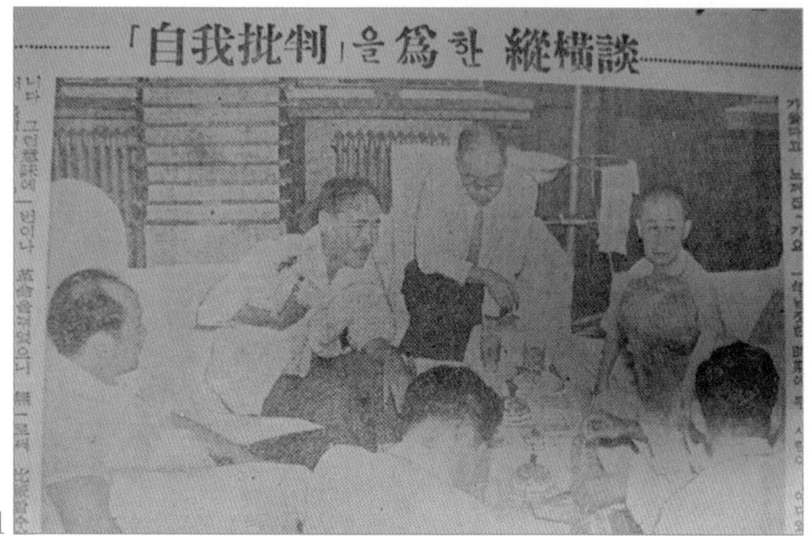
「自我批判」을 爲한 縱橫談

2-2

2-1_ 간담회 장면(왼쪽에서 두 번째) (출처) '우리民族의長短-「自我批判」을 위한 縱橫談' 『조선일보』 1961년 8월 27일

2-2_ 칸트 탄신 240주년 기념제를 마치고, 맨 앞줄 한 가운데가 범부 (출처)『풍류정신』(초판) 내

[범부 저작]

3-1

3-2

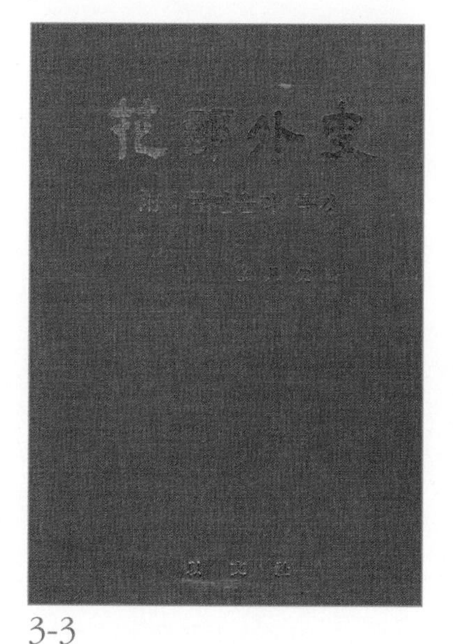

3-3

3-4

3-1_ 『화랑외사』 초판 (부산: 해군본부정훈감실, 1954) (출처)대구 효성 카톨릭대학교 도서관 소장

3-2_ 『화랑외사』 재판 (서울: 범부 선생 유고간행회, 1967, 100부 한정) (출처)필자 소장

3-3_ 『화랑외사』 삼판 1 (대구: 이문출판사, 1981) (출처)필자 소장

3-4_ 『화랑외사』 삼판 2 (대구: 이문출판사, 1981) (출처)필자 소장

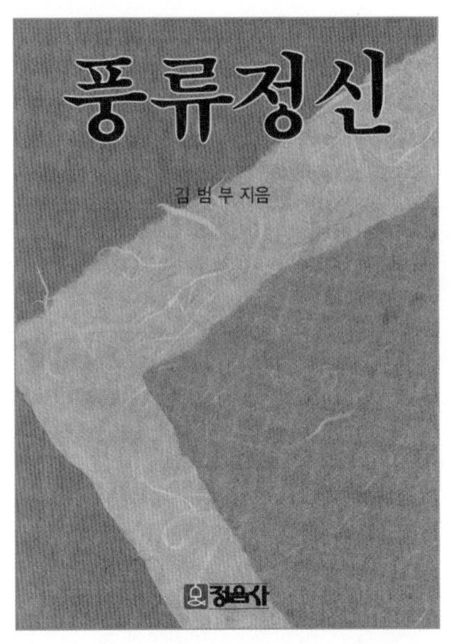

4-2

5-1

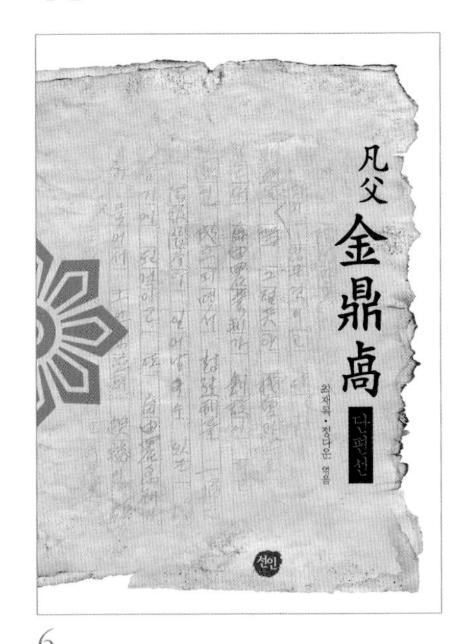

6

4-1_ 『풍류정신』 초판 (서울: 정음사, 1986) (출처)필자 소장

4-2_ 『풍류정신』 재판 (경산: 영남대학교 출판부, 2009) (출처)필자 소장

5-1_ 『범부유고』(일명 『정치철학특강』) (대구: 이문출판사, 1986) (출처)필자 소장

6_ 『凡父 金鼎卨 단편선』 (서울: 도서출판 선인, 2009) (출처)필자 소장

[범부 친필]

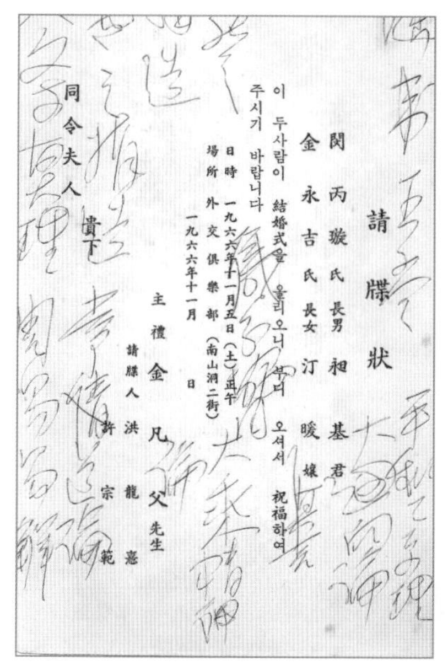

請牒狀

閔丙璇氏 長男 昶基君
金永吉氏 長女 汀暖孃

이 두사람이 結婚式을 올리오니 부디 오셔서 祝福하여 주시기 바랍니다

日時 一九六六年十一月五日(土)正午
場所 外交俱樂部 (南山洞二街)

一九六六年十一月 日

主禮 金凡父 先生

請牒人 洪龍憲
許宗範

同令夫人 貴下

7-1

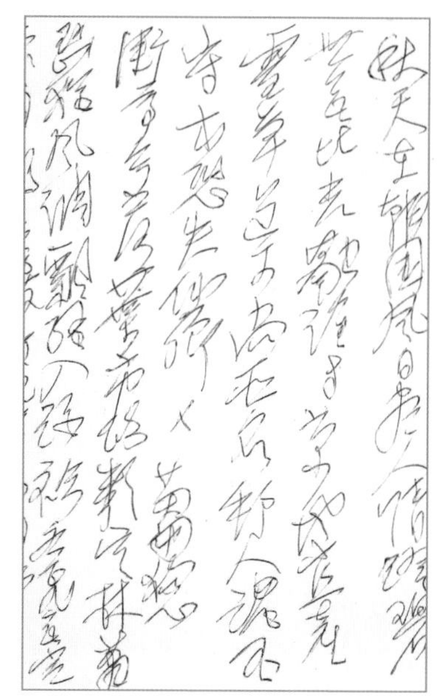

7-2

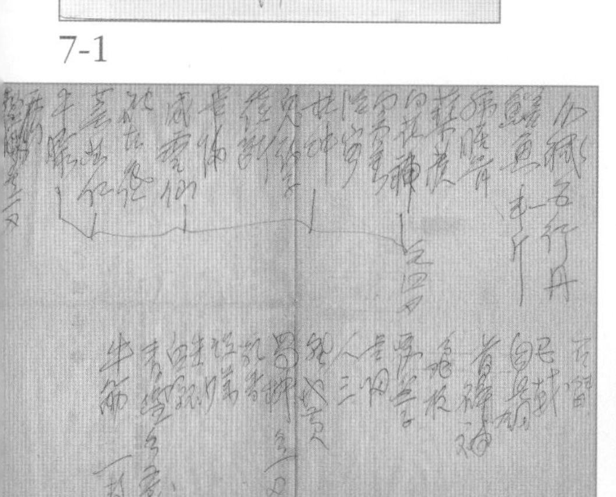

7-3

7-4

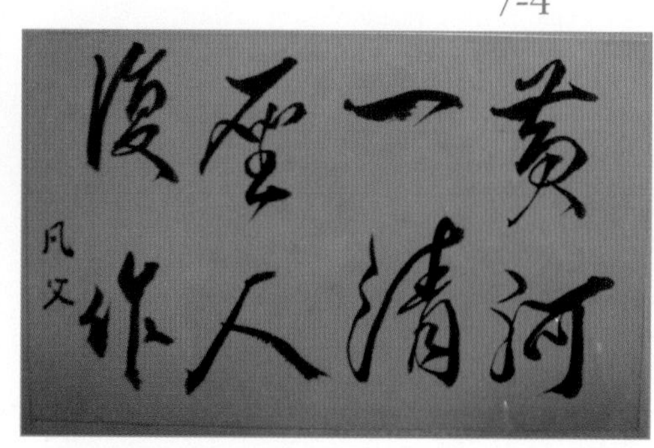

7-1_ 범부 친필 메모 (출처)필자 소장

7-2_ 범부 친필 메모 (출처)필자 소장

7-3_ 범부 친필 메모 (출처)필자 소장

7-4_ 범부 친필 - '黃河一青 聖人復作' 황하가 한번 맑아지면 성인이 다시 일어난다 (출처)경주 동리목월 문학관 보관

[문파재단 관련]

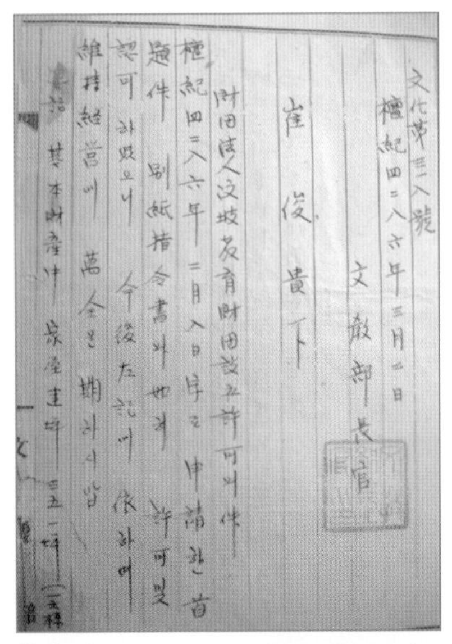

文化第三八號

檀紀四二八六年二月二日

文敎部長官

崔俊 貴下

財団法人汶坡教育財団設立許可의件

檀紀四二八六年二月八日字로 申請한 首題件 別紙指令書와 如히 許可및 認可하였으니 今後左記에 依하여 維持經營에 萬全을 期하시압

8-1

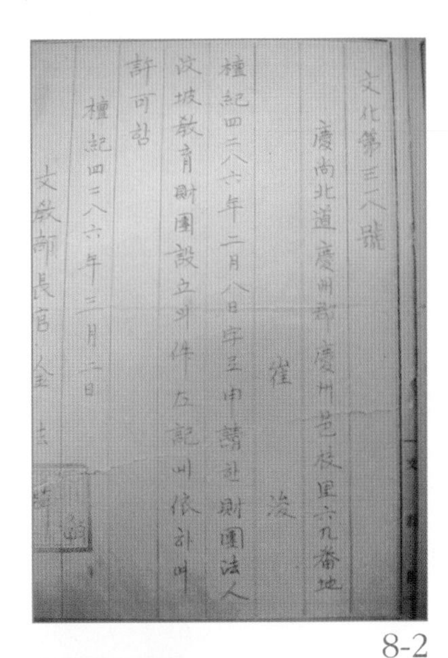

文化第三八號

慶尙北道慶州郡慶州邑校里六九番地

崔浚

檀紀四二八六年二月八日字로 申請한 財團法人汶坡教育財團設立의件 左記에 依하여 許可함

檀紀四二八六年二月二日

文敎部長官

8-2

發令事項	發令年月日
補 常務理事 理事 崔浚	檀紀四二八六年二月二日
補 常務理事 理事 崔叔	檀紀四二八六年二月二日
任 學監長(特等二級) 金凡父	檀紀四二八六年四月一日
任 教授(五等一級) 李鍾益	仝右
任 教授(六等二級) 李鍾厚	仝右
任 助教授(七等二級) 金埈植	仝右

8-3

8-1_ 문교부 장관 문파재단 인허가증 (출처)학교법인 영남학원

8-2_ 문교부 장관 문파재단 인허가증 (출처)학교법인 영남학원

8-3_ 문파재단 이사회 명단 (출처)학교법인 영남학원 보관

[계림학숙 관련]

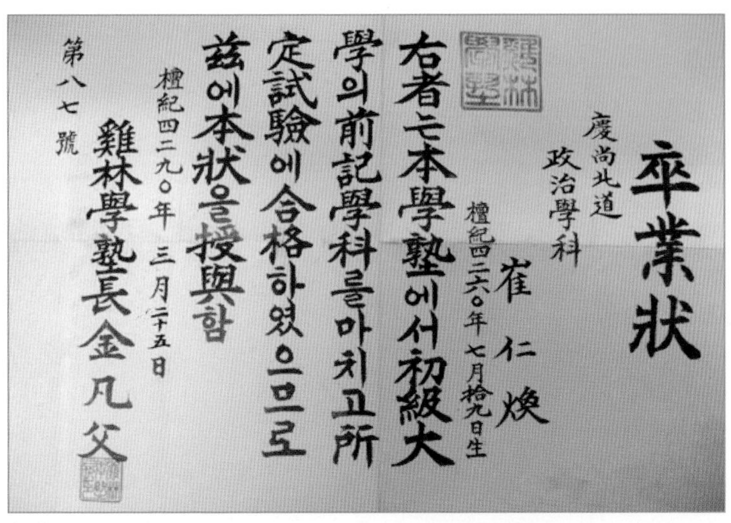

卒業狀

慶尚北道
政治學科
崔仁煥
檀紀四二六〇年 七月拾九日生

右者는本學塾에서初級大
學의前記學科를마치고所
定試驗에合格하였으므로
茲에本狀을授與함

檀紀四二九〇年 三月二十五日
雞林學塾長金凡父

第八七號

9-1

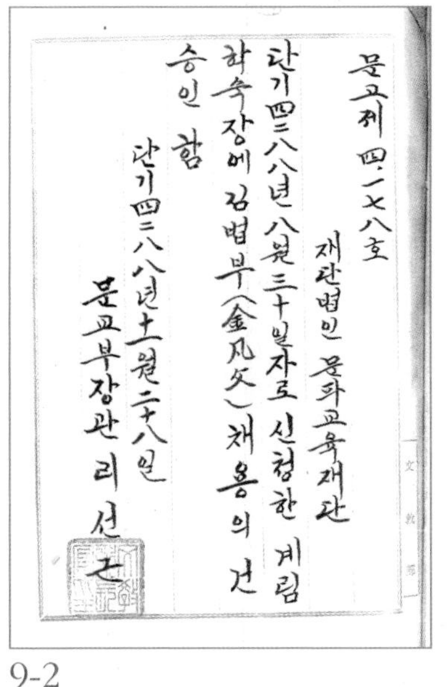

문교제 四·一七八호

재단법인 문화교육재단

단기四二八八년 八월 三十일자로 신청한 계림
학숙장에 김범부(金凡父) 채용의 건
승인 함

단기四二八八년 十一월 二十八일
문교부장관 리 선근

9-2

9-3

9-1_《계림학숙》 졸업장 (출처)최인환옹 제공

9-2_《계림학숙》장 김범부 채용건 (출처)학교법인 영남학원 보관

9-3_《계림학숙》 회의록 (출처)학교법인 영남학원 보관

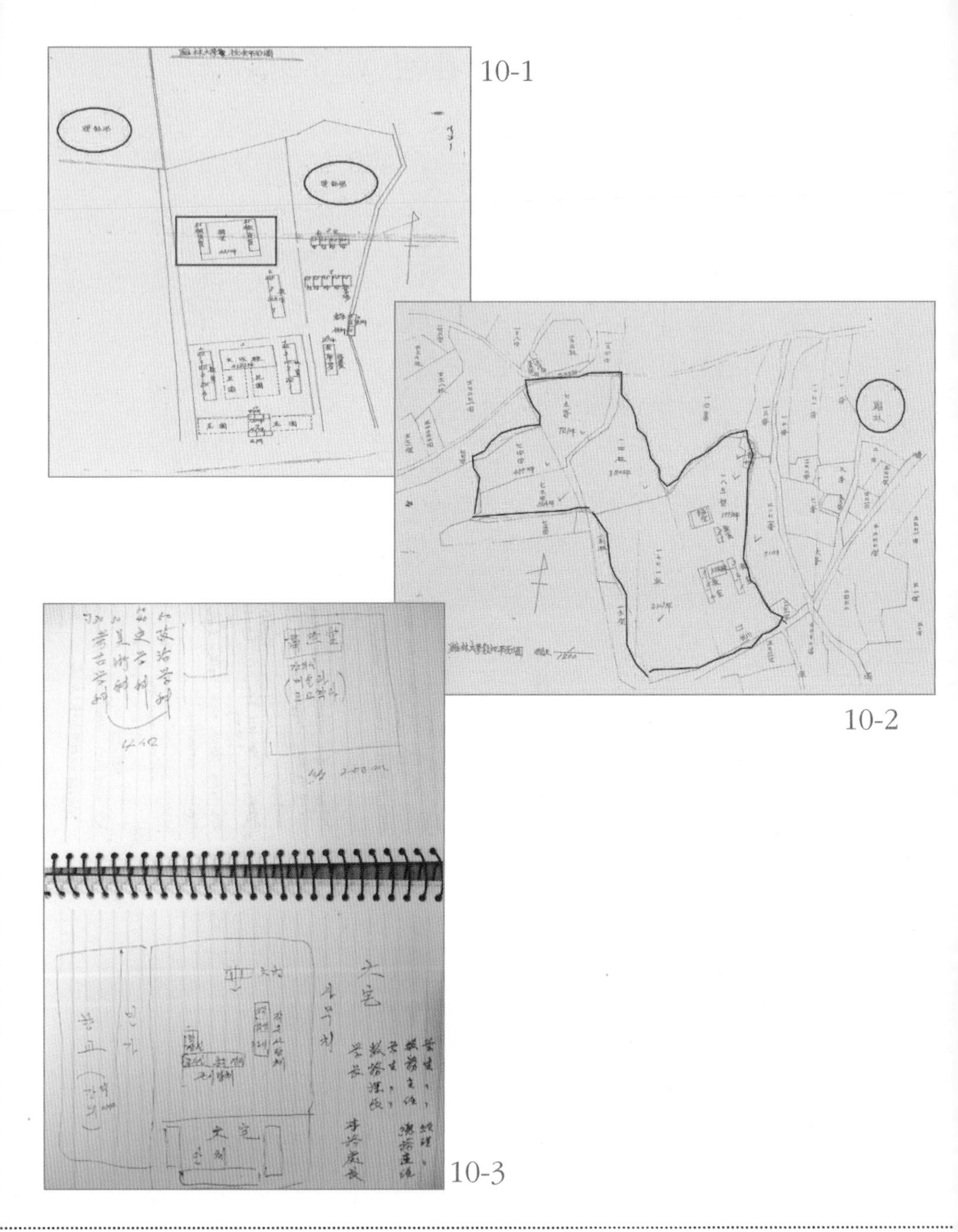

10-1_ 《계림학숙》 평면도 1: 동그라미: 운동장, 네모: 강당, 나머지 건물: 교실 등 (출처)학교법인 영남학원 보관

10-2_ 《계림학숙》 평면도 2: 동그라미: 계림, 실선: 계림학숙 교지 (출처)학교법인 영남학원 보관

10-3_ 최인환옹이 그린 《계림학숙》 배치도 (출처) 구술조사 당시 최인환옹이 그린 그림, 2007년 11월 23일

11-1

11-2

11-3

11-1_ 초급대학《계림학숙》현판 (출처)최인황옹의 사진 제공

11-2_ 최씨고택 정문에 붙어 있는《계림학숙》현판 (출처)최인황옹의 사진 제공

11-3_ 최씨고택 정문에 붙어 있는《계림학숙》현판 (출처)최인황옹의 사진 제공

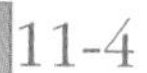

11-5

11-6

11-4_《계림학숙》으로 사용된 최씨 고택 (출처)최인황옹의 사진 제공

11-5_《계림학숙》으로 사용된 최씨 고택 (출처)최인황옹의 사진 제공

11-6_《계림학숙》으로 사용된 최씨 고택 (출처)최인황옹의 사진 제공

12-1

12-2

12-1_ 《계림학숙》 개교기념 (출처)최인황옹의 사진 제공

12-2_ 《계림학숙》 1회 졸업기념, 제일 윗줄 사진 중 가운데가 범부 (출처)최인황옹의 사진 제공

[구술조사 당시 모습]

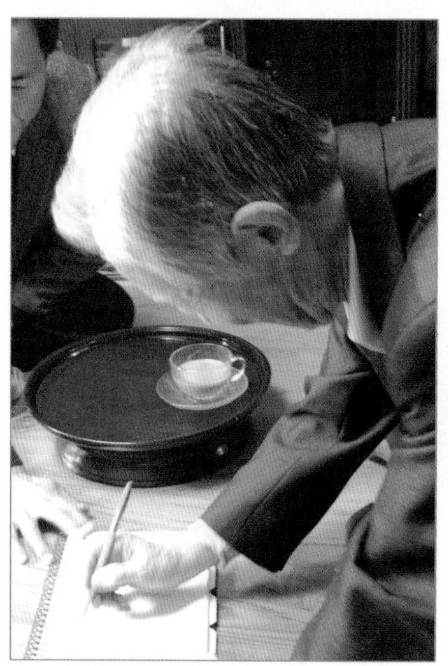

13

13_ 최인환옹 구술조사 당시 모습 (출처)최인환옹 자택, 2007년 11월 23일

[경주현지 조사]

14-1

14-2

14-3

14-1_ 범부가 주로 강의를 하며 손님을 맞던 방 (출처)경주 현지 조사 당시, 2008년 4월 10일

14-2_ 숙연당: 최씨가문의 서가로 지금으로 말하면 집안 공부방에 해당한다. 교양 강의는 주로 이곳에서 이루어 졌다고 함 (출처)경주 현지 조사 당시, 2008년 4월 10일

14-3_ 범부가 기거하면서 범부의 전공강의가 주로 이루어 지던 곳. 현재 요석궁(한식당) 내에 있음 (출처)경주 현지 조사 당시, 2008년 4월 10일

[겨울나그네]

「겨울나그네」

詩情도담뿍 元旦부터連載

名勝·古蹟을詩畵로探訪

집필재로 金凡父·成豊谷兩氏

15-1

겨울나그네

雲水千里

글·金凡父

그림·成在烋

(5)

東學은啓示宗教

우리巫俗서由來

15-2

겨울나그네

雲水千里

글·金凡父

그림·成在烋

(6)

喜怒哀樂을가락에실어

百結先生은멋쟁이

「거문고」한曲라는거야

15-3

15-1_ 「겨울나그네-운수천리」 연재예고 기사 (출처)『한국일보』 1959년 12월 31일

15-2_ 「겨울나그네-운수천리」 중 '東學은 啓示宗教' (출처)『한국일보』 1960년 1월 6일(5회)

15-3_ 「겨울나그네-운수천리」 중 '喜怒哀樂을 가락에 실어' (출처)『한국일보』 1960년 1월 7일(6회)

[범부 별세에 관한 기사]

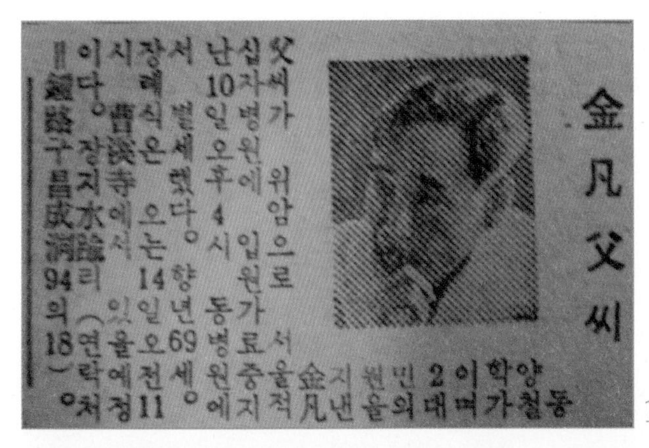

金凡父씨

동양철학가이며 2대 민의원을 지낸 金凡父씨가 위암으로 서울적십자병원에 입원가료중 지난10일오후4시 동병원에서 별세했다。향년69세。장례식은 14일오전11시 曹溪寺에서 있을예정이다。장지 水踰리 (연락처 鍾路구昌成洞94의18)。

16-1

哭 凡父先生

高潔한정신, 해박한知識

佛学·易学에 独性의경지

日帝濁流피해 寺刹찾아

◇故金凡父선생

金庠基 (文化財위원장)

16-2

16-1_ 범부 별세 기사 (출처)『조선일보』 1966년 12월 13일 이외에도 범부의 사망과 관련하여 『동아일보』 1966년 12월 12일, 『경향신문』 1966년 12월 13~14일, 『한국일보』 1966년 12월 13일 등 당시 중앙지 대부분에서 다루고 있었다

16-2_ 김상기 '哭…凡父先生' (출처)『한국일보』 1966년 12월15일
이 외에 황산덕 '방대했던 동방학의 체계' (출처)『동아일보』 1966년 12월 15일, 이정호 '곡 범부선생' (출처)『경향신문』 1966년 12월 14일, 이항녕 '현대를 산 국선' (출처)『경향신문』 1966년 12월 17일 등의 조문(弔文)이 있다

[범부묘소 현지조사 관련]

17-1

17-1_범부묘소입구를 알리는 표지석 '金凡父先生墓所入口' : 수유리 독립 유공자 묘역에 표지판 하나 없이 작은 표지석 하나만이 이곳이 범부의 묘소가 있는 곳임을 알리고 있으며, 표지석의 크기가 옆에 서 있는 키 큰 나무와 대조를 보이고 있다. (출처)수유리 현지조사, 2010년 8월 17일

17-2

17-2_ **'一善金公 凡父先生之墓'** : 범부는 1966년 별세하였으나 이 묘비는 그의 계씨인 소설가 김동리가 비문을 써 1974년도에 제작, 지금의 자리에 서게 되었다 (출처)수유리 현지조사, 2010년 8월 17일

17-3

17-4

17-3_ 범부 묘소 1 (출처)수유리 현지조사, 2010년 8월 17일

17-4_ 범부 묘소 2 (출처)수유리 현지조사, 2010년 8월 17일

[범부문고]

18-1

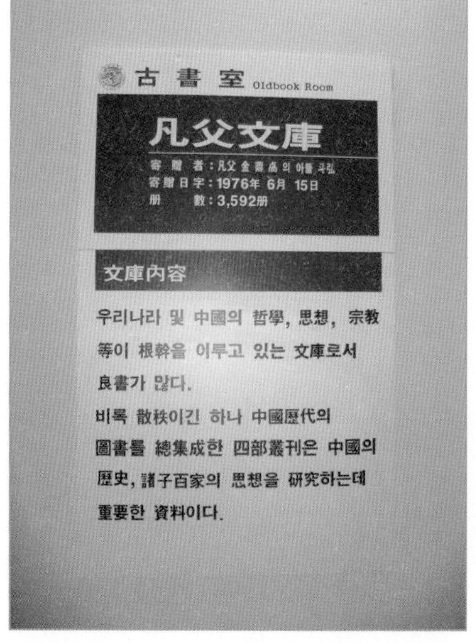

18-2

18-3

18-1_ 〈범부문고〉를 알리는 현판 (출처)영남대학교 중앙도서관 내

18-2_ 〈범부문고〉에 대한 설명을 하고 있는 표지판 (출처)영남대학교 중앙도서관 내

18-3_ 표지판과 〈범부문고〉 내부모습 (출처)영남대학교 중앙도서관 내

18-4_ 〈범부문고〉 내부의 모습 1 (출처)영남대학교 중앙도서관 내
18-5_ 〈범부문고〉 내부의 모습 2 (출처)영남대학교 중앙도서관 내

서론

1. 연구의 목적과 의의

이 글은 평생 직책이나 명예에 연연하지 않고 자신의 사상을 펴기 위해 강의에 주로 열중[1]하다 우리의 기억에서 잊혀져간 범부(凡父)[2] 김정설(金鼎卨, 1897~1966, 凡父는 호)(이하 범부)에 대해 살펴보고 그의 사상 중심에 있는 것이 무엇인지를 그의 대표적인 저작 중의 하나인 『풍류정신(風流精神)』과 그의 종교론을 통해 살펴보는 것에 그 목적이 있다. 그리고 여기서 한 걸음 더 나아가 그의 사상이 오늘날 어떻게 재구축되어 다시 읽히고 있는지, 그리고 어떻게 재해석될 수 있는지를 살펴보는 것에 이 논문의 궁극적인 목적이 있다.

범부는 흔히 동서양의 종교와 철학을 종횡으로 꿰뚫을 만큼 심오한 사상세계를 갖추고 있었던 천재사상가로 알려져 왔다. 그러나 현재까지 학계에 알려진 범부에 관한 이야기들은 그의 약력을 비롯하여 그의

---

1) 범부의 외손자 김정근(부산대 명예교수)은 이러한 범부를 보고 무엇인가가 '되려고' 하지 않고 무엇인가를 '하려고' 한 인물로 표현하고 있다[김정근, 「김범부(金凡父)를 찾아서」, '제1회 범부 김정설 연구 세미나' 추가 배부용 자료, (대구CC, 2009.6.6)].

2) 김정설의 호는 '凡父－범부'로 알려져 있다. 그러나 여기에 쓰이고 있는 '父'는 아버지라는 뜻 이외에 남성의 稱, 혹은 美稱으로 쓰이기도 한다. 『大漢和辭典』에서는 '父'에 대하여 "男子の稱, 通常ホと讀む, 甫 に同じ, 〈說文, 甫男子之美稱也, 殷注〉(諸橋轍次, 『大漢和辭典』, 大修館書店, 昭和六十年 修訂版), 578쪽)."라 설명하고 있어 '父'가 '甫'와 동일하게 사용되었다는 점을 확인할 수 있다. 당시 범부는 자신은 낮추어 '그저 평범한 남자'라는 의미로 자신의 호를 '범보'라 하였으나 주변인들로부터 '범부'라 불리워졌고 또한 그것이 고착되어 지금에 와서는 '범부'가 '모든 이들의 아버지'라는 의미를 가진 것으로 오역되고 있다. 그러나 이러한 해석은 그 원의와는 거리가 먼 것이며 자신을 겸양하기 위해 붙인 호에는 더욱이 합당하지 않는 것으로 보인다. 다만, 지금 학계에 알려진 그의 호가 '범부'이기에 이 논문에서는 그것을 그대로 따라서 쓰되 그 의미는 범부가 의도한대로 '그저 평범한 남자'로 규정한다. 그 외 父와 甫에 관한 구분은 최재목, 「범부 연구의 현황과 과제 및 범부의 학문적 방법론」, 2009年 凡父研究會 第2回 學術세미나 자료집 『新羅－慶州－花郎精神 發掘의 先覺者 凡父 金鼎卨의 思想世界를 찾아서』, 凡父研究會, 2009.10, 3쪽 각주 1) 참조 바람.

사상 전반에 이르기까지 확증되지 않은 채 이야기되고 있는 것들이 대부분이어서 그를 단지 기인(奇人), 혹은 이인(異人)으로만 우리들의 기억 속에 남겨두고 있었다.

최근 한국의 근현대기를 살다간 지성인이자 사상가인 그에게 그 이상도 그 이하도 아닌 그의 사상이 가지는 올바른 자리를 찾아주고자 하는 시도가 얼마 전부터 있어 왔다. 이러한 시도들을 통해 지금까지 밝혀진 내용의 대강만을 소개해 보면 다음과 같다.

범부는 1897년 경북 경주에서 태어나 백산상회(育英事業會) 장학생으로 도일(渡日),[3] 일본 각지 유명대학에서 선진[4] 학술과 외국어를 수학

---

3) '백산상회'는 항일운동가 安熙濟(1884~1943)가 1914년 부산에 설립한 상회로 표면적으로는 해산물과 농수산물을 구매 · 위탁하는 무역상이었으나 실은 독립운동자금 조달과 국내연락망 구축을 위한 국내 독립운동기지였다. 1919년 11월 부산에서 백산상회 주주들과 영남지역 지주들이 중심이 되어 '장차 독립운동을 위한 인재양성'을 위하여 우수한 청년들을 선발하여 국내 및 해외 유학 시키기 위해 장학재단인 '己未育英會'를 조직하였다. 그리고 己未育英會를 통하여 양성된 인재로는 초대문교부장관 安浩相(1902~1999), 국문학자 李克魯(1893~1978), 申性模(1891~1960) 등이 있다.
그러나 백산상회가 조직한 '기미육영재단'은 1919년에 조직된 것으로 범부가 1915년에 일본으로 건너갔다는 이종후가 작성한 『화랑외사』(이문출판사, 1981)의 〈김범부 선생 약력〉이나 범부 주변인들의 증언과는 큰 차이를 보이고 있다. 따라서 범부의 약력에서 '백산상회 장학생=기미육영장학회'라는 등식은 보다 조심스럽게 사용되어져야 할 것이다.
더불어 ≪계림학숙≫ 학장으로 취임 당시 행정적인 필요를 충족시키기 위해 당시 ≪계림학숙≫의 교무과장으로 있었던 최인환옹이 범부의 이력서를 자신이 쓴 것이 맞을 것이라고 구술증언 한 것 또한 이러한 사실들을 뒷받침해 주고 있다. "워낙 오래전 일이라 기억이 정확하지는 않지만, 필체 등을 볼 때, 아무래도 내가 쓴 것이 맞는 듯하네. 당시 학장으로서의 자격에 걸맞는 학력을 교무처에서 작성한 것으로 보이네(2009.7.1. 최인환옹 구술증언 중)." 그리고 당시 이러한 현상은 국내의 여러 사정상 흔히 일어나던 일이라는 말도 덧붙였다.
崔仁煥(1927~)옹은 최준을 종조부로 모셨으며 ≪계림학숙≫ 정치학과 1회 졸업자(1957)이다. ≪계림학숙≫ 교무과장을 지냈으며, ≪계림학숙≫이 대구대 · 청구대와 더불어 영남대학교의 울타리로 합쳐진 후 영남대학교 교무과장으로도 오래 재직하였다고 한다. 그 이외 범부와 ≪계림학숙≫과의 관계는 최재목 · 정다운, 「「鷄林學塾」과 凡父 金鼎卨(1)－'設立期'를 중심으로－」,

하다 귀국 후에는 산사를 역방(歷訪)하면서 불교철학 및 동방사상 연구에 몰두하였으며 '동방사상연구소(東方思想硏究所)' 등을 세워 동양철학, 한의학 등을 강의하였다.[5] 이외에도 그는 1950년 제2대 국회의원 선거 때 동래(東萊)에서 당선, 문파재단(汶坡財團)[6]에 의해 1955년 경주에 설립된 ≪계림학숙(鷄林學塾)≫의 학장(學長), 1961년 5 · 16군사정변 후에는 〈재건국민운동 중앙위원회〉[7] 50인에 위촉 및 '5월동지회(五月同志會)' 부회장(회장: 박정희)을 지내는 등 실천적인 모습을 보여주기도 하였다. 그리고 한시에도 조예가 깊었다는 구술증언[8]이 있다.

그러나 정작 광복 이후 범부는 자신이 계획했던 동방사상과 건국이

『동북아문화연구』 제16집, 동북아시아문화학회, 2008.9 참조 바람.

4) 여기서 말하는 '선진'의 의미는 '조선보다 서구에 일찍 개방된'이란 의미이다.

5) 범부는 1958~1961년까지 4년에 걸쳐 '동방사상연구소' 소장으로 재임하면서 '정치철학강좌'를 강의하였다. 지금까지 알려진 범부의 강의들은 10건 남짓이나 범부의 이력이나 행적으로 볼 때 이외에도 더 많은 강의가 진행되었을 것으로 추측된다. 범부의 강의 목록은 崔在穆, 「책 머리에－『범부 김정설연구』 간행에 부쳐－」, 최재목 · 정다운 외, 『범부 김정설 연구』, 대구 프린팅, 2009, p.viii. 〈표 1〉 참조 바람.

6) 汶坡財團은 최씨일가의 사재를 기본 자산으로 한 재단으로 檀紀四二八六年(1953년) 八月에 문교부로부터 정식인가를 받았다. 그로부터 2년 뒤인 檀紀四二八八年(1955년) 三月 十五日 ≪계림학숙≫의 정식인가가 나면서 문파재단은 ≪계림학숙≫의 모태가 된다(최재목 · 정다운, 「「鷄林學塾」과 凡父 金鼎卨(1)－'設立期'를 중심으로－」, 『동북아문화연구』 제16집, 동북아시아문화학회, 2008.9).

7) 범부는 국민교육분과위원으로 '재건국민운동 중앙위원회' 50인에 위촉되었다(기자 미상, 「재건운동 중앙위원 50명을 위촉」, 『동아일보』 1961.11.12).

8) 범부의 근처에 머물렀던 이완재, 최인환, 추전 김화수 등등의 구술이 이러한 사실을 뒷받침하고 있다. 그러나 현재 남아있는 범부의 글은 몇 점 되지 않는다. 〈그림 1〉은 다솔사와 해인사 시절 범부와 함께 지냈던 지인이 소장하고 있는 범부의 글 몇 편이다.

〈그림 1〉 범부의 한시

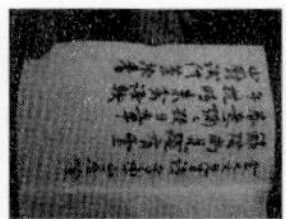
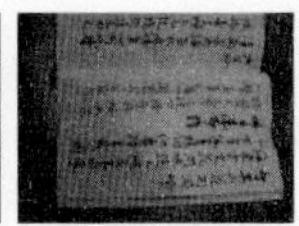
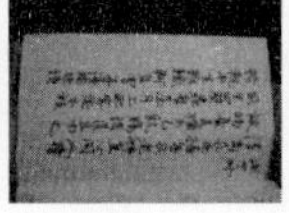

념 등에 관한 저술들을 '사정이 여의치 않아'[9] 거의 남기지 못하였고, 그 작품들이 남아있다 하더라도 제대로 정리되어 있지 않은 채 산발적으로 소개되어 그 구체적이며 체계적인 모습을 드러내지 않고 있다. 지금까지 범부의 저작으로 학계에 알려진 글은 『화랑외사(花郎外史)』(해군정훈감실, 1954 초판), 『풍류정신』(정음사, 1986), 『범부유고(凡父遺稿)』(이문출판사, 1986. 일명 『政治哲學特講』) 등 모두 세 편이다. 이 중 『화랑외사』만이 범부 생전의 유일한 출판물이다. 그러나 이 역시 자신의 사상을 체계적으로 기술한 글이라기보다는 자신이 생각한 화랑상(花郎像)을 이야기 형식으로 풀어 말한 것을 후학인 시인 조진흠이 받아 적어 출판에 이르게 된 것이다.[10] 다른 두 권은 그의 사후, 그를 추모하는 후학들에 의해 발표된 것이다.

이러한 1차 자료의 한계[11]로 이전까지 범부 사상에 대한 체계적이고도 구체적인 논의는 사실상 전개되지 못하였다.[12] 단지 범부의 동생인 김동리(金東里, 1913~1995)(이하 동리)의 문학세계나 서정주(徐廷柱, 1915~2000)(이하 미당)의 문학세계를 이해하기 위한 하나의 방편으로 범부의

---

9) 김동리, 「백씨를 말함」, 김범부, 『풍류정신』, 정음사, 1986, vi쪽.

10) 이러한 의미에서 범부의 친동생인 소설가 김동리는 범부의 『화랑외사』를 '전기문학'으로 규정한 바 있다.

11) 이외에도 범부의 사상에 관한 연구가 미미한 이유로는 해방 직후 한때 정치인으로서 정계에도 발을 디뎠을 뿐만 아니라, 만년에는 박정희 군사정권의 국정운영에도 직간접적으로 참여함으로써 독재정권의 이데올로그로서 인식된 점 등을 들 수 있다. 이에 대해서는 주변인의 구술 외에도 『조선일보』(1963.5.3)에 실린 「朴議長과面談－金凡父, 金八峯氏」라는 기사제목은 이러한 사실들을 객관적으로 뒷받침해 주고 있다.

12) 〈범부연구회〉 성립 이전까지 凡父의 사상과 관련해서 이루어진 연구물은 다음과 같다. 진교훈, 「凡父 金鼎卨의 생애와 사상」, 『철학과 현실』 64호, 철학문화연구소, 2005년 봄 ; 정달현, 「한국 전통 사상의 현대적 구현: 凡父의 풍류도론」, 『우리시대의 정치사회사상』, 영남대출판부, 2003 ; 김용구, 「凡父 김정설과 동방 르네상스」, 『한국사상과 시사』, 불교춘추사, 2002 ; 김필곤, 「凡父의 風流精神과 茶道 思想」, 『茶心』 창간호(1993년 봄호) ; 진교훈, 「동방사상의 중흥조' 凡父 김정설'」, 『대중불교』 제113호, 대원사, 1992.4 ; 정달현, 「凡父의 國民倫理論」, 『현대와 종교』 10집, 현대종교문제연구소, 1987.

사상이 개략적으로 논의된 경우가 문학계에서 있었다.[13] 특히 1950~1960년대 지식인들 사이에서 붐처럼 일었던 '전통'과 '민족', '주체'에 관한 인식은 '전통적인 것'과 '한국적인 것', 그리고 그 연장선상에서 논의되던 '신라정신'이라는 키워드에 대한 다각적인 논의를 사상계에서 뿐만 아니라 문학계에서도 가능하게 하였다.[14]

그러나 이러한 논의들이 범부가 말하고자 하였던 전통론을 구체적으로 밝혀낸 것이라 보기에는 다소간의 무리가 있다. 다시 말해 문학계에서 있었던 범부에 관한 논의는 문학계에서도 주로 범부의 제자였

---

13) 범부의 사상을 김동리의 문학과 연관시켜 진행한 연구들은 다음과 같다. 전상기, 「소설의 현실 구성력, 그 불일치의 의미: 김범부의 '화랑외사'와 김동리의 '무녀도'를 대비하여」, 『겨레어문학』 40, 겨레어문학회, 2008.6 ; 홍기돈, 「김동리의 소설 세계와 범부의 사상」, 『한민족문화연구』 12, 한민족문화학회, 2003.6 ; 이희환, 「김동리와 남한 '국민문학'의 형성」, 인하대학교 대학원 박사학위논문, 2007 ; 김숙정, 「김동리 초기 단편소설의 인물 연구」, 단국대학교 교육대학원 석사학위논문, 2007 ; 김찬호, 「김동리 소설의 사상적 배경연구: '화랑의 후예' '등신불' '역마'를 중심으로」, 고려대학교 인문정보대학원 석사학위논문, 2006 ; 이영희, 「金東里 小說의 思想的 背景 硏究」, 성신대학교 대학원 박사학위논문, 1999 ; 김철웅, 「김동리 초기 문학과 문학교육」, 홍익대학교 교육대학원 석사학위논문, 1999.
이외에 서정주의 미학적 기반으로서 범부 사상을 다룬 연구도 있다(박현수, 「서정주와 미학적 기획으로서의 신라정신」, 『한국근대문학연구』 7, 한국근대문학회, 2006).

14) 문학계에서 있었던 '전통'과 '민족', '주체'에 대한 대표적인 연구로는 다음의 것들을 들 수 있다. 이봉래, 「전통의 정체」, 『문학예술』, 문학과 예술사, 1956.8 ; 조연현, 「민족적 특성과 인류적 보편성 – 서정주와 김동리의 전통에 대한 태도를 중심으로」, 『문학예술』, 문학과 예술사, 1957.8 ; 김용권, 「전통 – 그 정의를 위하여」, 『지성』, 지성사, 1958.6 ; 김상일, 「고전의 전통과 현대」, 『한국문학』, 현암사, 1959.2 ; 문덕수, 「전통과 현실」, 『현대문학』, 현대문학사, 1959.4 ; 이철범, 「신라정신의 한국적 전통론 비판 – 서정주씨의 지론에 대한」, 『자유문학』, 자유문학사, 1959.8 ; 유종호, 「한국적이라는 것 – 그것을 어떻게 규정할 것인가」, 『사상계』 문예증간호, 사상계, 1962.11 ; 문덕수, 「신라정신에 있어서 영원성과 현실성」, 『현대문학』, 현대문학사, 1963.4 ; 장일우, 「한국적인 것과 전통적인 것」, 『자유문학』, 자유문학사, 1963.6 ; 정태용, 「전통과 주체적 정신 – 세대의식 없이 옳은 전통은 없다」, 『현대문학』, 현대문학사, 1963.8 ; 조동일, 「전통의 대화와 계승의 방향」, 『창작과 비평』, 창작과 비평사, 1966.7 등이 있다.

던 동리나 미당의 문학관, 문학세계를 이해하기 위한 하나의 방편으로 이용되었던 것이다. 그리고 이러한 단편적인 이해만으로 범부의 사상에 대한 구체적이고도 입체적인 분석이나 접근이 힘들었던 것 역시 사실이다.

그러나 이러한 기존의 접근법과 구별되게 최근 학계에서는 범부에 대한 연구가 신진학자들을 중심으로 진행되고 있으며, 그에 대한 일정의 연구 성과물도 내놓고 있다.[15] 또한 범부 연구에 있어 가장 큰 걸

[15] 〈범부연구회〉의 신진 연구자들을 중심으로 새롭게 조명되고 있는 범부와 관련된 연구 성과물들은 대략 다음과 같다.

〈단행본류〉

▶ 범부연구회 편, 『凡父 金鼎卨 硏究』, 대구 프린팅, 2009.

▶ 최재목 · 정다운 엮음, 『凡父 金鼎卨 단편선』, 도서출판 선인, 2009.

〈논문류〉

▶ 최재목 · 이태우 · 정다운, 「凡父 金鼎卨 연구를 위한 예비적 고찰」, 『일본문화연구』 제24집, 동아시아일본학회, 2007.10.

▶ 최재목 · 정다운, 「「鷄林學塾」과 凡父 金鼎卨(1)－'設立期'를 중심으로－」, 『동북아문화연구』 제16집, 동북아시아문화학회, 2008.9.

▶ 최재목 · 이태우 · 정다운, 「「凡父文庫」를 통해서 본 凡父 金鼎卨의 東洋學 지식의 범주」, 『儒學硏究』 제18집, 충남대학교 유학연구소, 2008.12.

▶ 鄭茶雲, 「凡父 金鼎卨の『花郎外史』から見る「花郎觀」」, 『東アジア「武士道の硏究」国際ｼﾝﾎﾟジャム』 발표집, 北京外國語大學 日本學硏究センタ, 2009.2.15.

▶ 우기정, 「凡父 金鼎卨의 '國民倫理론' 構想 속의 '孝'」, 『동북아문화연구』 제19집, 동북아시아문화학회, 2009.6.

▶ 최재목 · 정다운 · 우기정, 「凡父 金鼎卨의 日本 遊學 · 行蹟에 대한 檢討」, 『일본문화연구』 31, 동아시아일본학회, 2009.7.

▶ 최재목 · 정다운, 「범부 김정설의 『風流精神』에 대하여」, 『동북아문화연구』 제20집, 동북아시아문화학회, 2009.9.

▶ 이태우, 「일제강점기 한국철학자 연구(Ⅰ)－범부 김정설의 풍류도론－」, 『인문과학연구』 12집, 대구 카톨릭대학 인문과학연구소, 2009.12.

▶ 우기정, 「凡父 김정설의 〈國民倫理論〉에 대하여－「國民倫理特講」을 中心으로－」, 『동북아문화연구』 제22집, 동북아시아문화학회, 2010.3.

▶ 정다운, 「凡父 金鼎卨의 『花郎外史』에서 본 「花郎觀」」, 『동북아문화연구』 제23집, 동북아시아문화학회, 2010.6.

▶ 박맹수, 「凡父 金鼎卨의 東學觀」, 2009年 凡父硏究會 第2回 學術세미나 자료집 『新羅－慶州－花郎精神 發掘의 先覺者 凡父 金鼎卨의 思想世界를 찾아서』, 凡父硏究會, 2009.10.

림돌로 여겨지던 1차 자료의 한계를 조금이나마 만회할 수 있는 『범부(凡父) 김정설(金鼎卨) 단편선』(도서출판 선인, 2009)[16]이 발간되어 〈범부연구〉에 힘을 실어주고 있다. 여기에는 지금까지의 조사에 의해 발굴된 범부가 대중매체를 통해 발표한 글들이 포함되어 있다. 그리고 여기에 실린 글 이외에도 밝혀지지 않은 범부의 글들이 산재해 있을 것이라 추측된다.

지금껏 범부의 사상은 구체적인 논의 과정을 거치지 않은 채 '풍류', '풍류정신', 혹은 '신라정신' 등의 말로 통칭되어 왔다. 이것은 '풍류'와 '신라'라는 한국 전통에 대한 깊은 인식이 범부 사상 전반에서 가지는 위치가 적지 않다는 의미와 함께 범부의 저작 중의 하나인 『풍류정신』이 그 제목의 무게와 더불어 지대한 영향을 끼친 것으로 볼 수 있다.

현재 중국인들이 사용하는 '풍류'의 의미는 '풍류수택(風流藪澤)'에서 비롯, 주로 남녀 간의 애정에 관한 의미로 사용된다. 그러나 원래 '풍류'는 낭만적이고 고상한 긍정적인 개념으로 남자에게 사용될 때는 '풍도(風度)'와 유사한 의미로 재기와 학문이 뛰어나지만 세속의 예법에 구속되지 않는 인물을, 여자에게 사용될 때는 재기나 학문과는 무관하게

▸ 손진은, 「金凡父와 金東里, 그리고 徐廷柱의 상관관계」, 2009年 凡父研究會 第2回 學術세미나 자료집 『新羅－慶州－花郎精神 發掘의 先覺者 凡父 金鼎卨의 思想世界를 찾아서』, 凡父研究會, 2009.10.

▸ 이용주, 「凡父 金鼎卨의 사상 체계와 전통론의 의의」, 2009年 凡父研究會 第2回 學術세미나 자료집 『新羅－慶州－花郎精神 發掘의 先覺者 凡父 金鼎卨의 思想世界를 찾아서』, 凡父研究會, 2009.10.

▸ 최재목, 「凡父 연구의 현황과 과제 및 凡父의 학문방법론」, 2009年 凡父研究會 第2回 學術세미나 자료집 『新羅－慶州－花郎精神 發掘의 先覺者 凡父 金鼎卨의 思想世界를 찾아서』, 凡父研究會, 2009.10.

▸ 이용주, 「범부의 종교관」, 제5회 동리목월문학 심포지엄 자료집 『東學 창시자 崔濟愚와 한국의 천재 金凡父』, 경주 동리목월문학관, 2010.3.

16) 범부의 주저 3권 이외 그의 사상을 담은 글들을 묶어 근래 출판된 책 『凡父 金鼎卨 단편선』, 도서출판 선인, 2009에는 '조선의 문화와 정신', '건국정신 · 건국이념'에 관련된 주제 27편의 글이 실려 있다. 그리고 부록으로 金相鉉 교수(동국대 사학과)가 지금까지 보관해오고 있는 曉堂 崔凡述(1904~1979)(이하 효당)의 범부강의 기록 노트(강의명 및 강의년도는 미상)가 실려 있다.

주로 여인의 자태와 기질에서 발하는 아름답고 멋스러운 신태기운(神態氣韻)을 나타낸다.[17]

그러나 우리나라에서는 유동식의 예술신학과의 관련선상에서의 논의[18]를 제외하면 주로 미학과 연관선상에서 그 논의가 이루어지고 있다. 대표적으로 신은경의 『풍류－동아시아 미학(美學)의 근원－』(보고사, 2003)을 들 수 있다.[19]

그러나 범부가 말한 '풍류'에 대한 개념정의를 포함한 그에 대한 직접적인 논의는 지금껏 이루어지지 못했다고 보는 편이 옳을 것이다.

---

17) 최병규, 『풍류정신으로 보는 중국문학사』, 예문서원, 1999, 16~18쪽 참조.

18) 유동식, 『풍류도와 예술신학』, 한들출판사, 2006.

19) 그 외에 최근 풍류와 미학, 그리고 풍류와 화랑의 관계를 중심으로 논의한 논문들 중 대표적인 몇 편을 적어보면 다음과 같다.

〈도표 1〉 풍류와 미학, 풍류와 화랑관련 논문

미학과의 관련	민주식, 「風流道의 美學思想」, 『美學』 11, 서울대학교 한국미학회, 1986
	민주식, 「東洋美學의 基礎概念으로서의 風流」, 『민족문화논총』 15, 영남대학교 민족문화연구소, 1994
	민주식, 「풍류(風流) 사상의 미학적 의의」, 『미학 · 예술연구』 11, 한국미학예술학회, 2000
	이동환, 「韓國美學思想의 探究(III)－風流道의 美學聯關(上)－」, 『한국문학연구』 창간호, 고려대학교 민족문화연구원 한국문학연구소, 2000
화랑과의 관련	김태준, 「풍류도와 화랑정신」, 『한국문학연구』 제18집, 동국대학교 한국문학연구소, 1995.12
	한흥섭, 「「鸞郎碑序」의 風流道에 대한 하나의 해석」, 『한국민족문화』 26, 부산대학교 한국민족문화연구소, 2005
음악과의 관련	이도흠, 「風流道의 實體와 풍류도 노래로서 「讚耆婆郎歌」」, 『신라학연구』 8, 위덕대학교 신라학연구소, 2004
	한흥섭, 「풍류도와 한국전통음악의 연관성」, 『국학연구』 5, 한국국학진흥원, 2005
불교 · 건달	최재목, 「'건달'의 재발견: 불교미학, 불교풍류 탐색의 한 시론」, 『미학 · 예술연구』 23, 한국미학예술학회, 2006

특히, 범부가 말한 '풍류정신'이라는 것이 구체적으로 무엇을 의미하는 것이며 그에 의해 그러한 전통론이 어떻게 재해석되고 있는가에 대한 논의는 사실상 전무한 실정[20]이다.

따라서 이 글은 범부 사상의 핵심이라 일컬어지는 '풍류'가 의미하는 바가 무엇이며 이것을 대변하고 있는 범부만의 사상적 키워드는 무엇인가를 찾아보는데 그 무게중심을 두고자 한다. 이를 위해 제목만으로도 범부의 대표저작으로 간주되고 있는 『풍류정신』을 체계적으로 살펴봄과 동시에 범부 사상 전반에서 근간을 이루고 있는 전통론을 그의 종교론과 연결하여 이해, 그 속에서 해답을 찾고자 한다.

『풍류정신』은 범부 사후 후학들에 의해 범부의 글 중에서 그의 사상의 정수라고 이야기되어질만한 것들을 선정하여 엮은 것이다. 그러나 지금까지 『풍류정신』은 그의 사상을 대변할만한 것이라는 이야기에도 불구하고 텍스트 자체에 대한 분석은 물론, 그 텍스트를 통해 드러나는 범부의 사상들이 깊이 있게 논의되지는 못하였다. 이것은 『풍류정신』이 「화랑(花郎)」, 「최제우론(崔濟愚論)」, 「음양론(陰陽論)」, 「췌세옹 김시습(贅世翁 金時習)」이라는 각기 다른 글들이 하나의 텍스트로 묶여 있어 하나의 일관적인 사상을 담고 있다고 보기에는 무리가 있다는 생각이 근원적으로 작용하고 있기 때문이다. 그러나 필자는 비록 네 편의 각기 다른 글들이 하나로 묶여 있다 할지라도 『풍류정신』은 하나의 텍스트로서 범부 주요 저작 중의 하나로 분명한 위치를 가지고 있으며 그 네 편의 글을 관통하는 핵심 사상이 분명히 존재할 것이라는 생각에서 출발하여 『풍류정신』이라는 텍스트에 주목하고 객관적 텍스트 읽기를 통해 범부 사상의 핵심에 접근해 가고자 한다.

---

20) 최근 발표된 이용주의 「凡父 金鼎卨의 사상 체계와 전통론의 의의」, 2009年 凡父研究會 第2回 學術세미나 자료집 『新羅－慶州－花郎精神 發掘의 先覺者 凡父 金鼎卨의 思想世界를 찾아서』, 凡父研究會, 2009.10가 범부의 전통론에 대한 체계적인 논의의 시발점이 되고 있다. 그는 이 글에서 범부가 이야기하고 있는 한국전통론에 대한 논의를 '風流道通論'이라 이름 짓고 있다.

범부는 새로운 정신도덕, 새로운 국민도덕의 창출, 즉 '신생국(新生國)의 건국이념'을 이론적으로 확립하는 것을 자신의 사상적 과제의 종착지로 삼았다. 그리고 그 과제를 수행하기 위해 조선시대의 사상 중심에 서 있었던 유학을 극복하고, 전통적 사유의 요소를 회복하는 길을 선택했다. 사실, 그가 극복의 과제로 삼았던 것은 유학 그 자체라기보다는, 조선에 유입되어 조선에서 꽃 피운 유학의 일부 유파, 즉 성리학이었다. 주자학=성리학을 극복하는 것을 과제로 설정했던 범부는, 당대 지식인이라면 누구나 가졌을 법한 우리의 전통 사상과 전통의 요소를 회복해야 한다는 강박관념을 가지고 있었을 것이다. 그리고 그때 그가 발견한 전통 사상은 풍류도, 신라정신, 그리고 이 둘을 통칭 할 수 있는 화랑정신이었다. 화랑정신과 풍류도를 동일시한 범부는 화랑정신에서, 순논리적인 사유 체계인 성리학과 전혀 다른, 샤머니즘(巫)의 생명력을 발견하였던 것으로 보인다.

그러나 범부의 글을 통해 샤머니즘의 실체를 파악하기는 쉽지 않다. 특히 샤머니즘의 어원을 설명하고 있는 부분[21]에서는 더욱더 그러한 인상을 지우기가 쉽지 않다. 또한 화랑정신=풍류도의 실체, 샤머니즘과 풍류도(=화랑정신)의 연결 고리를 납득하는 것은 더욱 쉽지 않다. 그럼에도 불구하고, 전통적 요소의 회복 혹은 전통 발명의 시도로서, 그의 사상적 의도를 어느 정도 납득할 수 있다. 즉, 서양에 대한 환상을 이른 시기에 접고 민족의 전통 가운데서 '답'을 구하고자 했던 범부의 의도는 어떤 의미에서는 선구자적인 의미를 가진다고 볼 수 있다.

우리들은 체계적이며 논리적으로 자신만의 고유한 사상세계를 확립하고 그것을 그의 저작이나 현실에서 펼친, 혹은 펼치고자 노력한 이론가에게 '사상가'라는 이름을 부여한다. 이러한 의미에서 본다면 범부는 분명 우리가 말하는 사상가의 대열에 들 수는 없을 것이다. 그러나 이것이 곧바로 범부의 사상이 체계적이지 못하다거나 비논리적이며

---

21) 김범부, 「國民倫理特講」, 『花郎外史』, 이문출판사, 1981, 219~221쪽 참조.

모순투성이인 사상이라는 것을 의미하는 것은 아닐 것이다. 그의 사상에 대한 철저한 '분석(analyse)과 논증(prove)을 통한 객관적인 자세로 설명(explain)하는 방식'을 통해 기존의 학계에서 일반적으로 회자되어지던 '범부는 이렇다 또는 저렇다라고 쉽게 '선언(declare)'해버리는 데 따르는 문제'[22]를 해결할 수 있을 것으로 기대한다. 또한 범부를 '탈신비화' 시켜 한국근현대기를 살다간 한 명의 지성인으로, 그리고 사상가로서의 제자리를 찾을 수 있을 것으로 기대한다.

이외에도 이 연구를 통해 기대되는 성과들은 다음 몇 가지로 정리될 수 있다.

첫째, 그동안 우리 학계에서 크게 알려지지 않았고 주목받지도 못했던 동양철학자 범부라는 인물과 그의 사상을 발굴하여 재조명함으로써 한국학 연구의 지평을 확대하는 성과를 기대할 수 있다. 최근 국문학계에서 일고 있는 범부연구는 그들의 문학세계를 이해하기 위한 부수적인 연구로 범부의 사상을 전면적·총체적·체계적으로 연구하는 단계에까지 이르지 못했다. 따라서 이 연구를 통해 그동안 부분적·일면적으로만 이루어졌던 범부연구를 한 단계 더 발전시킬 수 있는 계기가 될 것이다.

둘째, 범부에 의해서 제기된 1950년대 '국민윤리(國民倫理)' 성립과정을 확인할 수 있을 것이다. '국민윤리'라는 개념은 범부에 의해 처음 이야기된 것으로 평생을 무엇인가를 '하기 위해' 노력한 범부가 만들고자 했던 그것이었다. 그는 일제강점기와 한국전쟁 후 한국국민들이 맞이하게 될 '신생국'의 건국이념과 건국정신을 확립하고자 혼신의 노력을 다하였으며 그 배경으로 유교적 사고, 종교적 사고, 그리고 전통론 등이 사용되고 있다. 그러나 이러한 범부의 노력들로 이루어진 새로운 이론들은 박정희 정권기 후반 체제 유지의 정당화를 위한 도구로 활용

22) 김정근, 「김범부(金凡父)를 찾아서」, '제1회 범부 김정설 연구 세미나' 추가 배부용 자료(대구CC, 2009.6.6).

되면서 범부 사상 전체를 국수주의나 파시즘적 성향을 띤 것으로 오인하게 만든 점도 없지 않아 있었다. 따라서 이 연구를 통해 정치적인 문맥과는 별개로 범부가 평생을 통해 진정으로 '하고자 했던 그것'의 본질에 좀 더 접근할 수 있을 것으로 기대된다.

셋째, 범부가 자신의 글 전반에서 이야기하고 있는 '화랑정신-신라정신-풍류도'의 상관관계를 파악할 수 있을 것이다. 범부의 사상은 통상적으로 '풍류'라는 말로 규정되어 왔으나 이에 대한 구체적인 논의나 명확한 이해가 없었다. 따라서 이 연구를 통하여 그의 사상 체계가 '화랑정신-신라정신-풍류도'라는 테두리 안에서 보다 구체적으로 논의될 수 있을 것으로 기대된다. 또한 이러한 논의를 통해 그가 말하고자 했던 궁극은 무엇이었으며 그것이 오늘에 어떻게 읽히고 있고 앞으로 또 어떻게 읽혀질 수 있을지를 파악할 수 있을 것이다.

2. 연구의 범위와 방법

이와 같은 연구결과를 얻기 위해 이 연구는 다음과 같은 순서로 진행될 것이다.

서론에서는 이 연구의 목적을 규정하고 범부에 관한 선행연구들을 검토함으로써 현재 범부 연구가 가지는 한계와 그 위치를 살펴보고자 한다. 또한 한국 근현대 지성사에서 잊혀진 이름이었던 범부를 사상가로서 정당한 자리로 복귀시키기 위해 어떠한 노력들이 필요한가를 살펴볼 것이다. 이러한 노력들로 기대되는 성과 또한 유추해 볼 수 있을 것이다.

본문에 들어가 가장 먼저 범부 사상 형성의 배경에서는 그간 제대로 된 검증 작업을 거치지 않은 채 유통되어오던 범부의 이력에 대한 사실여부를 밝히고자 한다. 이러한 과정을 통해 보다 보완된 범부의 〈연보(年譜)〉를 얻을 수 있을 것은 물론이고 이를 통해 시기별로 범부가 무엇을 보고 무엇을 듣고 무엇을 배우면서 어떠한 고민을 하였는지를 다소나마 엿볼 수 있을 것이다.

범부 이력에 대한 오해는 그를 한 명의 사상가가 아닌 신비주의자로 만들어버리기에 충분하였다. 그리고 이러한 오해는 그의 사상을 연구하고자하는 후학들에게 많은 제약으로 작용되었다. 이러한 한계를 극복하기 위해 현지조사와 물증, 구술자료 등을 최대한 활용할 것이다. 재구성된 범부의 연보를 통해 범부 지식의 범주를 파악하고 단지 구호만 있는 이론가가 아닌 실천적 사상가로서의 범부를 이해할 수 있을 것이다.

그러한 연후 『풍류정신』을 통해서 본 범부의 중심사상－멋 · 화 · 묘에서는 『풍류정신』에 대한 본격적인 논의에 앞서 범부 저술 일반에 대한 이해를 전제할 것이다. 이것은 범부의 저작 중 하나인 『풍류정신』이 그의 저작 전체와의 상관관계 속에서 그것이 텍스트로서 가지는 의미를 밝히기 위한 전초 작업이 될 것이다.

이러한 전제 작업 아래 범부 사상을 대표할 만한 키워드를 그의 저작 중 『풍류정신』이라는 텍스트를 통해 도출할 것이다. 네 편의 각기 다른 종류와 형식을 가진 『풍류정신』에서 그 전체의 유기적인 관련성을 찾아보기는 힘드나 각각의 글들이 가지는 특성을 통해 범부 특유의 사상을 읽어낼 수 있을 것으로 기대한다. 이를 위해 가능한 사상사적인 배경을 최소화하고 객관적이고 비판적인 텍스트 분석을 시도, 『풍류정신』이 가지는 논리적 흐름을 쫓아가는 방식으로 논의를 진행하고자 한다.

또한 범부의 멋 · 화 · 묘 사상과 종교론에서는 『풍류정신』을 통해 비교적 객관적이고 체계적으로 이루어진 검토를 토대로 범부 사상 전반에 흐르고 있는 사상적 근간을 찾고자 주력할 것이다. 이를 위해 그가 주목한 '풍류도'와 '신라정신'을 그의 전통론 속에서 규명하고 범부의 전통론이 그의 종교론과 가지는 상관관계를 살펴보고자 한다. 이러한 과정 속에서 범부가 이야기하고 있는 종교의 원형으로서의 샤머니즘과 종교적 관점으로 파악한 동학에 대한 범부의 이해 역시 규명할 수 있을 것이다.

본문의 마무리 격에 해당하는 범부의 멋·화·묘 사상이 갖는 특징과 의의에서는 앞에서 논의한 내용들을 토대로 범부 사상이 가지는 특징과 의의를 찾는데 주력할 것이다. 이러한 과정 속에서 범부는 우리에게 잊혀진 사상가, 그리고 잊혀진 범부의 사상이 아닌 오늘에 다시 읽힐 수 있는 사상가와 사상으로 재해석될 수 있을 것이다.

마지막 결론에서는 앞에서 전개된 논의들을 요약하고 범부 연구에 있어 향후 과제와 전망을 제시하는 것으로 마무리를 하고자 한다.

다음의 〈도표 2〉는 이러한 연구의 과정을 도표화하여 정리한 것이다.

〈도표 2〉 연구 전개도

문제제기
▸ 범부 연구의 한계와 현 위치 ▸ 한국 근현대사에서 범부 사상의 정당한 위치 찾기

↓

범부 사상 형성의 배경
▸ 생애사 복원을 통해 범부 지식의 범주 파악 ▸ 실천적 사상가로서의 범부 이해

↓

『풍류정신』을 통해서 본 범부의 풍류사상－멋·화·묘－
▸ 범부 저술 중 『풍류정신』의 위치 ▸ 『풍류정신』에서 드러나는 멋·화·묘 사상

↓

범부의 멋·화·묘 사상과 종교론
▸ 범부 사상의 근간인 전통론과 종교론에 대한 이해 ▸ 근현대 종교의 대안으로서 풍류도의 구상 ▸ 동학에 대한 범부의 재평가－계시종교(啓示宗教) 동학

↓

오늘에 다시 읽는 범부의 멋 · 화 · 묘 사상

- 『풍류정신』의 '대조화(大調和)' 사상
  융섭적(融攝的) 사고를 통한 우주적 생생(生生)과 공생(共生)
- 범부 사상의 근원으로서의 종교론
  한국적 풍류도 · 신라정신의 재발견

범부 사상 형성의 배경

이 장에서는 범부의 연보 재구성을 통해 그의 지식의 범주를 파악하고 이를 통해 그의 사상 체계의 밑그림을 그려보고자 한다. 이 장은 내용의 특성상 범부의 옆에서 가장 오랜 시간을 함께 한 외손자 김정근의 구증과 글에 많은 부분 의존하고 있음을 미리 밝힌다.

그간 범부의 연보는 그의 제자였던 이종후의 손에서 만들어진 '김범부선생 약력'이라는 형태가 『화랑외사』 삼판에 실린 채로 기존해 있었다. 이것을 기초로 범부의 외손자인 김정근이 확장시키고 보완하여 지난 해 4월 경주에서 '김범부 선생과 경주무학'이란 주제로 개최되었던 '동리목월문학 심포지엄'(동리목월문학관, 2009.4.24)에서 「김범부(金凡父)를 찾아서」란 제목으로 발표한 글에 또 다른 버전의 범부 약력을 소개하였다. 그리고 이 논문에서 발표하는 범부의 연보는 위 두 가지의 약력 중 이종후의 것을 기본으로 하고, 김정근에 의해 대폭 수정·보완된 것에 필자가 보다 세분화하거나 보완된 것을 비고란에 적어 또 다른 하나의 범부약력을 구성해 보았다.

범부의 약력을 구성하는 것에 이렇게 많은 이들의 손을 거치고 철저한 고증을 거치는 이유는 이를 통해 범부의 사상세계를 조금이라도 깊이 이해할 수 있지 않을까 하는 필자의 욕심에서일 것이다. 지금은 이 자리에 없으며, 또 그와 함께 한 이들 역시 고령으로 기억력의 한계를 보이거나 세상을 떠난 이들이 많아 그간 회자되어 이름으로만 떠돌던 범부의 실체를 가능한 한 먼저 명확히 한 후 그 시기에 범부는 무엇을 고민했었던가를 함께 고민해 보는 것이 올바른 방법이 아닌가하는 필자의 궁여지책 말이다.

물론 범부 연구를 하는 신진 연구자들에 의해 범부의 일본 현지 필드웍을 통한 일본에서의 행적을 고증·발표한 연구 성과물[1]이 있기는

[1] 이 연구는 현지조사와 물증자료들을 통해 범부의 일본행적을 밝힌 것으로 이를 통해 범부의 일본 행적에 관한 많은 부분이 새롭게 정리되었다(최재목·정다운·우기정, 「凡父 金鼎卨의 日本 遊學·行蹟에 대한 檢討」, 『동북아시아문화학회』, 2009.5).

하다. 그러나 이 성과물은 지나치게 사실적인 기록에만 의지하려는 경향이 짙어 범부의 본 모습을 고민하는 데는 다소 소홀했던 감이 없지 않다.

현대 언어학의 아버지인 소쉬르(Ferdinand de Saussure, 1857~1913)는 가장 긴요한 것은 구술로 하는 말이며, 구술로 하는 말이 모든 말에 의한 커뮤니케이션의 근저를 떠받친다는 것을 강조한 바 있다. 그리고 글쓰기가 언어의 기본적인 모습이라고 생각하는 잘못된 뿌리 깊은 경향이 학자 사이에 존재하고 있음을 이미 우리에게 경고한 바가 있다.[2] 즉, 지나친 문자문화에 대한 의존은 문자라는 것이 그 이전의 기억을 가지고 있는 이의 구술성을 소멸시킬 확률이 높으며 이는 학문을 하기 위해 자료를 모으는 학자들에게 결코 도움이 될만한 일은 아니라는 것이다. 어떤 경우에 있어서는 구술에 의해 문자문화의 기초가 되는 가장 귀중한 자료를 얻을 경우도 종종 있기 때문이다.

범부의 약력 중 가장 큰 혼돈을 일으키고 있는 부분은 두말할 것도 없이 일본에서의 행적이다. 그중에서도 가장 큰 오류로 지적된 것이 '1915년 19세 때 백산상회(육영사업회)의 장학생으로 도일하여 경도제대, 동경제대 등에서 청강도 하고 일본의 학자들과 교제도 하다가 25세 때 귀국'[3]하였다는 내용이다. 이러한 내용을 포함한 대부분의 것들이 사람들의 이야기를 통해 '무엇 무엇이라고 하더라'라는 형식으로 유통되면서 사상가로서 범부의 이미지는 점점 희미해지고 신비가로서의 이미지만 우리에게 남게 되었던 것이다.

아직까지도 범부의 연보에는 그 사실성이 입증되지 못한 채 기술되고 있는 부분이 많다. 한 사상가의 연보는 그 사람의 지적 형성의 배경

그러나 이 연구는 지나치게 현지조사를 통한 사실적인 자료 수집에만 그치고 있다는 한계점을 가지고 있음을 부인할 수는 없다.

2) 월터 J. 옹, 『구술문자와 문자문화』, 이기우 · 임명진 역, 문예출판사, 2004, 13쪽 참조.

3) 김범부, 「金凡父先生略歷」, 『화랑외사』 삼판, 이문출판사, 1981, 241쪽.

을 내포하고 있다. 다시 말해 우리는 그 사람의 연보 속에서 어떠한 경로로 그 사람의 사상이 구축되어졌는가를 읽을 수 있다. 따라서 이 장에서는 먼저 범부의 생애를 초년기, 중·장년기, 만년기의 세 단계로 나누어 각각 1. 유년 및 수학기, 2. 민족적 자아 형성 및 이론실천기, 3. 건국이념 및 건국정신 제공기라는 소주제를 가지고 살펴보고자 한다. 그리고 이를 통해 범부의 사상이 그의 생애와 어떠한 연관성 속에서 구축되고 있는지, 그의 사상을 형성하는 배경[4]에는 어떠한 것들이 있었는지를 좀 더 자세히 살펴보고자 한다.

---

[4] 범부의 사상은 생애사 외에도 그의 사후, 영남대학교에 기증된 그의 장서들을 통해서도 그 윤곽을 그릴 수 있다. 그 서적들은 「범부문고」라는 이름으로 지금도 영남대학교에 보관되어 있으며 범부의 문하생인 이종후와 범부의 둘째 아들 金斗弘(1928~1998, 전 신라대학교 문헌정보학과 교수)의 친분관계로 영남대학교에 기증된 것이다. 「범부문고」의 책 수는 637종 3,586권에 이르며 이 중에는 중국 역대의 도서를 총집성한 『四部叢刊』 360종 2,451권(上海: 函芬樓, 1934)이 많은 부분을 차지하고 있다.
아래의 도표들은 「범부문고」의 책들을 내용별, 출판년도별, 발행지별로 분류하여 정리한 것이다.

〈도표 3〉 「범부문고」의 내용별 분류 – 1(『사부총간』 포함)

	총류	철학, 경제	종교	사회과학	자연과학	기술과학	예술	어학	문학	역사, 지리	총
분류번호	000	100	200	300	400	500	600	700	800	900	
종류	16	141	30	13	9	16	11	20	299	82	637
%	2.51	22.14	4.70	2.04	1.41	2.51	1.73	3.14	46.94	12.87	99.99
권수	125	711	111	32	35	64	13	90	1756	649	3,586
%	3.49	19.83	3.10	0.89	0.98	1.78	0.36	2.51	48.97	18.10	99.99

〈도표 4〉 「범부문고」의 내용별 분류 – 2(『사부총간』 제외)

	총류	철학, 경제	종교	사회과학	자연과학	기술과학	예술	어학	문학	역사, 지리	총
분류번호	000	100	200	300	400	500	600	700	800	900	
종류	15	69	22	10	7	8	9	6	82	49	277
%	5.41	24.90	7.94	3.61	2.52	2.89	3.25	2.17	29.60	17.69	99.98
권수	123	327	37	10	30	28	11	54	315	200	1,135
%	10.84	28.81	3.26	0.89	2.64	2.47	0.97	4.76	27.76	17.62	100.02

〈도표 5〉「범부문고」의 출판년도별 분류

출판년도	1900년 이전	1900~1909	1910~1919	1920~1929	1930~1939	1940~1949	1950년 이후	미상*	불명**	총
종류	64	22	29	20	9	2	9	108	14	277
%	23.10	7.94	10.47	7.22	3.25	0.72	3.25	38.99	5.05	99.99
편수(편)	334	93	87	87	17	3	12	475	27	1.135
%	29.43	8.19	7.67	7.67	1.50	0.26	1.06	41.85	2.38	100.01

* 「범부문고」 목록에서 년도가 기록되어 있지 않은 것.
** 「범부문고」 목록에서 '甲子' 등 六十甲子로 표기하여 년도가 명확하지 않은 것.

〈도표 6〉「범부문고」의 발행지별 분류

분류	국내				국외						미상	총
					일 본			중 국				
발행지	경성	경주	기타	총	동경	경도	기타	상해	대만	기타		
종류	28	1	11	40	7	5	2	60	1	7	155	277
%	10.11	0.36	3.97	14.44	2.53	1.81	0.72	21.66	0.36	2.53	55.96	100.01
편수	46	7	52	105	29	12	3	268	1	29	688	1,135
%	4.05	0.61	4.58	9.25	2.56	1.05	0.26	23.61	0.08	2.56	60.61	99.97

위의 표를 통해서도 알 수 있듯이 「범부문고」에는 우리나라와 중국의 철학, 역사, 사상, 종교 등의 근간을 이루고 있는 다양한 종류의 책들이 포함되어 있다. 그러나 이 많은 도서들을 범부가 전부 읽었거나 소화했다고 단정할 수는 없다. 또한, 이 도서들만으로 범부의 동양학 지식의 범주를 확정짓기에도 무리가 있다. 그렇다고 「범부문고」가 범부의 동양학적 지식의 범주를 형성하고 그의 사상을 구축하는 기반이 되었던 참고도서라는 점 또한 부정할 수는 없다.

이에 대한 보다 지세한 내용은 최재목 · 이태우 · 정다운, 「「凡父文庫」를 통해서 본 凡父 金鼎卨의 東洋學 지식의 범주」, 『儒學硏究』 제18집, 충남대학교 유학연구소, 2008.12 참조 바람.

1. 유년 및 수학기

범부의 초년기는 1) 가풍에 따른 유학공부의 유년기와 2) 해외견문 습득의 일본유학기로 구분할 수 있다. 전자의 경우를 그의 사상에 있어 전반적인 기반이 되는 유학을 가풍으로 자연스럽게 익히게 되는 시기로 본다면 후자의 경우는 일본의 유학을 통해 당시 선진문물을 습득하여 그의 사상을 확장한 시기로 볼 수 있다.

1) 가풍에 따른 유학공부의 유년기

범부는 조선시대 유학자인 점필재(佔畢齋) 김종직(金宗直, 1431~1492)[5]의 15대손으로 1897년 1월 28일 경주부 북부동에서 김임수(金壬守)의 장남으로 출생하여 4세부터 13세까지 유학자이며 그의 친족인 김계사(金桂史, ?~?)에게 한문과 칠서(七書, 사서삼경) 등을 수학하였다.

범부의 외손자인 김정근의 구증에 따르면 범부는 생전에 조선시대 명유인 점필재 김종직의 이야기를 자주했다고 한다. 이때 그는 "점필재 할아버지"라는 표현을 사용했으며 이것은 범부가 선산김씨 경주 문중의 중시조가 되는 문충공 김종직에 대해 남다른 애정과 존경심을 가

---

[5] 金宗直(1431(세종 13)~1492(성종 23))은 조선 세종 때의 性理學者로 자는 季昷, 호는 佔畢齋이며, 경남 密陽 출신이다. 1459년(세조 5) 문과에 급제하여 正字를 거쳐 慶尙道 兵馬評事 등을 역임했고, 성종 초 經筵官이 되어 漢城府尹·工曹參判·刑曹判書·知中樞府事에 이르렀다. 학문과 문장이 뛰어나 嶺南學派의 宗祖가 되었고, 성종의 특별한 총애를 받아 자기 門人들을 관직에 많이 등용시켰으며 기성세력인 勳舊派와 심한 반목과 대립을 일으켰다. 일찍이 '弔義帝文'을 지은 바 있는데 1498년(연산군 4) 제자 金馹孫이 史官으로 있으면서 이것을 史草에 넣은 것이 원인이 되어 무오사화가 일어났다. 이로 인해 剖棺斬屍되었다. 총재관으로『동국여지승람』55권을 증수하고 書畵에도 뛰어났다. 밀양의 禮林書院, 선산의 金烏書院 등에 제향, 시호는 文忠公이다. 저서로는 遊頭流錄·佔畢齋集·青丘風雅·堂後日記 등이 있다(柳洪烈 감수,『韓國史大事典』, 풍문사, 1974, 314쪽).

지고 있었다는 것을 말해주는 대목이라 할 수 있다.

범부의 평소 말씀이나 계씨인 동리의 여러 글에 나타난 것을 보면 점필재 김종직은 선산김씨 경주 문중 사람들의 의식 가운데 큰 위치를 차지하는 존재였다고 김정근은 이야기한다. 어쩌면 선산김씨 경주 문중의 정신적인 사표가 되었던 조상이었을 것이다. 동양철학을 탐독하던 범부에게는 더욱더 그러하였을 것이다. 그러한 경향은 범부는 젊어서부터 큰 공부를 하기 위해 외지에 많이 나가 있으면서도 제삿날 같은 때 한 번씩 집에 들려 동생이나 자식들에게 좋은 이야기도 해주고 집안의 내력 같은 것도 그 기회에 짚어주곤 했던 것 같다는 김정근의 증언에서도 읽을 수 있다.

이러한 연관선상에서 전혀 관련이 없어 보이던 점필제－췌세옹－김범부의 연결 고리가 생기게 된다. 췌세옹 김시습은 범부의 선조인 점필재 김종직과는 동시대 인물로서 삼각산에서 공부하다가 수양대군이 단종을 내몰고 왕위에 올랐다는 소식을 듣고는 통분하여 책을 불태워버린 후 중이 되어 전국을 떠돌았다. 그는 평생 절개를 지키면서 불교와 유교 정신을 아울러 곁들인 탁월한 문장으로 일세를 풍미하였다. 우리나라 최초의 한문소설인 『금오신화(金鰲新話)』를 썼으며 생육신의 한 사람이 되었다. 점필재는 세조의 왕위찬탈에 반대하여 '조의제문'을 지었다가 훗날에 화를 당했다. 범부는 자신의 선조가 되는 점필재의 정신과 췌세옹의 절개를 기리고 귀감으로 삼고자 했을 것이다.[6]

그리고 유학에 대한 이러한 범부의 남다른 애착은 그의 사상 전반을 구축하는 디딤돌이 되었을 것이다.

아래의 인용문은 범부의 동생 동리가 바라본 유학에 대한 범부의

---

[6] 이 내용은 범부와 관련하여 앞서 발표한 김정근의 글의 후속작업으로 발전되어 나온 글 「凡父의 家系와 가족관계」 중 일부이다. 앞서 발표된 두 편의 글은 「金凡父를 찾아서」, 『凡父 金鼎卨 硏究』, 범부연구회 편(대구 프린팅, 2009)와 「범부 연구의 새 지평: 영남대 범부 연구팀에 바란다」, '제1회 범부연구회 세미나'(대구CC, 2009.6.6)에 실려 있다.

입장이다.

> 그것은 **백씨가 어릴 때에서 스무 살 가까이 될 때까지 완전히 유교 속에 있었고, 유교에 徹해 있었기 때문이다. 그냥 유교를 배우고 누구의 지도를 받아 그것을 실천하는 데 그치지 않고, 거기 '철'하게 된다면, 유교의 인의예지신이나 효제충신 따위가 그냥 윤리도덕에 그치지 않고 형이상학과도 연결이 된다는 것을 알게 된다. 사람이 참으로 사람다운 길을 올바로 깨닫고 지성으로 지키고 나아간다면 그것이 곧 하늘의 길로 통하므로, 이로써 사람도 하늘에 통할 수 있다 하는 경지인 것이다**(『中庸』 第二十二章 참조). 극락이나 천당을 따로 내세우지 않았던 유교에서는 현실과 일상 속에서 사람으로 행할 수 있는 최상의 길을 최선을 다하여 지성껏 지키고 나아간다면 그 '현실과 일상'이 곧 하늘로 통한다는 유교 특유의 형이상학이요 구제론이기도 한 것이다.[7] (강조는 인용자, 이하 동일)

범부는 자신의 평생을 통해 강조한 '국민윤리론'의 가장 근본이 되는 것으로 부모에 대한 효(孝)를 이야기하고 있다. 이것은 유교의 가장 바탕되는 이론으로 아무런 대가를 바라지 않은 채 희생적, 맹목적으로 자신의 모든 정성을 다하는 보모와 자식 간의 '지정(至情)'을 그 기반으로 하고 있다. 범부가 말하고 있는 '지정'이란 '상정지지처(常情之至處)'로 사람이라면 누구나 가지는 상정(常情), 이 간절한 곳에 있는 것으로 부모가 자식을 사랑하지 않을래야 않을 수 없고 또 밉게 생각할래야 미워지지가 않는 바로 그러한 마음을 이야기하는 것이다.[8] 그리고 더 나아가 자식은 부모를 공경하고 사랑하는 심정 이 모두를 포함하는 것이 범부가 말하고자하는 '지정'인 것이다.

이러한 내용은 『최고회의보(最高會議報)』(창간호－4호) 합본 1(國家再建最高

---

7) 김동리, 「伯氏를 말함」, 김범부, 『풍류정신』, 정음사, 1986.

8) 김범부, 「국민윤리특강」, 『花郎外史』 삼판, 이문출판사, 1981, 235~236쪽. 범부의 「국민윤리특강」은 이보다 앞서 『國民倫理研究』 Vol.7 No.1, 韓國國民倫理學會, 1978에 '特講'이라는 형식으로 먼저 실려 있었다.

會議, 1961.8~ 1962.1) 중 제2호에 실린 「방인(邦人)과 국가관(國家觀)과 화랑정신(花郎精神)」(132~135쪽)에도 그대로 드러나 있다. 즉, 범부가 생각하는 한에서, 이러한 정신-지정-이야 말로 신생국의 국민으로서 가져야 될, 그리고 가져야만 할 국민정신이요, 국민이론이었던 것이다. 여기서 말하는 효, 지정 등의 정신은 어린 시절 가풍에 의해 자연적으로 체득된 유교적 학풍에 기인하는 것으로 보인다.

2) 해외견문습득의 일본유학기

유교적 가풍에 있던 범부에게 보다 다양한 지식 습득의 계기가 된 것은 일본유학기가 아닌가 추측된다.

앞에서도 이야기된 바와 같이 '백산상회 장학생=기미육영 장학생'이라는 공식은 그의 일본 유학 경력에 많은 혼돈을 가져다주었다. 그러나 1913년생인 동리가 네 살이 되던 당시(1916년) 호구조사가 나왔는데 백씨인 범부가 일본(대학)에 유학을 가고 없어 아명으로 쓰던 창봉을 그대로 올릴 수 없어 창귀라고 올렸는데, 후에 유학에서 돌아온 범부가 화를 내더라는 이야기[9]를 비롯, 범부의 3녀와 4녀의 구증[10]을 통해서도 범부는 기미육영회 이전에 이미 일본에 가있었고 일본에 머무른 기간 또한 최소 3~4년, 혹은 5~6년은 족히 되는 것으로 짐작된다.

또한, 범부의 이력이 가장 먼저 정리된 『화랑외사』의 「김범부선생약력」 그 어디에도 '기미육영 장학생'으로 도일을 하였다거나 일본의 어떤 대학을 '졸업'하였다는 내용은 없다. 다만, '경도제대, 동경제대 등에서 청강도 하고, 일본의 학자들과 교제'도 하였다는 문장이 기술되

---

9) 김동리, 「나의 유년 시절」, 『김동리 전집 ⑧-나를 찾아서』, 민음사, 1997, 13~14쪽 참조.

10) 범부의 3녀 惠英(1928~)과 4녀 小英(1932~)와의 인터뷰 내용은 김정근을 통해 알게 되었다.

어 있을 뿐이다.

이와 같은 맥락에서 오종식 역시 다음과 같은 글을 쓰고 있어 범부의 유학(留學)은 말 그대로 여러 곳을 돌아보고 여러 사람들과의 관계를 넓히기 위한 유학(遊學)이었을 것이다.

아래의 인용문은 오종식의 이러한 생각을 드러내고 있는 부분이다.

> 그 뒤 心機의 변화가 생겨 宋代의 性理學을 공부하다가 佛經을 익히게 되었고 드디어 禪에 관심을 갖게 되었고 한편 西洋哲學에 形而上學같은 것이 理氣說에 비슷한 것이 있다기로 그것들을 참고했으나 별것이 없었는데 **그런대로 「칸트」가 時間, 空間을 先驗的으로 해명하는 데의 문제제출에 흥미를 느껴 일본으로 留學보다는 遊學을 나섰다. 東京 京都에 留하면서 대학의 철학강의를 들어 보았으나 자기를 啓導할만한 것이 없었다고 했다.**[11]

범부의 제자였던 이완재 역시 그의 일본에서의 행적을 정규학생으로서 수업 받은 것이 아니라 일본학자들과의 교유를 겸한 일본학계의 시찰을 위한 일본행으로 보고 있다.[12]

그러나 일본에 대한 범부의 감정은 그리 좋았던 것만은 아니었던 것으로 보인다. 일본에 대한 범부의 생각을 근처에서 바라본 김정근의 증언을 통해 알아본다.

> **범부는 원래 일본을 좋아하지 않았다. 그렇게 할 만한 정서적 심리적 배경이 처음부터 하나도 없었다.** 범부는 일찍이 한국이 일제의 지배를 받는 것은 천부당만부당하다고 확신하고 고향 경주의 남문에 격문을 붙이고 창의(倡義)를 시도한 적이 있었다. 그리고 일제 식민지시대 내내 항일에 힘을 기울였고 그것 때문에 사상범으로 지목을 받아

11) 오종식, 「잊을 수 없는 사람－뒤에서 감싸준 金凡父 형」, 『新東亞』, 동아일보사, 1972.12, 216쪽.

12) 이완재, 「범부 선생과 동방사상」, 『凡父 선생과 경주문학』, 동리목월심포지엄자료집, 동리목월기념사업회, 2009.4.24, 11~12쪽.

괴롭힘을 당하기도 했다. 그는 일제 형사들의 지속적인 감시 속에 살아야 했고 수시로 경찰서에 끌려 다녔으며 적어도 두 번에 걸쳐 1년 전후의 기간을 일제 감방에서 보냈다. 물론 범부의 항일 행적과 사상적인 영향은 별개의 것이라고 하겠지만 적어도 범부의 경우는 두 가지가 서로 조응을 하며 같은 방향으로 흘러갔던 것으로 보인다.

그리고 **범부의 평소 말씀에서 일본의 영향 같은 것을 읽기도 힘들었다. 내가 아는 한에서 범부는 평소에 일본에 대해 호감을 가지고 긍정적으로 언급하는 일이 없었다.** 나는 범부 슬하에서 밥을 먹으며 학교를 다닐 때 무시로 들락거렸던 범부의 서재에서 일본책을 본 기억이 별로 없다. **일본책을 아주 읽지 않았던 것은 아니었으리라고 짐작이 가지만 특별히 다량으로 구해서 눈에 뜨일 만큼 모아 두지는 않았던 것 같다. 서가를 다 채우고 방바닥에도 산더미 같이 쌓아 두었던 한적과는 매우 대조적이었다.**

오히려 나는 자라면서 범부를 아는 사람들로부터 범부의 사상이 일본 쪽으로 흘러들어간 측면이 있었다는 말을 들었다. 가령, 일본 체류 시기에 일본인 교수를 대신하여 강의를 이끌었다는 이야기가 있었으며 다솔사 시절에는 일본 교수단과 불교 승려들의 방문을 받고 그들을 대상으로 연속 강의를 펼쳤다는 말을 들었다.[13]

그렇다면 범부는 젊은 나이에 일본으로 건너가 무엇을 듣고 무엇을 익혔을까에 대한 의문을 가지게 된다.

비록 범부의 '동양대학 졸업'이 최인환옹의 구술로 보아 행정적인 필요에 따라 임의로 만들어진 것일 확률이 높다고 하여도 3~4년(범부 3녀, 4녀의 증언), 또는 5~6년(이종후 교수의 '약력') 동안의 기간 동안 범부는 일본의 동경제대, 경도제대 등 유수의 대학을 주유했을 가능성이 높은 것으로 추측된다.[14]

---

13) 이 내용은 '제1회 범부연구회 세미나'(대구CC, 2009.6.6)에서 김정근이 발표한 「범부 연구의 새 지평－영남대 범부 연구팀에 바란다」의 내용 일부에 자신의 기억을 더듬어 구증한 것을 옮겨 적은 것이다.

14) 「大正九年五月四日, 釜山における己未育英會に關する件」이란 문서에는 부산경찰서장의 보고 요지를 포함, 경상남도의 자산가가 발기한 白山商會를 중심으로 1919년 11월경 己未育英會 설립, 취지, 규칙, 선발내칙 등의 내용이

그중에서도 일본 동경에 위치한 동양대학[15]은 '지(知)의 기초인 철학을 배우는 것이 일본의 근대화에 있어 중요한 것'이라는 이념에 자신의 역량을 쏟은 이노우에 엔료(井上円了, 1858~1919)에서 출발한다. 이노우에 엔료는 「모든 학문의 기초는 철학에 있다(諸學の基礎は哲學にあり)」라고 하는 교육이념으로 1887년에는 철학관을 창립하여, 이후, 그것이 철학관대학을 거쳐 동양대학이 된다. 이노우에 엔료가 제창하였던 교육이념은 동양대학의 건학정신으로 현재까지 이어져오고 있다.

이노우에 엔료는 자신이 철학을 전수함으로써 모든 철학자의 저작을 연구하고 그중에서 고금동서의 성현으로 대표 4인을 선발하였다. 또한 철학을 「동양철학」과 「서양철학」으로 크게 구분하고, 그 속에서도 동양철학은 중국철학과 인도철학으로, 서양철학은 고대철학과 근대철학으로 분류하였다. 그 각각의 대표자로는 '공자', '석가', '소크라테스', '칸트'를 들어 네 명의 성인[四聖]으로 정하였다.

범부 역시 자신이 존경하거나 좋아하는 인물로 꼽은 동서양의 철학자들은 공자, 칸트, 토마스 아퀴나스, 아리스토텔레스였다. 이들 중 공자와 칸트는 동양대학의 사성, 즉 칸트, 공자, 석가, 소크라테스와 일치하고 있다. 이러한 것들을 통해서 볼 때 범부의 동서양 비교철학과 사상가에 대한 존경의 배경에는 동양대학의 학풍이 암묵적으로 작용한

들어있다. 여기에 己未育英會 奬學生으로 일본 유학길에 오른 凡父의 이름이 기재되어 있다. 이 내용은 지금까지 우리가 알고 있는 내용(凡父가 1915년에 일본으로 유학을 감)과는 많이 다르다. 이 기록에 따르면 凡父는 '現在留學中の者(현재 유학 중인 자)'로 분류, '慶尙北道出身'이며, '本年(大正 9년, 1920년) 三月より東京正則英語學校準備科在學中(금년 3월부터 東京正則英語學校 준비생으로 재학 중)'으로 1920년 동경에서 외국어 공부를 하고 있는 것으로 관찰되었다. 그러나 재일학자 일인의 기록으로 범부의 일본 유학 모두를 읽어내는 것에는 무리가 있으며, 이 기록 역시 재일학자의 손에 의해 쓰여진 것으로 그 신빙성을 담보할 수는 없다(金正明 編, 『朝鮮獨立運動 Ⅰ - 民主主義運動篇 - 』 分册, 原書房, 1967, 394~395쪽 참조).

15) 東洋大學에 대한 보다 자세한 내용은 http://www.toyo.ac.jp 참조(검색일자: 2009.3.20).

것으로 보인다. 다만, 범부의 동양대학 입학 및 졸업에 관한 증거를 찾을 수 없어[16] 그 확실한 연관성을 가릴 수는 없지만 비교철학을 주로 하던 동양대학에서 범부 역시 동서철학의 비교사상연구에 잠시나마 심취하지 않았을까 하는 추측을 해본다.

이외에도 범부가 당시로서는 드물게 영어와 독일어에 뛰어났다는 이야기가 있으며,[17] 이것은 그가 일본에서 외국어를 수학했던 이력과도 연관이 있는 것으로 보인다.

그렇다면 범부는 왜 어린 나이에 장학생으로 일본으로 유학을 떠났음에도 불구하고 정식 졸업장이 아닌 단지 '청강'과 '교유'만을 하고 돌아왔던 것일까?

어쩌면 일제에 대해 그다지 긍정적이지 못한 그의 심리가 강의실에 단정히 앉아 일본인이 하는 강의를 받고서야 얻을 수 있는 '졸업장'을 받는 것에 그리 큰 의미를 두지 않았음을 의미하는 것은 아닐까? 그리고 이는 그의 평소의 모습을 구증한 김정근에 의해서도 어느 정도 유추될 수 있는 사실이다. 김정근의 구증에 따르면, 범부는 평생 어느 기관에 속해 누구누구 밑에서 차곡차곡 학문을 쌓은 적이 없었다고 한다. 이른 시기부터 줄곧 독학이었으며 오직 책과 씨름하며 직접 세상을 읽었다고 한다.[18]

이외에도 범부의 일본 행적 중에는 비예산전수학원(比叡山專修學院)

16) 東洋大學 소장 '東洋大學의 연도별 입학 · 중퇴 · 졸업에 관한 자료'에는 유학생 凡父가 유학한 1915년과 1920년에는 입학생과 졸업생이 없는 것으로 되어 있다. 이외 '동양대학 유학생 관련'에 관해서는 朴己煥, 「近代日韓文化交流史研究: 韓國人の日本留學」, 日本 大阪大學 文學研究科 박사학위논문, 1998 참조 바람.

17) 吳濟峰, 『나의 回顧錄』, 물레출판사, 1988, 43쪽.

18) 이 내용은 범부와 관련하여 앞서 발표한 김정근의 글의 후속작업으로 발전되어 나온 글 「凡父의 家系와 가족관계」 중 일부(13쪽)이다. 앞서 발표된 두 편의 글은 「金凡父를 찾아서」, 『凡父 金鼎卨 研究』, 범부연구회 편(대구 프린팅, 2009)와 「범부 연구의 새 지평: 영남대 범부 연구팀에 바란다」, '제1회 범부연구회 세미나'(대구CC, 2009.6.6)에 실려 있다.

명예강사 초빙 및 특강건, 학생 신분으로 천리대학 교수들 대상 강의건 등이 회자되고 있으나 확실하게 검증된 바는 없다.

학문이란 '배우고 묻는다'라는 뜻을 그 기본으로 삼는다. 스승이 지니고 있는 지식을 배우고 묻는다는 뜻이기도 하고, 아직 알려지지 않은 사물의 이치를 배우고 물어 밝혀낸다는 뜻이기도 하다. 학문하는 선비는 기능인일 수 없으며, 대의명분에 맞게 살아 마땅하다고 여겨 남들과는 다른 길을 택하기도 한다. 초야에 묻혀 있으면서도 천하만사의 근본이치를 밝히고, 세상을 바르게 인도할 책임이 있다고 여기는 선비정신은 그러한 고민의 근저에 자리하고 있다. 그 점에서 서양의 학자와 다를 뿐 아니라 일본의 학자와도 다른 것이다.[19]

학력에 연연해하지 않고 자신이 원하는 공부를 하기 위해 홀로 길을 떠나는 범부의 생각은 이러한 우리네 선비적인 학문태도에서 기인한 것으로 보인다. 이런 태도를 가슴 깊이 가지고 있었던 범부에게 청강도 그에게는 공부였을 것이며, 학식이 높은 이들과의 교유도 공부의 하나였을 것이다. 세상을 통해 배우고 책을 통해 지식을 얻었던 범부에게 유학은 단지 다른 학문을 보고 느끼기 위한, 그러면서 그 속에서 무엇을 취하고 무엇을 버려야 할지를 고민하던 유학(留學) 아닌 유학(遊學)이였을 것이다.

그러나 일제강점기 당시로서는 최신의 학문과 기술을 접할 수 있었던 일본으로의 유학은 범부의 사상에서 결코 적지 않은 영향을 미쳤을 것으로 보인다. 다시 말해서 그가 어디서 무엇을 배웠으며, 또한 그 영향은 무엇인가 하는 점에 있어 특히, 동방, 국학 및 동양학의 방법론, 언어에 대한 관심 등은 우리의 전통적인 학술문화의 영향일 수도 있지만 일본의 혹은 일본을 경유한 서구적인 학술의 영향일 가능성도 부정할 수는 없을 것이다.

---

19) 조동일, 「우리 학문론의 재인식」, 『泰東古典硏究』, 翰林大學校 泰東古典硏究所, 1993, 20쪽.

2. 민족적 자아 형성 및 이론실천기

유교와 신진 문물을 습득한 초년기를 지난 범부는, 당시 지식인으로서는 누구나 함께 고민하였던 항일운동의 시기에 접어들게 된다. 이 시기의 범부는 단순한 항일운동이 아닌, 지금껏 자신이 익힌 학문을 이론적으로 정립하고 또한 주체성이 박탈당한 한 나라의 지식인으로 민족적 자아를 형성한다. 그리고 이러한 자아 형성은 현실의 적용을 그 통로로 하여 세상과 연결된다. 이 시기는 범부의 생애 중 중·장년기에 해당하며 주로 1) 다솔사(多率寺) 칩거기(蟄居期), 2) ≪계림학숙≫ 재임기, 3) '동방사상(東方思想) 연구소(研究所)' 설립기 등으로 구분될 수 있다.

1) 다솔사 칩거기

범부가 다솔사[20]와 인연을 맺게 된 것은 효당(曉堂) 최범술(崔凡述, 1904~1979)(이하 효당)과의 인연으로 시작된다.[21]

---

20) 경남 사천에 있는 이 절은 신라 지증왕 4년 화엄사를 창건한 인도스님 연기조사가 창건했다. 靈岳寺라 불리다가 선덕왕 5년(636년)에 2동을 더 건립 다솔사라 개칭하고 문무왕 16년(676) 의상대사가 靈鳳寺 부르다가 경문왕 때 도선국사가 4동을 더 건립 다시 다솔사로 개칭했다. 연기조사 의상대사 도선국사가 모두 이름 난 차승들이다. 鳳鳴山 주위에는 차나무가 즐비한데 다솔사가 차사(茶寺)로 이름을 굳힌 것은 효당 때부터라고 한다.
흔히 효당을 말하면 다솔사를 떠올리고, 다솔사 하면 일제시대 독립운동의 모태로서 기억한다. 왜냐하면 한용운, 김범부, 김법린, 변영만, 변영로 등 기라성 같은 독립운동가, 지식인들이 여기를 들락거렸기 때문이다. 그리고 다솔사와 김범부, 김동리의 깊은 인연은 뗄 수가 없다. 자세한 사항은 김정숙, 「제1장 가계/4. 형제들－범부, 영봉」, 『김동리의 삶과 문학』, 집문당, 1996, 42~57쪽 참조.

21) 범부와 다솔사와의 관계는 당시 다솔사 주지로 있었던 효당이 『국제신보』에 기고한 '청춘은 아름다워라'를 통해 많은 부분 확인할 수 있다.

효당은 1922년 6월 일본으로 건너가 32세가 되던 1933년 4월까지 11년 동안 동경에 머물렀다. 그 사이 1922년 7월 초순에 삽곡(渋谷)에 있는 천태종[22] 보천사(寶泉寺)를 찾아가 주지 사카토 치카이(坂戸智海, 1894~1973)와 의형제를 맺기도 하였다. 효당은 그로부터 '천태사교의(天台四教儀)'를 강의 받았을 뿐만 아니라 어려운 상황에서도 여러 차례 도움을 받았다. 이러한 효당과 천태종과의 관계는 후일(1940년) 비예산에서 '회행봉행(廻行峰行)'이라는 수행으로 나타나기도 한다. 비예산은 일본 불교 각 종파의 개조(開祖)가 그곳에서 공부를 하여 일본 불교의 모산(母山)이라고 불리는 곳이다. 천태종과 효당의 이러한 연관으로 인하여 추후 범부가 다솔사에 머물 때 천태종 비예산문 승려들을 대상으로 한 강의로까지 이어졌다고 추측할 수 있다.

1934년, 범부 나이 38세 때 이루어진 이 강의는 일본 측의 비예산 연역사(延曆寺), 동경 상야(上野) 관영사(寬永寺), 천초(淺草) 관음사(觀音寺), 대판(大阪) 사천왕사(四天王寺), 일광(日光)의 윤왕사(輪王寺) 등의 고승 47명과 그 수행원들이 참석하였다. 그리고 우리 측에서는 범부와 범산 등을 비롯, 효당과 관련된 여러 인물들이 참석하였고, 오종식이 통역을 하였다. 학문과 법의(法儀)에 대한 피차간의 대 법회가 일주일간 진행되었는데, 효당은 이 법회를 기묘다솔사안거(己卯多率寺安居)라 했고, 일제의 침략정책이 치열하게 진행되던 와중에도 불법의 평화의 기운은 계속되었다고 훗날 회고했다. 이때 범부는 일본인 승려들을 대상으로 청담파(清談派)의 현리사상(玄理思想)을 1주일 동안 강의하였다.[23]

그러나 범부가 왜 일본의 승려들에게 '청담파의 현리사상'을 강의하

---

22) 일본 천태종에 대한 보다 자세한 사항은 천태종 공식 홈페이지(http://www.tendai.or.jp/index.php) 참조(검색일자: 2009.5.25).

23) 김상현, 「曉堂 崔凡述의 生涯와 思想」, 『曉堂 崔凡述 스님 追慕學術大會－曉堂 崔凡述 스님의 生涯와 業績』, 曉堂思想研究會, 2006, 45쪽 참조.
이 내용은 『매일신문』 1939년 8월 6일자에 「불교 친선 수행」이라는 제목으로 실리기도 했다.

였는지는 자세히 알려진 바가 없다. 다만, 범부는 강의를 할 때 자신이 일본어를 구사할 수 있음에도 불구하고 오종식에게 반드시 통역을 맡겼다는 것으로 보아 자신들의 야욕으로 조선을 밟고 있는 그들에게 탈속적 지식인으로서 노자·장자 등의 고고한 학풍을 토론하며 시정속사(時政俗事)를 멀리하기를 자신의 강의를 통해 말하고 싶었던 것이었을까 하고 생각을 해볼 뿐이다.

이외에도 당시 다솔사의 주지로 있던 효당은 중앙에서 실직한 김법린의 전 가족과 '집에까지 항상 뒤에 이상한 사람들이 몇 몇이나 따라다녔다'던 범부의 전 가족을 일제의 눈을 피해 다솔사와 그 근처에 기거하게 도움을 주었다. 이를 계기로 범부와 법린은 효당과 함께 3범(三凡: 凡父, 凡述, 梵山)으로 불리었으며 이를 통해 그들은 당대 지식인들을 대표하며 속과 세를 뛰어넘는 의형제의 연을 맺게 되었다.

아래의 글은 범부가 쓴 3범에 관한 이야기이다.

> 일제 말기 왜경이 한창 과민할 때 범산과 나는 사천 다솔사에서 그곳 주지이며 동지인 최범술과 더불어 학원을 경영하고 있었다. 범산은 역시 다솔강운 원장으로 있으면서 틈틈이 불경과 한국역사를 교수하면서 조국정신을 고취하기에 전력하였다. 우리 셋은 비록 도원 결의를 한 것은 아닐지라도 언제나 진배없었고, 또 세상 사람들이 그렇게('三凡'이라고) 불렀다. 梵山은 호요, 凡述은 아명이며, 凡父는 내 字이건만, 우연하게도 무슨 돌림자를 쓴 것처럼 일치된 사실이다.[24]

이외에도 이곳에는 만해의 식구들까지 기거하게 되었으니 바야흐로 항일, 배일의 중심지였으며, 다솔사를 거쳐 간 지식인들은 너나할 것 없이 일명 '만해당 사건'과 연루되어 그 사실성의 여부와 관계없이 모진 고초를 겪어야만 했다.

범부 역시 예외는 아니었다. 그러나 범부가 수감되어 있었던 경남도

---

24) 「김범부의 회고」, 『대한일보』 1961.3.18.

경의 일본 비밀 유치장의 간수 중 한 명이 범부의 침착하고 온화한 첫 인상과 시종 담담하고 의연한 태도에 외경심을 일으켜 죄수가 아닌 마음의 스승으로 우러러 모시게 되었다는 유명한 일화가 전하기도 한다.[25] 범부의 가장 대표적인 제자로 알려져 있는 이종후[26]와의 만남 역시 다솔사에서 이루어졌다.

이처럼 범부가 머물던 당시, 다솔사는 당대 지식인들의 거점지였고, 이곳을 거치지 않으면 선각자 대열에 낄 수 없을 정도였다고 한다.[27] 범부는 이곳에서 당대의 지식인들과 폭 넓은 교류를 했으며 그들과의 대화를 통해 학문의 이론을 보다 공고히 구축해 나갔다. 이러한 이론의 구축은 당시 일제강점기라는 시대적 환경에 따라 당연히 '민족적 자아 형성'이라는 큰 조류를 타게 된다. 다시 말해 범부는 다솔사에서 여러 지식인들과의 교유를 통해 자신의 학문적 이론을 정립하게 되고 이것은 일제강점기라는 당시의 시대적 환경과 맞물리면서 민족적 자아를 형성, 더 나아가서는 향후 해방을 맞이하는 우리 국민들이 어떠한 정신 혹은 이념을 가지고 살아가야 하는가까지 생각하게 된다.

현재 다솔사의 대양루에는 범부의 주련시가 걸려있다.[28] 그리고 만

---

25) 申炯魯, 「내가 만난 凡父선생과 曉堂스님」, 『茶心』 창간호(1993년 봄), 77~81쪽 참조.

26) 범부와 이종후의 관련은 최재목 · 이태우 · 정다운, 「凡父 金鼎卨 연구를 위한 예비적 고찰」, 『일본문화연구』 제24집, 동아시아일본학회, 2007.10, 258쪽을 참조 바람.
참고로 고 이종후 교수는 2007년 별세하였고 그와 범부와의 연관성 및 관련된 자료들은 필자를 포함한 범부연구회 회원들이 조사 중에 있다. 범부의 문하생이었던 고 이종후 교수는 자신의 사상적 · 정신적 지주가 범부였음을 자신의 글에서 밝히고 있다(이에 대해서는 이종후, 「나의 求道의 길 1」, 『철학회지』 제1집, 영남대 철학회, 1973.10, 4~5쪽과 「전통사상의 계승과 외래사상의 수용-그 기본 태도에 관하여-」, 『철학회지』 제5집, 영남대 철학회, 1975.5을 참조 바람).

27) 이것은 2009년 5월 30일 多率寺 필드웍 당시, 현지 주민들로부터 들은 이야기이다.

28) 이 주련시는 김필곤, 「凡父의 風流精神과 茶道 思想」, 『茶心』 창간호(1993년

해의 회갑을 기념하여 3범이 함께 심었다는 편백나무 60수 중 9수가 남아 범부가 머물렀던 흔적을 이야기하고 있다.

〈그림 2〉 다솔사 대양루
동그라미: 범부의 주련시가 있던 곳

〈그림 3〉 다솔사 대양루 범부의 주련시

〈그림 4〉 다솔사 시절의 범부[29]

뒷줄 맨 좌측이 효당, 앞줄 우측이 범부

〈그림 5〉 다솔사 편백나무

봄호), 94~95쪽에도 소개된 바가 있다. 참고로 그 시를 적어보면 다음과 같다. 古寺脩竹外 聞鐘時復尋/ 相招談物候 不覺轉峰陰/ 竹露滋幽茗 木魚彷獨禽/ 去留都任率 支遁契吾深.

29) 김광식 편, 윤창화 사진, 『한국불교 100년』, 민족사, 2000, 151쪽.

2)『계림학숙』재임기

중 · 장년기에 접어든 범부는 ≪계림학숙≫에 학장으로 재임하면서 자신의 학문적 이론을 구체적으로 현실에 적용하기 시작한다.

≪계림학숙≫은 '최부자 가문의 마지막 부자'라 불리우는 최준(崔浚, 호는 汶坡, 1884~1970)[30]이 1955년에 경주 교동(校洞)에 세운 초급대학이다.[31] "대한민국교육법에 의하여 심오한 학술이론을 연마하며 철저한 응용방법을 교수하여 국가사회에 유능한 인재를 함양함을 목적"으로 1955년에 설립된 2년제 지역민의 염원을 담은 지역 유일의 초급 대학이였다.

---

30) 崔浚(1884~1970, 호는 汶坡). 조선 역사상 가장 오래 '만석꾼'의 지위를 누린 경주 최씨 집안의 조선대 마지막 후손으로 상하이 임시 정부에 평생 자금을 지원한 독립운동가이며 현 영남대를 창설한 교육 사업가이다. 300년간 이어 오던 '만석'의 재산을 모두 조국 독립과 교육 발전을 위해 헌납한 인물이기도 한 그는 '중용과 의로움'을 일생의 좌우명으로 삼고 살았다. 최준에 대한 보다 자세한 내용은 최해진,『경주 최부자 500년의 신화』, 뿌리깊은 나무, 2006 ; 전진문,『경주 최 부잣집 300년 부의 비밀』, 황금가지, 2005를 참조 바람.

31) 汶坡財團은 최씨일가의 사재를 기본 자산으로 한 재단으로 檀紀四二八六年(1953년) 八月에 문교부로부터 정식인가를 받았다. 그로부터 2년 뒤인 檀紀四二八八年(1955년) 三月 十五日 ≪계림학숙≫의 정식인가가 나면서 문파재단은 ≪계림학숙≫의 모태가 된다.

〈그림 6〉은 ≪계림학숙≫ 설립인가증으로 檀紀四二八六年(1953년) 八月에 문교부로부터 정식인가를 받았으며 그로부터 2년 뒤인 檀紀四二八八年(1955년) 三月 十五日 ≪계림학숙≫의 정식인가가 났다. 그 후 여러 과정을 겪으며 ≪계림학숙≫은 단기 4291년 11월 30일에 경주 교촌에서 대구로 그 위치 변경될 것이 논의되었다. 이는 사실상 ≪계림학숙≫이 해체의 과정을 겪는 것이라 보인다.

이외 범부와 ≪계림학숙≫과의 관계는 최재목 · 정다운,「『鷄林學塾』과 凡父 金鼎卨(1)-'設立期'를 중심으로-」,『동북아문화연구』제16집, 동북아시아문화학회, 2008.9 참조 바람.

〈그림 6〉

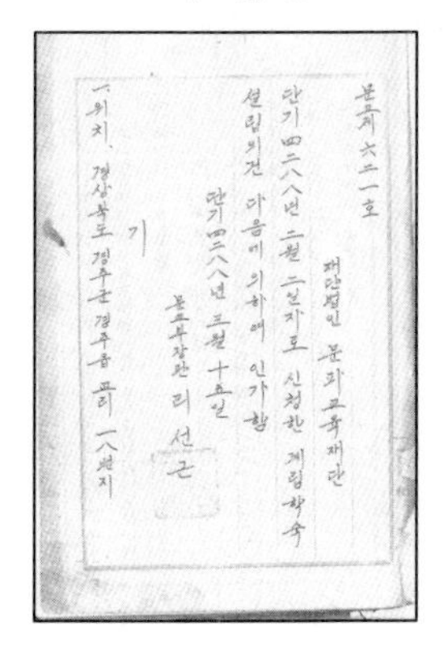
문교제六二一호
재단법인 문파교육재단
단기四二八八년 二월 二일자로 신청한 계림학숙
설립의 건 다음에 의하여 인가함
단기四二八八년 三월 十五일
문교부장관 리선근
기
一. 위치. 경상북도 경주군 경주읍 교리 一八번지

그러나 1953년 재단설립결정된 이후, 기부행위심리(단기 4286년 2월 1일) - 학숙설립인가신청의 건(단기 4288년 1월 25일) - 학숙시설의 건, 예산편성, 재정조달(동년 3월 31일) - 예산안심리, 재원확충, 교사 · 운동장(동년 6월 26일) - 이사개선, 학장교장원임용, 예산심리(동년 7월 5일) - 재원확충, 학숙유지, 교사문제(동년 9월 10일) - 학숙발전책강구, 이사개편(동년 10월 13일) - 신임(정)이사선출, 학숙위치변경(단기 4291년 11월 30일) - 이사장선정, 계림학숙위치변경(단기 4292년 1월 15일)[32] 등의 여러 과정을 겪으며 사실상의 ≪계림학숙≫ 해체의 과정을 겪게 된다.

범부가 경주 교동에 머무를 당시는 시기적으로 민의원을 끝낸 뒤였다. 그러나 '경주'라는 지역에 대한 범부의 기대와 자신의 역량을 펼쳐 보고자 했던 기대는 쉽사리 충족될 수 없는 것이었다.

'동학'에 유별난 기대와 최고의 찬사를 아끼지 않았던 범부는 동학의 교조인 최제우의 출생지가 경주임을 잊지 않았다. 그러나 그의 사후, 신라 천년의 좋은 기운이 빠져버린 채 침체되어 있는 경주에 대한 범부의 절망은 말로 표현할 수 없을 정도였을 것이다.

어떻게 하면 이 나라를, 그리고 천년의 고도 경주를 다시 살려낼 수 있을까라는 거대한 구상 속에서 이 나라의 운명을 걱정하던 범부에게 경주의 지역민들이 거는 기대는 범부가 생각하는 그것과는 상당한 차이가 있었던 것이다. 즉, 지역 출신의 다시없을 뛰어난 사람이 다시 고향으로 돌아왔으니 자주 서울로 가서 정부를 상대해서 경주와 대학을 위해 무슨 좋은 일, 이득이 되는 일, 이권이 되는 일을 따올 것을 기대, 혹은 요구하였던 것으로 보인다.

그러나 그 당시 범부의 머릿속에는 오래 전부터 해오던 대로 필생의 사업인 '국민윤리', '건국철학', '세간학' 같은 것들을 계속 써내려오고 있었다고 한다. 그리고 경향 각지에서 모여드는 지식인들과 밤늦게

---

32) 『會議錄綴』, 檀紀四二八六年以降, 汶坡教育財團(학교법인 영남학원 보관) 참조.

까지 술잔을 기울이며 이 나라의 앞날을 걱정했다고 한다.

김정근은 이러한 범부의 모습을 다음과 같이 기록하고 있다.

> 사람들이 모두 떠난 뒤에 외할아버지는 술이 거나하게 취한 상태에서 나를 따로 불러 앉히고서는 분개를 하며 나에게는 전혀 적절하다고 할 수 없는 말씀으로 훈계를 하는 적도 있었다. "나라꼴이 말이 아니다." "이놈아! 이래서 쓰겠느냐?" "나라를 되찾은 것이 겨우 이 짓거리들을 하려고 그랬던 게냐?" "이 겨레가 참 박복도 하지." 대강 이런 식이었다. 한번은 매우 비분강개해서 말씀을 끝내고는 허걱 하고 소리를 내며 운 적도 있었다. 외할아버지의 눈에서 눈물을 본 것은 그때가 처음이자 마지막이었다. 나는 내가 뭐 어떤 잘못을 저질렀는데 나더러 왜 이럴까 하고 억울하다는 생각을 했다. 나도 그때는 철이 한참 없었던 것 같다.[33]

그러나 범부는 자신이 문파재단의 이사가 되고, ≪계림학숙≫의 장으로 있는 한은 자신의 노력을 다하여 ≪계림학숙≫을 '제대로 된' 대학으로 만들어 보고자 노력하였다.

교육과정은 기초와 전공으로 분리되어 있었으며, 철학을 공부한 범부의 영향으로 교육과정에는 철학 교육이 기초가 되었다.[34]

아래의 〈도표 8〉은 당시 ≪계림학숙≫의 교육과정표를 옮겨 적어 놓은 것이다.

---

33) 김정근, 「김범부를 찾아서」, 5쪽 참조.
이 글은 『김범부 선생과 경주문학』(동리목월문학 심포지엄, 동리목월문학관, 2009.4.24)에 실린 처음의 내용과 『凡父 金鼎卨 硏究』(凡父硏究會, 2009)에 실린 내용을 보완하여 작성한 글임.

34) 『認可(해산)關係綴』, 檀紀四二八六年以降, 汶坡敎育財團, 학교법인 영남학원 보관.

〈도표 8〉 ≪계림학숙≫의 교육과정표

공통과목(6과목): 국어급국문학, 외국어급외국문학, 철학개론, 체육, 문화사, 자연과학개론
전공과목:
① 고고학과(14과목)
- 철학사, 고고학, 인류학, 윤리학사, 국가학, 종교사, 지리학, 사학개론, 정치사, 미술사, 고고학연습, 국사, 동양사, 서양사
② 미술과(16과목)
- 미학개론, 미술개론, 미술사, 심리학, 도학, 미학개론, 해부학, 서예, 구성론, 조각, 소묘, 미술(실기), 미술사, 철학사, 예술론, 인식론

그리고 당시 ≪계림학숙≫을 졸업하고 그곳 교무과장으로 근무한 최인환옹의 구술증언에 따르면 ≪계림학숙≫이 학생과나 교무과, 그리고 도서관까지 갖추고 있는 명실상부한 대학의 면모를 가지고 있었음을 짐작할 수 있다.

〈그림 7〉 최인환옹이 그린 ≪계림학숙≫ 도면

〈그림 8〉 필자가 재구성한 ≪계림학숙≫의 교사

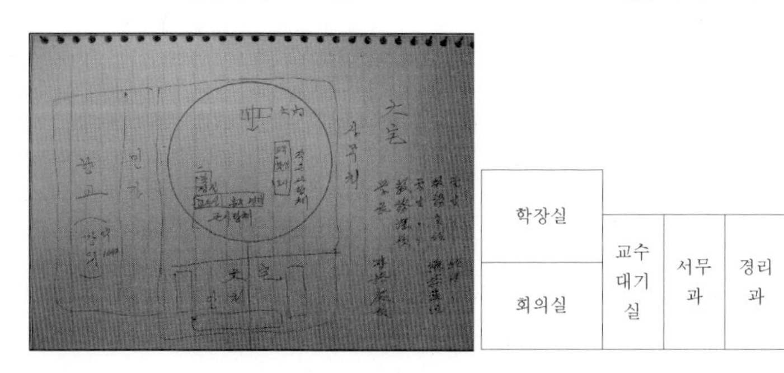

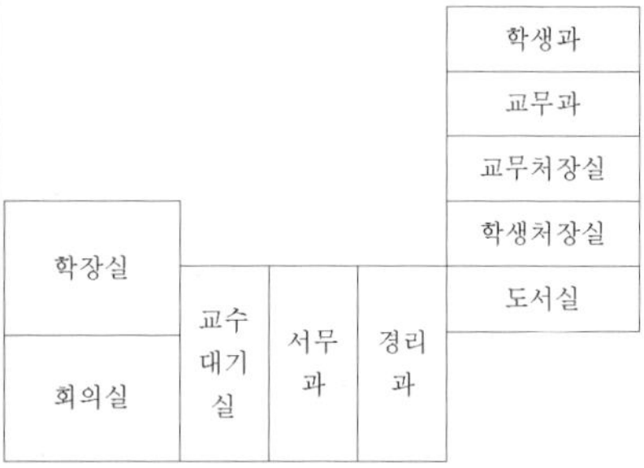

〈그림 9〉 ≪계림학숙≫ 졸업기념[35]

(단기 4290.3.25. 좌에서 여섯 번째가 김범부, 아랫쪽 동그라미는 최인환)

김범부 학장

이종후 김재진 진홍섭 ? 최요환 김범부 류석우 ? ? ? ?[36]

이외에도 '교직원조직 및 채용예정교직원 일람표'[37]에 보이는 바와 같이 서울의 유명한 교수들이 ≪계림학숙≫에 많았다. 16인의 교수들(강사 포함) 중에서 5인(범부 포함)이 일본 유학생이었고, 4인이 서울지역 대학 출신이었다. 이는 당시 서울의 유명한 교수들이 ≪계림학숙≫에 많았던 것은 범부와의 교분 이외에도 당시 교수들이 한국전쟁을 피해 경주로 내려왔기 때문이라고 생각된다. 그러나 이러한 전쟁 상황이 정리된 후에는 교수들이 다시 서울로 올라갔으며, 이 때문에 ≪계림학숙≫이 교수진 운영에 곤란을 겪게 된다.[38]

---

35) 사진은 최인환옹 제공(최재목 · 정다운, 「'鷄林學塾'과 凡父 金鼎卨(1)」, 『동북아문화연구』 제16집, 동북아문화연구, 2008.9, 〈그림 8〉 인용).

36) 당시 ≪계림학숙≫에 출강했던 강사들. 거론된 이름들은 최인환옹의 기억에 의존한 것이며, 물음표(?)로 처리된 것은 기억이 분명하지 않은 사람들이다. 이들 중에는 당시 경주 국립도서관장이었던 진홍섭 씨와 경주의 3대천재로 꼽혔던 류석우 씨도 포함되어 있다고 한다.

37) 이에 대해서는 최재목 · 정다운, 「'鷄林學塾'과 凡父 金鼎卨(1)」, 『동북아문화연구』 제16집, 동북아문화연구, 2008.9, 〈도표 3〉 참조.

이처럼 모든 것이 자신이 의도한대로 흘러가 주지는 않았지만, 범부는 자신이 처한 환경에서 최선의 노력을 다하여 마음 속 깊이 품고 있던 신생국 건립에 필요한 국민이론 정립을 위한 실험적인 기회로 삼았고 그 또한 그를 믿고 지지하던 지식인과 재력가 집단에 의해 자신이 구상하던 교육은 짧은 기간이나마 펼쳤던 것으로 보인다.

3) '동방사상연구소' 설립

범부는 1958년 건국대학교에서 '정치철학강좌'를 담당, 동시에 동 대학부설 '동방사상연구소' 소장으로 취임하여 역학 및 오행사상에 대해 3년간 강의하였다. 자신의 제자인 황산덕(1917~1989)과 함께 건국대학교 낙원동 교사 안에 설립[39]한 '동방사상연구소'에는 오종식과 이항녕을 비롯, 이대위(李大偉), 이종익(李鍾益), 이종규(李鍾奎), 황산덕(黃山德), 이종후(李鍾厚), 신소송(申小松) 등 수십 명의 수강자가 있었다.[40] 당시 범부에게서 강의를 들은 이 중 황산덕은 그의 강의에 힘입어 『자화상(自畵像)』(신동아출판사, 1966), 『삼현학(三玄學)』(서문문고, 1978)을 저술하기도 한다. 그러나 황산덕은 『자화상』의 머리말에서 '필자가 삼현학에 대한 말을 처음으로 들은 것은 4·19를 전후하여 4년 동안 故 金凡父선생 밑에서 東方學에 관하여 공부를 할 무렵이었다.'라는 말 이외에는 다른 언급이 없어 그 책 속의 내용 중 어디까지가 범부를 통해 익힌 것이고 어디까지가 자신이 새롭게 정리한 것인지에 대한 논란의 여지는 다분히 남아있다. 더욱이 『자화상』의 「풍류정신」장과, 「어디다 國民倫理를 세울 것인가」(『국민윤리연구』, 한국국민윤리학회, 1974)라는 논문은 범

38) 최인환옹의 구술 및 http://my.dreamwiz.com/emile/choijun.html 참조(검색일자: 2008.6.21).

39) 황산덕, 『법철학과 형법』(석우황산덕박사회갑기념논문집), 신성인쇄사, 1979, 543쪽.

40) 김범부, 「김범부 약력」, 『화랑외사』 삼판, 이문출판사, 1986 참조.

부의 이야기를 그대로 옮겨 놓았다고 하여도 과언이 아닐 정도이다. 그러나 정확한 인용처의 제시는 보이지 않는다. 이러한 현상은 비단 황산덕에게 뿐만 아니라 범부의 강의를 들은 수강자 대부분의 저서에도 동일하게 해당되는 문제이기도 하여 단지 강의로만 자신의 이론을 편 범부 사상이 올곧이 범부의 것으로 전수되지 못한 한계를 가지게 한 결정적인 계기가 되었다.

현재 흔히 동아시아에서 「동양(東洋)」[41]이라고 하면, 원래 '동양'은 선박으로 서쪽의 세력과 문물이 바다로 밀려들어온 경로인, 오늘의 남지나해 언저리를 가리키는 말로 명(明) 말부터 써온 말로, 일반적으로 '동양'은 '서양'과 구분되는 지리적 위치에 따른 명칭으로 주로 '중국, 한국, 일본, 인도 및 그 주변 여러 나라'를 지칭하고 있다. 그리고 중국인들만은 '오로지 일본을 부를 때 쓰는 말'로 그 의미를 규정하고 있다.[42]

그러나 제2차 세계대전을 일으킨 일본은 대동아주의(大東亞主義), 탈아입구(脫亞入歐)라는 표어를 가지고 '미개한 중국, 한국, 인도 및 그 주변 여러 나라들'과는 구별되는 자신의 존재감을 가지고 싶어 했던 것 같다. 즉, 일본이 중국에 기어코 빼앗고자 한 것은 '동의 상징'으로서 문명국(文明國), 선진국(先進國)의 의미였다고 생각된다.[43]

그러나 범부가 사용했던 용어 중에 우리가 주의 깊게 살펴봐야 할 용어는 '동양'이 아닌 '동방(東方)'이다. 그는 자신의 저작 곳곳에 '동방', '동방인', '동방학', '동방사상', '동방문화', '동방의학'이란 용어를 사용하고 있다.

그러나 범부가 사용한 동방이라는 개념이 지금 우리가 알고 있는 사전적 의미에서의 동양과 어떠한 차이를 그에게 더해주었는지는 명

---

41) 이 부분은 최재목, 「'동양', '지역'에 대한 새로운 이해를 위하여」, 『멀고도 낯선 동양』, 이문출판사, 2004, 14~16쪽 참조.

42) 諸橋轍次 『大漢和辭典』 권6, 大修館書店, 1984, 197쪽.

43) 임형택, 『문명의식과 실학－한국 지성사를 읽다－』, 돌베개, 2009, 23쪽 참조.

확히 알 수는 없다. 지금 우리가 범부가 사용한 동방의 개념에 접근할 수 있는 유일한 방법은 '동방사상연구소' 소장으로 재임하고 있을 당시 강의했던 내용을 적어 놓은 이종익의 '동방사상강좌' 중 '역학'과 '오행사상'을 곱씹어 읽고 그 속에서 범부가 사용한 동방의 의미를 유추하는 것이 전부일 것이다.

범부는 이 둘, 즉 동양과 동방 사이의 미묘한 차이를 포착한 것으로 보인다. 그의 글 중간 중간 어떤 경우에는 '조선'만을 '동방'으로 가리키다 또 어떠한 경우에는 중국을 비롯, 일본까지를 '동방'의 영역에 넣어 이야기하기도 한다. 이러한 현상들은 범부가 자신의 글 속에서 '동방'의 개념을 혼돈하여 사용하고 있다기보다는 그때에 따라, 즉 글의 내용에 따라 그 용어의 사용반경이 달라진 것으로 보인다.

아래의 글들은 범부의 글 중에서 '동방'이라는 의미를 보다 적극적으로 사용하고 있는 몇 부분을 간추려 옮겨본 것이다.

> ① **무위 · 자연 등 어구는 본래 노장을 祖述한 도가 사상을 표시하는 대표적 그것인데, 수운의 소위 무위 · 자연이란 말은 반드시 노장이나 도가의 사상을 준봉하는 데서 유래한 것이 아니라 오히려 역사적으로 생리화된 광범한 동방정신인 것이다.** 이제 동방정신이란 말은 漢土大陸의 그것만을 지칭하는 것이 아니라, 사실은 **우리 東方人의 근본정신이 이 무위 · 자연의 경향을 가진 것이다. 그중에도 신라문화의 근본정신인 風流道는 그 귀일점이 '大調和'에 있는데 이 대조화란 것은 도대체 '자연의 성격'인 것이고, 또 무위란 것이 역시 대조화의 성격인 것이다.**[44]

> ② - 1 일본인이 '經絡'을 신경이니, 혈맥이니 번역했댔자 經絡 그 자체가 무엇인지 전혀 모르게 된다. 그러므로 우리말을 바로 이해하려면 한자로 된 어휘의 뜻을 바로 알아야 하겠고, **동방문화를 연구하려면 동방적 관찰방법과 사고방식을 하여야 한다.**

44) 김범부, 「최제우론」, 『풍류정신』, 정음사, 1986, 86쪽.

그런데 근래에 동방문화니 동방학이니 하면서 동방적 관찰태도나 사고방식도 모르면서, 이것을 연구하고 평가하려고 하는데 이것은 매우 위험한 짓이다.

동방학의 연구는 일본인도 불가능하지만 중국인도 기대할 수 없다. 한국인이야말로 연구하는 데에 제일 좋은 위치에 놓여 있다. 그러나 이것을 연구하여 보겠다는 자는 먼저 문헌에 의거할 것을 전제로 하고 그 문헌을 독해할 능력을 길러야 할 것은 물론이다.

(중략)

현대 서양인은 하나의 기계가 되었다. 이 기계가 인간을 구출할 수는 없다. 인간의 구출은 인간이어야 한다. 그러나 그런 사람이 서양에는 없다. '광명은 동방에서 온다'라는 말과 같이 서양 이외에서 기계화되지 않은 사람을 찾으려면 동방밖에 없는 것이다. 그러나 동방인 또한 제2서양인이 되고 만 것이다.[45]

② - 2 서구적 과학의 원리를 동방적 · 인도적으로 해설하려면 아니 되는 것과 같이 동방적인 것도 그러하다. 이것이 원리적으로 유형이 다르다는 것을 설명하는 것이다. **동방이라고 하는 것은 일전에 말한 바, 한자 문헌이 동방 고대 공유문자인 것과 같이 동방문화에도 공통 유형이 있다는 것을 말한 것이다.** 이것을 陰陽論의 원리에 의거하여 관찰하게 되었다는 것을 말하려고 함이다. 陰陽은 이상의 성격에 의거하지 않고는 아니 되기 때문이다. 이러한 시각과 사고의 훈련에 의거하여서 陰陽論을 강술하자는 것이다.

(중략)

동방에 또 하나의 형이 있으니 有와 無의 관찰법이다. 이 有 · 無는 또한 空 · 色이 아니다. 이러한 空色 · 物心밖에 陰陽으로 해설하는 것이 동방인의 사고원리이다.[46]

② - 3 이렇게 독특한 방법이란 현대적 모든 학문과는 다른 것이다. 무식자가 가만히 있으면 무식이 아니다. 아는 체하는 것이 무식이다. 동방적인 것을 모르면 가만히 있는 것이 좋다. 함부로 동양 것이 어떻다고 운운하는 것이 그 무식의 폭로인 것이다. 또는 무턱대고 동방의

45) 김범부, 「음양론」, 『풍류정신』, 정음사, 1986, 110~113쪽.

46) 위의 글, 118~119쪽.

것이 우월하다고 운운하는 자도 못 쓸 것이다. 陰陽學은 과학적으로 비판하자는 것이다. 그러나 서구적 과학방법이 아니다. 동방적 과학 성격을 바로 보자는 것이다.

우주만상을 관찰하는 방법을 取象法으로 한다는 것, 이 象에 대한 것을 간단히 말하여 둔다. 병을 陰症, 陽症으로 보는 것도 陰陽取象法이다. 또한 虛, 實로 보는 것도 그러하다.

이 법은 직관법에서 나왔다. 그러나 intuition이라고 생각하지 말라. 易學은 직관법에서 나왔지만 서양에서 쓰는 직관법과 또 다르다. 예컨대 《周易》의 繫辭에 '天尊地卑 乾坤定矣'라는 우주현상 관찰법이 아주 소박한 원시철학인 것 같지만, 그러나 그런 것이 아니다. **현상 그대로 직관하는 형식으로는 그런 표현이 아주 솔직하고 一毫의 거짓이 없는 것이다.**

천지에 무슨 상하와 존비가 있겠는가? 그러나 그 근본 실재가 心이니 物이니 하는 추리는 오히려 간접적이며 관념적이다. 사물의 현상을 그대로 관찰하는 것이 직접적이며 이런 것이 取象法이다. 이러한 직관이 아니면 동방학이 생기지 않았을 것이다.[47]

③ - 1 **소위 동방학(東方學)이라 해서 한자계통의 그것만 두고 말해도 물론 한족(漢族)의 전유적(專有的)인 문화는 아닌 것이고, 동방의 고전문화로 규정하지 않으면 안 될 것이다.** 이것도 상론은 고치(姑置)할 것이고, 다만 우리가 문제로 할 것은, 딴 것은 다 두고라도 그것을 그대로 연구하는 사람이 무슨 이유로 그렇게도 보이지 않는지 잘 알 수가 없는 것이다. 동방인(東方人)이 아닌 구미인사(歐美人士)들이야 자가적 주관(自家的 主觀)이란 것이 생리화(生理化)해서 그렇게밖에 관찰이 되지 않을 것도 이해할 수 있는 일이요마는, 동방인사 중에서 DPT 투의 전송(傳誦)이나 훈고(訓詁)가 아니고 현대적 해석을 한다는 사학계(斯學界)의 지명인사(知名人士)라는 사람들도 대개는 고정된 현대적 시각과 현대적 어휘와 현대적 논리로써 그것을 해석하는 정도에 시종하는 것처럼 보일 뿐이고, 그것을 그대로 연구해서 현대문화의 생명적 접속을 천명(闡明)해 주었으면 하는 바인데, 고루한 탓으로 그

47) 위의 글, 130~131쪽.

러한 지시를 받을 기회를 가져보지 못했단 말이다.[48]

③ - 2 **그렇다고 해서 또 동방적 색안경을 끼고는 서방세계의 정체가 그대로 보일 리도 만무하다.** 그러니 무릇 사물을 정당하게 처리하자면 먼저 그 사물의 진상을 파취(把取)해야 할 것이고, 진실로 그것을 파취하자면 정확한 관찰이 있어야 할 것이고, 정확한 관찰을 하자면 먼저 투명한 시각을 예상하지 않을 수 없을 것이다. 그리고 또 시종(始終)을 두고 무사(無邪)한 성의가 반행(伴行)해 주어야 할 것이다. 글쎄 이건 하필 어떤 특정의 사회를 대상으로 하는 것은 아니오마는, 그 중에도 우리 정치사회가 자꾸만 연상되고 있으니 참 너무도 절박하니깐 하는 말이다. 아니 사상적 시각이란 것은 그야 학술이나 정치나 무엇이나 적용되는 것이 사실이고 또 어느 의미로서는 학술이 정치가 아닌 것도 아니고 정치가 학술이 아닌 것도 아니다. 다만 그것을 진실한 태도로서 정진(靜振)을 하고 보면 그야 각자의 영분(領分) 내에서 각각의 영분을 존중하고 보면 학술이 정치적 의의를 발휘할 수도 있는 것이고 정치가 학술적 의의를 발휘할 수도 있는 것이요마는, 도리어 각자의 영분을 망각하고 학술이나 정치를 혼잡을 하다가는 그때는 학술이나 정치고 공망(共亡)을 하고야 말 것이다. 그런데 **동방의 사실(史實)이나 동방의 문화가 그 논구(論究)의 대상일 경우에는 동방의 그것은 그것대로 관찰하는 태도를 가져야지 그것을 비동방적(非東方的)형식을 가지고서 비동방적 시각으로 보다가는 그건 이것도 저것도 아닌 것을 묘취(妙趣)하게만 될 것이다. 꼭 동일한 이유로서 서방의 그것은 서방의 그것 그대로, 고대의 그것은 고대의 그것대로, 현대의 그것은 현대의 그대로 언제나 허심(虛心)의 태도, 투명한 시각이 아니고서는 그 진상을 파취(把取)하지 못할 것이다.**[49]

앞에서 이야기 된바와 같이 범부가 '동방'이란 단어를 많이, 그리고 다양하게 사용하고 있는 곳은 「음양론」과 「오행설과 동양의학의 이해」

---

48) 김범부, 「五行說과 東方醫學의 原理」, 최재목 · 정다운 편, 『凡父 金鼎卨 단편선』, 도서출판 선인, 2009, 147쪽.

49) 위의 글, 149~150쪽.

부분이다. 그 외 여러 곳에 간간히 동방이란 단어들이 보이기는 하나 그것은 단편적인 단어의 기술에 불과한 것이 대부분이고, 이 둘을 제외하고는 「최제우론」에서도 동방에 대한 범부의 이해를 읽을 수 있다.

먼저 ①의 부분은 『풍류사상』 중 「최제우론」에 나오는 한 대목이다. 여기에서 범부는 '우리 東方人의 근본정신이 이 무위·자연의 경향을 가진 것이다. 그중에도 신라문화의 근본정신인 風流道는 그 귀일점이 '大調和'에 있는데 이 대조화란 것은 도대체 '자연의 성격'인 것이고, 또 무위란 것이 역시 대조화의 성격'이라 못 박고 신라의 풍류정신 = 대조화, 대조화 = 자연의 성격, 그리고 무위 = 대조화의 성격'이라고 말하면서 이러한 사고를 하는 이들이 바로 '우리 동방인'이라 말하고 있다. 다시 말해 무위·자연의 성격인 대조화의 성격을 신라의 풍류정신으로 가지는 우리 민족만이 '동방인'인 것이다.

그러나 「음양론」 속에서 보이는 ②의 1, 2, 3의 내용은 위의 ①보다는 보다 넓은 의미에서 동방이란 의미가 사용되고 있음을 확인할 수 있다.

② - 1에서는 '동방적 관찰방법과 사고방식'을 가진 우리민족만이 동방문화를 연구하는데 가장 적합하다고 말하면서도 ② - 2에서는 '한자문헌이 동방 고대 공유문자인 것과 같이 동방문화에도 공통 유형이 있다'고 말해 그 범위를 확장시키고 있다. 또한 ② - 3에서는 '현상 그대로 직관하는 형식으로는 그런 표현이 아주 솔직'하여 '사물의 현상을 그대로 관찰하는' 직접적 취상법(取象法), 즉, '즉관이 아니면 동방학이 생기지 않았을 것이다'라고 말하여 학문의 방법론으로까지 그 범위를 확장시키고 있다.

「오행설과 동양의학의 이해」 부분에서 발췌한 ③의 1, 2는 이보다 더 확장된 형태로 범부는 동방의 개념을 사용하고 있다. 즉, '동방학(東方學)이라 해서 한자계통의 그것만 두고 말해도 물론 한족(漢族)의 전유적(專有的)인 문화는 아닌 것이고, 동방의 고전문화로 규정하지 않으면 안' 되며 '동방의 사실(史實)이나 동방의 문화가 그 논구(論究)의 대상일 경우에는 동방의 그것은 그것대로 관찰'하기를 당부하는 등 그 연구 방법에 있어서도 구분은 하되 동방을 한울타리 속에서 다루기를 말하고 있다.

이러한 동방에 대한 점증적인 의미의 확장, 혹은 상하좌우로 종횡하는 그의 글은 읽는 이로 하여금 다소간의 혼동을 주기에 충분할 것이다.

그러나 이러한 섬세하면서도 광범위한 개념을 통해 범부가 진정 이야기하고 싶었던 것은 무엇이었을까? 앞에서도 잠시 언급되었듯이 범부가 '동방사상연구소' 소장을 맡으며 강의를 할 때, 그는 건국대학교에서 '정치철학강의'도 동시에 진행하고 있었다. 이것은 범부의 평소의 성품으로 보아할 때, 학교에서 일방적으로 쥐어준 것을 강의한 것이 아니라 나름의 청사진을 가지고 강의를 한 것은 아닐까하는 의문을 조심스럽게 가져본다.

범부가 말한 역학에 기초한 음양론과 오행설은 동양의 전통론의 핵심에 해당된다. 그리고 정치철학은 자신이 일생의 과업으로 삼고자 했던 '신생국의 건국이념'의 기초를 이야기하고 있는 것이었을지도 모른다. 즉 전통론을 기반으로 하여 신생국의 건국이념, 국민윤리를 만들고자했던 범부의 커다란 구상 중의 일부가 아니었던가 하는 생각을 가져본다. 그리고 「최제우론」 역시 후일 신라 천년의 역사를 깨우고 우리민족을 부흥시킬 최고의 인물로 찬사를 보내는 것으로 미루어보아 이러한 유추는 어느 정도 가능하지 않을까 생각해 본다.

물론, 추측이기는 하지만, 이러한 청사진을 도표로 나타내 본다면 다음과 같을 것이다.

〈도표 9〉 '동방사상연구소' 강의의 청사진

<table>
<tr><td colspan="2">신생국의 건국이념 · 국민윤리</td></tr>
<tr><td colspan="2">⇧</td></tr>
<tr><td>정치철학 강좌</td><td>신생국 이념의 기초 정립</td></tr>
<tr><td colspan="2">⇧</td></tr>
<tr><td>역학 · 음양론 · 오행사상</td><td>동방의 전통론 수용</td></tr>
<tr><td colspan="2">전통적 종교론 바탕: 유학 · 도교 · 불교 · 샤머니즘 · 巫</td></tr>
</table>

다시 말해, '동방'은 범부 사상 전반에 걸쳐, 그것도 무게감을 가지며 동양과는 비교되는 개념으로 사용되고 있다. 도쿠가와 막부 말기(1853~1868) 이전 글자 그대로 동쪽 바다를 뜻하던 동양(東洋)은 메이지유신 이후 단순히 '서구가 아닌 것'이라는 의미로 사용되었던 것처럼, 범부에게 있어서도 '동방'은 단순한 지리적, 그리고 개념의 틀에 갇힌 동방이 아닌 '유연한 사고 속의 동방'이었던 것이다. 그리고 자신의 이론의 중심에 그것을 두었던 것이다.

3. 건국이념 및 건국정신 제공기

범부는 유학과 선진문물을 익힌 초년기와 학문적 이론과 민족적 자아를 형성한 중년기, 그리고 ≪계림학숙≫을 통해 자신의 이론을 현실화하고자 노력하였던 장년기를 거쳐 새로운 국가, '신생국'과 국민을 위한 건국이념과 건국정신을 제공하는 만년기를 맞이하게 된다. 어떠한 면에서 본다면 그의 그간의 모든 작업들은 바로 이것을 위한 준비단계였다고도 할 수 있을 것이다.

정치사적으로는 1948년 8월 15일, 대한민국은 건국을 맞이하고 있었다. 해방 이후 3년이 지난 시점이건만 그런 형식상의, 그리고 국제정치상의 '건국'만으로는 충분하지 않았다. 그것은 어디까지나 외형상의 건국에 지나지 않았다. 말하자면 '신생국가(新生國家)'일 뿐이었다. 오래 전부터 자주와 독립을 지켜왔으며 국제정치에서 주권을 충분히 인정받고 있는 '기성국가(旣成國家)'가 아니라는 것이다.

> 우리 韓國은 新生國家의 一員인데 무릇 新生國家란 것은 諸他의 新生國家와 同樣으로 亦是 一時는 國權을 喪失하고 外族의 壓制에서 呻吟하다가 近來에 解放을 보게 된 것으로서 꼭 바로 말하자면 解體된 國家이며 解體된 國民이었던 것이다. 그런데 어제 그제 解放이 됐다 해서 갑자기 完全한 國家가 되고 完全한 國民이 되라는 奇蹟은 어려울 것이다.[50]

그렇기 때문에 '건국'이 필요하였고, 건국이라는 것은, 범부의 표현을 빌자면 해체된 국가와 해체된 국민으로부터 다시금 완전한 국가를 만들고 완전한 국민이 되는 것이라 할 수 있겠다. 다시 말해 범부가 생각하는 건국은 이른바 'state-building(국가 만들기)'과 'nation-building(국민 만들기)'을 포괄하는 것이다.[51]

이를 위해 범부는 자신의 이론적 사상을 실천에 옮기기 위한 커다란 구상을 하게 된다. 그것이 바로 범부에 의해 처음으로 조어된 '국민윤리'[52]이며, 국민윤리를 체계화하기 위한 실천 방안으로써의 국민운

---

50) 김범부, 「邦人의 國家觀과 花郎精神」, 최재목 · 정다운 엮음, 『凡父 金鼎卨 단편선』, 도서출판 선인, 2009, 93~94쪽.

51) 김석근, 『'국민운동' 제창과 그 이념적 지향』, 제5회 동리목월문학 심포지엄 자료집(경주동리목월 문학관, 2010.3), 162쪽 참조.

52) 황경식에 따르면, 우리나라에서 '國民倫理'라는 개념이 공식적으로 쓰여지기 시작한 것은 1960년대 중반이며, '국민윤리'라는 단어가 쓰이기 시작한 것은 1950년대 중반 凡父의 「國民倫理特講」이라는 강연 제목에서 발견된다고 한다(황경식, 「서양윤리학의 수용과 그 영향」, 『철학연구 50년』, 이화여대 한국문화연구원 편, 혜안, 2003, 497쪽). 그러나 이러한 凡父의 '國民倫理'라는 용어는 이후 박정희 정권기 후반 체제유지의 정당화를 위한 도구로 많이 사용

동에 대해 범부는 다음과 같이 정의하고 있다.

> 국민운동이란 어휘 그대로 국민운동인 것이다. 첫째, 어느 특정의 단체운동도 아니고 또 반드시 행정부의 법령에 의거하는 것으로써 원칙을 삼게 된 것도 아니고 또는 어느 계급이나 어떤 부류에 국한된 것도 아니고 참으로 거국적 거족적인 운동 그것이다. 그리고 반드시 국민 자체의 자각을 촉구하고 국민 자체의 자각으로써 進展하자는 한 개의 자각운동 그것이다.[53]

그러나 이러한 막연한 정의만으로 이제 막 그 누구의 간섭도 받지 않고 일어서려고 하는 신생국을 위기에서 구할 수는 없었다. 더구나 당시 한국의 상황하에서 '국민운동'이란 말은 막연한 슬로건으로, 그리고 공허한 메아리로만 들릴 뿐이었다. 이를 위해 범부는 국민운동이 어떠한 성격과 내용을 가져야 하는 것에 대해 고심했고 그 답을 '온 국민이 자각적으로 건국운동을 전개하는 것'에서 찾고자 했다. 그런 의미에서 건국운동은 곧 국민운동이고, 국민운동이 곧 건국운동이라 할 수 있다.

이를 위해 범부는 두 가지 차원에서 접근한다. 하나는 국가형태 문제로서, 〈완료형〉으로서의 '민족국가'라는 차원으로, 다른 하나는 한국인이 이미 소유하고 있는 국가관, 즉 "한국 사람의 고유한 국가관에 대하여 이것을 如實하게 관찰해서 다시 합리적으로 그 의의를 파악"[54]할

되었다. 이것은 결과적으로 凡父 사상 전체를 국수주의나 파시즘적 성향을 띤 것으로 오인케함으로써, 凡父라는 인물과 그의 사상을 심각하게 왜곡시킬 수 있는 문제점을 안고 있다. 이 점에 대해 정달현은 "金凡父는 '국민윤리'라는 용어를 조어하여 '민족의 전통정신', '민족 구성원의 전통적 에토스'라는 의미로 개념 정의하였다. 그러나 이 '국민윤리'라는 개념은 박정희 정권기 후반 이후 민주화가 진전되기 이전까지 지배세력이 지배권력을 정당화하는 도구로 활용함으로써 凡父가 본래 의도한 것과는 다른 의미를 지니게 되었다"고 평가하고 있다(정달현, 「한국 전통 사상의 현대적 구현: 金凡父의 풍류도론」, 『우리시대의 정치사회사상』, 영남대출판부, 2003, 365쪽).

53) 김범부, 『凡父遺稿』, 이문출판사, 1986, 12쪽.

수 있는 것으로 보았다.

이러한 일련의 과정 속에서 범부는 '지정'이라는 단어를 끌어내게 된다. 부모가 자식을 사랑하는 것, 그리고 자식이 부모를 사랑하고 존경하는 것과도 같은 무조건적인 지정은 "그저 '惻怛한 感情' 그리하지 않고는 배길 수 없는 '無條件의 血衷'"이다.

그런데 그것은 오로지 '나라'를 위한 것으로 요구되었다. "국가에 대한, 나라에 대한 지극한 심정"이라는 것이다. "그것은 무조건의 순일한 심정, 곧 지정이란 말이다. 그러니 그것을 '지정적 국가관'이라 하는 것이 적당할 것이다." 그것은 "한국민족의 역사적으로 생성된 고유한 국가관으로서 양식화(良識化)한 〈일종의 도의적인 권위의식〉이란 말이다." 또한 그것은 "倫理的 或은 '人倫的 國家觀'"이며, '人倫的 分義協調體의 國家觀'이라 할 수도 있겠다.[55]

범부가 생각했던 국민운동은 구체적인 '실천'을 전제로 한 것이었다. 그런데 그 시대적 상황하에서 국민운동은 곧 '건국'운동이기도 했다. 건국 현실이 요구하는 국민적 자각을 가지고서 건국의 목표를 향해서 거족적으로 거국적으로 정진하자는 것이었다. 어떻게 국민운동을 전개할 것인가 하는 문제와 관련해서, 그는 안과 밖의 다양한 국민운동 사례를 더듬어 본 다음, 마침내 한국의 현실에 맞는 국민운동이 필요하다는 결론에 다다랐다. 그가 구상했던 국가는, 1) 한국의 오랜 역사에 고유한 '지정적 국가관'과 2) 세계사적 대세로서 진행 중에 있는 국제국가로서의 민족국가관이 서로 조화를 이루는 건전한 국가에 다름 아니었다. 국민운동 역시 그 같은 국가관에 입각해서 전개되어야 한다고 보았다.

범부는 그간의 학습과 실천과정을 통해 '동방', '화랑', '국민윤리'라는

---

54) 위의 책, 107쪽.

55) 김석근, 「'국민운동' 제창과 그 이념적 지향」, 제5회 동리목월문학 심포지엄 자료집, 경주동리목월 문학관, 2010.3, 172쪽.

그의 사상의 세 축을 만들어 냈다.[56] 그리고 그 바탕에 전통론이 있다. 몇 되지 않는 범부의 저작 가운데 하나로 꼽히는 「국민윤리특강」은 "凡父 생전(1950년대 초반) 某團體 會員들에게 행한 連續講義의 速記錄을 整理한 것"[57]으로 그 근간에 전통적인 우리의 '효'를 말하고 있다.

범부는 신생국을 위한 건국이념과 건국정신의 기반으로 '효'를 사용한다. 이와 함께 한국적 국민윤리의 전통으로 화랑정신을 강조하고 있다. 그리고 이 화랑정신의 근간이라 할 수 있는 풍류정신 속에서 대조화의 정신을 이끌어내어 국민대화합을 실현하고자 역설하고 있다.

「국민윤리특강」에서 범부는 화랑의 요소를 세 가지로 나누어 보고 있다.

> 이 花郎을 眞正하게 認識을 할려면 花郎精神 가운데 세 가지 要素를 먼저 規定을 하고 그 規定 밑에서 이 花郎精神을 살펴야 花郎의 全貌를 觀察할 수 있습니다. 그세 가지는 무엇이냐 하면 첫째는 宗敎的 要素입니다. 둘째는 藝術的 要素입니다. 셋째는 軍事的 要素입니다. 그런데 一般的으로 花郎에 對한 常識은 대개 어떠한 觀念으로 規定되어 있느냐 할 것 같으면 軍事面으로 主로 置重되어 있을 것입니다. 一般의 常識化해 있는 花郎에 對한 觀念이 宗敎面과 藝術面이라는 것이 缺如해 있을 것으로 생각합니다.[58]

이처럼 범부에게 있어서 화랑이 가지는 요소는 무속적 요소[59]를 강

---

56) 鄭茶雲, 「凡父 金鼎卨の『花郎外史』から見る「花郎觀」」, 『東アジア「武士道の研究」国際シンポジャム』 발표집, 北京日本學研究センタ, 2009.2.15.

57) 金凡父, 『花郎外史』 삼판, 以文出版社, 1981, 李鍾厚의 〈三刊序〉 중.

58) 金凡父, 「國民倫理特講」, 『花郎外史』 삼판, 이문출판사, 1981, 218쪽.

59) 이러한 요소가 지극히 강조된 자료로는 아직까지 진위의 논란 가운데 있지만 金大問에 의해 쓰여졌다고 이야기되는 『花郎世紀』가 있다. 『花郎世紀』의 진·위 여부에 대한 논의는 논외로 하고 지금까지 『花郎世紀』의 발견에 관한 사실만을 시간의 경과 순으로 정리하면 다음과 같다(정다운, 「凡父 金鼎卨의 『花郎外史』에서 본 「花郎觀」」, 『동북아문화연구』 제23집, 동북아시아문화학회, 2010.6, 〈도표 5〉).

조한 종교적 요소가 첫 번째요, 심미적인 요소에 의한 어울림이 있는 예술적 요소[60]가 두 번째, 그리고 나라를 지키기 위해 목숨을 다하는 군사적 요소[61]가 세 번째였던 것이다. 그리고 이 중에서도 범부가 특히 중요하게 여겼던 요소는 무속적 요소와 예술적 요소이다.[62] 이 세

〈도표 10〉『花郞世紀』의 시간적 경과에 따른 사건

시기	저자 · 소장자	비고
신라가 삼국을 통일한 직후	金大問	『花郞世紀』에 의하면, 金大問은 4대 화랑인 二花郞의 후손이 됨.
1934~1945	박창화	일본 왕실 도서관 궁내성 서릉부 직원이었던 박창화(충북 청원 출신, 1889~1962)가 필사
1988	박창화에게 한학을 배웠던 남편의 유품을 부인이 공개	필사본의 표지는 유실. 한지에 쓰여진 필사본은 모두 16장. 화랑의 우두머리인 風月主(魏花郞부터 金庾信까지 15명)에 관한 이야기. 화랑의 기원은 물론 화랑의 계보, 그리고 그들의 출생과 활동 등 사생활까지 구체적으로 담겨 있음. 1989년 신문을 통해 세상에 공개.
1995	박창화의 손자 박인규가 공개	두 번째 필사본은 총 162장. 4번째 대표화랑부터 32번째까지, 총 28명의 대표화랑들의 이야기. 전체적인 구성은 앞서 발견된 것과 큰 차이가 없음. 다만 기록된 대표화랑들의 숫자가 많고 그 내용이 훨씬 풍부하고 상세함.

60) 이 요소는 凡父가 '멋'이라는 단어로 다시 부르고 있는 것으로 오늘날 '풍류 ⊂ 미학'이라는 도식을 성립하게 만들어준 부분이다. 멋, 풍류, 미학이라는 커다란 범주가 서로 맞물려 있다. 이에 관한 논의는 이 논문의 Ⅲ장과 Ⅳ장에서 보다 자세히 다루기로 한다.

61) 특히 安自山의 경우, 자신의 책 『朝鮮武士英雄傳』에서 우리나라 역사를 가로질러 흐르는 기백을 무사정신으로 규정하고 그 원류를 화랑에서 찾고 있다(안자산, 『조선무사영웅전』, 성문당, 1947).

62) 이러한 내용은 '화랑과 풍류도'라는 凡父의 강의내용을 기록한 曉堂 崔凡述(1907~1979)의 노트를 통해 확인할 수 있다. 필자는 2008년 10월 9일 多率寺에서 凡父와 함께 지낸 曉堂의 제자인 東國大學校 金相鉉 교수로부터 강의노트의 복사본을 입수할 수 있었다. A4 27장에 걸쳐 국한혼용체으로 쓰여진 이 노트는 凡父의 강의를 받아 적은 듯 글씨체가 몹시 흐트러져 있으며 9월 25일을 첫 장으로 날짜가 기록되지 않은 8강까지 있다. 연도는 기록되어 있

요소가 결여됨이 없는 상태일 때 비로소 화랑의 완성된 모습이 갖춰지게 되는 것이라고 범부는 보았던 것이다. 범부는 1950년대 당시 화랑이 단지 군인의 상무정신을 고취시키기 위한 목적으로 발굴된 하나의 키워드[63]로 자리잡혀가고 있는 것에 대해, 그리고 일본인들에 의해 그것이 왜곡되고 있는 현실에 대해 화랑의 진면목을 알리고 그 속에서 국민대화합을 이끌어내고자 하였던 것이다.

아래의 인용문은 범부가 이야기하고 있는 화랑에 대한 일본의 왜곡에 관한 부분이다.

> 그後 日本人속에 鮎貝라는 者의 朝鮮歷史에 관한 著述가운데 花郎考란 것이 있는데 그 花郎考는 큰 可考는 없습니다. (중략) 도대체 朝鮮사람이라는 것은 歷代로 보아서 新羅의 花郎과 같은 精神이 다른 데에는 잘 없는데 日本武士道와 類似하다. 그러나 아마 日本武士道가 新羅에 들어와서 된 것이 아니냐 이러한 말을 했는데, (중략) 그 다음에 姓名은 잘 기억되지 않지만 花郎研究라는 책이 있어서 花郎을 상당히 研究한 사람이 있는데 그 사람은 또 틀린 것이 무엇이냐 하면 馬來의 原始時代의 男丁訓練하는 것이 있어 가지고 그것이 日本을 통과해서 朝鮮에 들어온 것이 아니냐, 이런 말을 했습니다.[64]

여기에서 범부가 말하고 있는 야우가이(鮎貝)의 '화랑고(花郎考)'는 아유가이 후사노신(鮎貝房之進, 1864~1946)의 「화랑고(花郎攷)」(『雜攷』, 第4輯, 京城: 朝鮮印刷株式會社, 昭和6[1931])를, 그리고 성명이 잘 기억나지 않는 자의 '화랑연구'는 미시나 쇼에(三品彰英, 1902~1971)의 「신라화랑의 연구(新羅花郎の研究)」(『朝鮮 古代研究』, 第1部, 東京: 三省堂, 昭和18[1943])로 보인다. 이외에

지 않았다.

63) 당시 새로이 부각된 키워드들로는 화랑 외에 이순신, 이퇴계 등이 있다. 이에 관해서는 최재목, 「이퇴계의 초상화에 대하여」, 『퇴계학논집』 제2호, 영남퇴계학연구원, 2008.6 및 崔在穆, 「韓国における「武の精神」·「武士道」の誕生」, 『양명학』 제22호, 한국양명학회, 2009.4를 참조 바람.

64) 金凡父, 「國民倫理特講」, 『花郎外史』 삼판, 以文出版社, 1981, 216~217쪽.

도 화랑연구로 우리들에게 잘 알려져 있는 일본학자로는 이마무라 토모(今村丙, 1870~1943)(「新羅の花郎を論ず」, 『朝鮮』 161, 朝鮮總督府, 1928)과 池內宏(「新羅の花郎について」, 『東洋學報』 24, 東洋學術協會, 1936)을 들 수 있다.

해방 이후 화랑도(花郎道)는 민족의 혼으로서, '국가' 재건의 윤리 즉 국가주의로서, 그리고 6·25한국전쟁 당시 남의 국가방위의 이론으로서 '南(新羅)의 무사도정신'이 재등장하였다. 이것은 한국에 있어서 일제의 유산인 '화랑=군사'설이 이승만과 박정희 정권하의 국가재건에 기여하였던 역사학자들에 의해 '화랑도'가 국가적 정신의 모범으로서 새로운 가치를 점유하게 된 것과 그 맥을 같이한다.[65)]

그러나 김상현은 자신의 저서 『신라(新羅)의 사상(思想)과 문화(文化)』에서 현재 우리들이 쓰고 있는 '풍류도정신'과 혼용되어 사용되고 있는 '화랑도(花郎道)'라는 용어에 대해 다음과 같이 말하고 있다. "鮎貝房之進은 1932년 발표한 『화랑고(花郎攷)』에서 '화랑도(花郎道)'라는 용어를 사용하였다. 이것은 그가 처음으로 사용한 신조어였다. 그러나 그는 이 용어에 대해서 어떠한 설명도 하지 않았다. 후술하는 것과 같이 화랑도라는 용어는 불합리한 것이었음에도 이후의 연구자들 중에는 비판 없이 사용하는 경우가 있다. 이선근은 1949년에 『花郎道硏究』를 간행한 바가 있다. 이처럼 책의 제목에 화랑도라는 용어가 사용됨으로써 이 용어는 두루 쓰이기 시작했다."[66)]

그러나 시간이 지날수록 도를 넘어가는 국가에 대한 무분별한 충성의 강요는 범부의 의도와는 부합되는 것이 아니었다. 범부는 자신의 '국민윤리론'을 완성하기 위해 민족적 정기로서 화랑정신을 끌어 오기는 하지만, 이를 통해 궁극적으로 그가 말하고자하는 것은 이 화랑정신을 통한 국민화합이었다. 그리고 이를 위한 가장 근본적인 것으로

---

65) 崔在穆, 「韓国における「武の精神」·「武士道」の誕生」, 『양명학』 제22호, 한국양명학회, 2009.4.

66) 金相鉉, 『新羅의 思想과 文化』, 一志社, 1996, 506쪽.

전통적인 '효'를 제시하였던 것이다.

다시 말해 범부의 정통적인 애경(愛敬)의 정신인 효는 충으로 확대되어 이것은 결국 화랑정신으로 수렴, 종국에는 국민대단결의 논리적·이념적 도식을 건국이념으로서의 '국민윤리론'의 저변에 깔고 있는 것처럼 보인다. 그리고 이러한 그의 생각은 그를 단지 이론적 사상가로만 머물지 않게 해주는 중요한 역할을 하였다.

아래의 〈도표 10〉은 이제까지 이야기되었던 범부의 생애를 보다 일목요연하게 도표화시켜 정리해 본 것이다. 그리고 이 도표는 앞에서 이야기 되었듯이 이종후가 작성한 기본 약력에 김정근의 확장과 보완,[67] 그리고 필자의 약간의 노력이 더해져 새롭게 만들어진 범부의 연보이다.

〈도표 10〉 범부 연보

분류	나이(연도)	약력	저술	비고
초년기—유년 및 수학기	1세 (1897)	1897.1.28 출생(경주시 북부리) 善山金氏 佔畢齋의 15代孫 부 金壬守(혹은 德守), 모 金海許氏 3남(기봉, 영봉, 창귀) 2녀(월봉, 분주) 중 장남		
	4세~13세 (1900~1909)	한학자 金桂史에게 漢文과 『七書』 등을 수학		
	14세 (1910)			한일합병
	15세 (1911)	경주 金氏 玉粉과 결혼		
	16세 (1912)	일제에 항거하기 위한 倡義를 꿈꾸었으나 뜻을 이루지 못함. 경주 남		

67) 김정근의 〈범부연보〉 중 '사후 부분'은 이 논문의 흐름과 큰 관련성이 없다고 판단되어 생략한다.

		문에 檄文을 붙이고 산사에 들어가 초막에서 『越南亡國史』를 읽고 『兵書』를 탐독		
	19세 (1915)	안희제가 설립한 민족기업인 백산상회(1914년 설립)의 장학생으로 渡日. 그곳에서 京都大學, 東京大學 등에서 청강 및 일본의 학자들과 폭넓게 교유		범부의 약력 중 가장 큰 혼동을 가져다 준 부분으로 '白山商會장학생=己未育英會장학생' 부분이다. 그러나 백산상회는 1914년, 기미육영장학회는 1919년 11월에 설립, 그 시간적 차이가 크다.
	24세 (1920)			≪계림학숙≫장 취임 시 범부 이력서에는 '1920년 2월 일본 東洋大學 철학과 졸업'으로 기재되어있으나 최인환 옹의 구술증언에 의하면 그것은 행정적인 필요에 따라 임의로 만들어진 것으로 확인됨
중/장년기 - 민족적 자아 형성 및 이론 실천기	25세 (1921)	일본에서 귀국 현 동국대학교의 전신인 佛教中央學林에서 강의 그 후 병을 얻어 부산에서 칩거하며 經史子集과 性理學 계통을 공부		
	26세 (1922)		「열자를읽음(一)」, 『新民公論』 신년호(新民公論社, 1922.1)	
	28세 (1924)	서울 YMCA 강당에서 임마누엘 칸트 탄신 200주년 기념으로 칸트 철학에 관한 강연을 함	① 金鼎卨 구술, 小春(金起田) 글 「大神師 생각」, 『천도교회월보』 162호(1924.3) ② 「老子의 思想과 그 潮流의 概觀」, 『開闢』 45호(1924.3.1) ③ 「칸트의 直觀形式에 對하여」, 『延禧』 3호(1924.5.20)	
	31세 (1927)	경남 양산 사직당에서 양산청년회에서 개최한 조선사 강좌에서 4일간(8.26~8.29) 청강생들과 합숙하며 조선사 관련 연속강의 행함		『동아일보』(1927.9.7)에 강의 관련 기사가 실림
	32세 (1928)		「持敬工夫와 印度哲學」, 『불교사 불교』 50·51권(불교사, 1928.1)	
	38세 (1934)	승려 崔凡述의 주선으로 泗川 多率寺에 寓居 일본 天台宗 比叡山門 이하 大僧職者들과 大學敎授團 40여 명에게 淸		"1941년경 일본의 선종계 스님들과 불교대학교수들이 내방하여 이들을 상대로 〈중국위진시대의 玄談派와 格義佛教〉라는 제목의 학술 강연을 행하

		談派의 玄理思想 강의를 일주일간 함		였다"(이종후, 「범부선생과의 만남」, 『茶心』 창간기념호)
중/장년기—민족적자아형성및이론실천기	41세 (1937)			"1937년 5월 日本 京都의 比叡山專修學院 명예강사 취임" 역시 ≪계림학숙≫장 취임 시 최인환옹에 의해 임의로 만들어진 것으로 확인됨
	45세 (1941)	多率寺에서 해인사 사건으로 일제에 피검, 2회에 걸쳐 1년 넘게 옥고를 치름		몇일씩 옥고를 치른 일은 부지기수이며 1년이란 기간은 합산한 것을 말하는 것임
	49세 (1945)	일광에서 장남 지홍이 운영하던 기와공장 집에서 8월 15일 한낮에 일제 패망의 소식을 듣고 너무 기쁜 나머지 미친 사람처럼 고함을 지르며 큰 길을 마구 달림 곧이어 부산에서 郭尙勳, 金法麟, 朴熙昌, 吳宗植, 李時穆, 李基周 등과 함께 一五俱樂部를 조직하여 〈建國方策〉에 대한 연속 강좌를 염		광복
	52세 (1948)	서울에서 經世學會를 조직, 建國理念에 대한 연구 및 일련의 강의를 함 한편 첫 저술이 될 『花郎外史』를 구술, 제자였던 시인 趙璉鈺이 파괴된 명동의 한 구석에서 추위에 손을 불면서 구술을 받아 적어 원고를 만듦. 그 후 원고는 바로 출판되지 못한 채 보관됨		
	54세 (1950)	1950.5.30 총선에서 부산 동래구 무소속으로 출마 제2대 민의원(국회의원)으로 당선 1950.6.22 무소속 국회의원 모임 자유구락부 결성	「朝鮮文化의 性格」, 『新天地』(서울신문사, 1950.4)	
	57세 (1953)	1953.3.2 재단법인 汶坡教育財團 이사		
	58세 (1954)	원고뭉치 상태로 보관되어오던 『花郎外史』가 출판의 기회를 얻음. 당시 해군정훈감으로 있던 해군대령 金鍵의 주선으로 해군본부정훈감실 刊行으로 햇빛을 보게 됨 당시 한국전쟁 직후 국군장병의 사상 무장을 위한 교재로 출간	① 『花郎外史』 초판 출간(부산: 해군본부 정훈감실, 1954.3.15) ② 「歷史와 暴力」, 『새벽』 送年號(새벽社, 1954)	초간본에는 당시 해군대령이었던 김건의 서문이 맨 앞에 실려 있음
중/	59세 (1955)	경주 『鷄林學塾』長 취임(문파교육재단)		범부가 강의한 교과목: 「歷史哲學」, 「文化史」, 「倫理學史」, 「政治學」, 「韓國

				政治史」. 1957년 재정난으로 대구대학교(현 영남대학교)와 통합됨
장년기—민족적 자아 형성 및 이론 실천기	61~64세 (1957~1960)	건국대에서 〈정치철학강좌〉를 담당. 동시에 건국대부설 〈東方思想研究所〉長으로 취임, 易學 및 五行思想의 大義를 3년간 강의 건국대학교 劉錫昶 이사장의 초청이 있었으며, 연구소는 건국대학교 낙원동 캠퍼스에 있었음 수강자는 吳宗植, 李大偉, 李鍾益, 李鍾奎, 黃山德, 李恒寧, 李鍾厚, 申小松 등 수십 명	①「活氣와 苦憫의 山水－風谷畵展平」(『東亞日報』 1957.12.12) ②「經典의 現代的 意義－병든 現代는 東方의 빛을 求하라」(『大學新聞』 1959. 10.26) ③「民族의 烈士－旺山先生 殉國52週忌에 즈음하여」(『東亞日報』 1959.10.31) ④「風流精神과 新羅文化」, 『韓國思想』 3(韓國思想講座編輯委員會·編, 1960) ⑤「운수천리(雲水千里)」(『한국일보』 1960.1.1, 3, 4, 5, 6, 7, 8, 9, 10, 11) ⑥「崔濟愚論」, 『世界』 2(국제문화연구소, 1960.5) ⑦「韓國名賢史話全集－新刊·書評」(『東亞日報』1960.6.18)	
만년기—건국이념 및 건국정신 제공기	65세 (1961)	1961.11.11 〈재건국민운동 중앙위원회〉 50인에 위촉. 국민교육분과위원으로 참여 당시 재건국민운동본부장은 류달영	①「邦人의 國家觀과 花郎精神」, 『最高會議報』 2(국가재건최고회의, 1961) ②「우리 民族의 長短－自我批判을 爲한 縱橫談」(『朝鮮日報』 1961.8.27)	〈재건국민운동 중앙위원회〉 50인 중에는 국민교육분과위원장을 맡은 金基錫(단국대학교 학장) 외에 李恒寧(고려대 교수), 柳永模(전 오산학교장), 咸錫憲(종교인), 朴鍾鴻(서울문리대 교수), 金八峯(『경향신문』 주필) 등의 이름도 보임
	66세 (1962)	1월에서 7월까지 부산 동래에 칩거. 부산대학교에서 정치철학 강좌를 진행. 이때 『건국정치의 이념』 저술. 그러나 이 역시 출판의 기회를 얻지 못하고 원고 상태로 보관 9월부터는 서울의 東洋醫藥大學(현 경희대)에서 〈東方思想講座〉를 진행. 이 강좌는 학장인 李鐘奎박사의 초청에 의한 것이었으며 내용과 참		

		여자는 이전의 동방사상연구소 때와 연속성이 있었음		
	67세 (1963)	5·16 군사혁명 세력의 외곽 단체인 五月同志會 부회장에 취임(회장: 박정희) 박정희가 대통령이 된 뒤에는 정치 자문을 위해 자주 청와대를 출입함	「國民的自覺의振作을爲하여」, 『자유문화』(자유문화연구센터, 1963.2)	「朴議長과 面談－金凡父·金八峯 씨」『조선일보』(1963.5.3)
	68세 (1964)		「東方文化의 類型에 對하여」, 『瑞光』(광주사범대학 학도호국단, 1964.7)	원본 확인 안 됨.
			「우리는 經世家를待望한다」, 『政經研究』 1, (정경연구소, 1965)	
	70세 (1966)	서대문 소재 적십자 병원에서 12월 10일 오후 4시 40분 향년 70세를 일기로 세상을 떠남 영결식이 있었던 조계사에서 제자였던 시인 서정주가 「新羅의 祭主 가시나니」를 지어와 울면서 읽음 장지는 수유리 독립유공자 묘역		범부의 사망에 관련된 기사는 『한국일보』(1966.12.12), 『동아일보』(1966.12.12), 『조선일보』(1966.12.13), 『경향신문』(1966.12.13~14) 등 당시 대부분의 중앙지들이 다루고 있었다.

이번에 다시 정리된 범부의 연보에서는 범부의 약력뿐 아니라 범부가 자신의 생각을 단편적으로 적은 글들도 여럿 확인할 수 있다. 그러나 우리에게 알려져 있는 범부 저작 대부분은 그의 사후에 후학들에 의해 발간된 것들이다. 『화랑외사』(재판, 삼화인쇄, 1967), 「오행설과 동방의학의 원리」(『동방사상논총』, 보련각, 1975), 『화랑외사』(삼판, 이문출판사, 1981), 『정치철학특강』(일명 『범부유고』, 이문출판사, 1986), 『풍류정신』(초판, 정음사, 1986), 「주역강의」(『도교와 과학』, 비봉출판사, 1990), 『풍류정신』(복간, 영남대학교, 2009), 『범부 김정설 단편선』(최재목·정다운 엮음, 도서출판 선인, 2009) 등이 그것이다.

이처럼 범부는 실천가라기보다는 자신의 생각을 글로, 말로 표현하고자 하였던 이론적 사상가였다. 그렇다고 이러한 사실 자체가 '범부는 실천적 사상가가 아니다'라는 등식으로 곧바로 이어진다면 곤란할 것이다. 범부는 제2대 민의원을 비롯, 5월동지회 부회장, 재건국민운동중앙위원회 위원, ≪계림학숙≫장 등 그의 일생을 거쳐 자의든 타의든 네 번의 정치적 경력을 갖는다. 그러나 이것 역시 자신의 이론을 보다 적극적으로 펴기 위한 하나의 방편이 아니었던가 생각된다.

범부는 청중과의 대화로 자신의 이론을 알리고자 하였으며, 그 대상이 종교인이던, 교육자이던, 그리고 그 누구이던 마다하지는 않았다. 그러나 그는 일생동안 대중을 직접적으로 상대한 일은 극히 드물었다고 한다.

아래의 인용문은 이러한 범부의 행동을 잘 드러내고 있는 김정근의 구술증언이다.

> 그러나 범부는 일생 동안 대중을 직접 상대하는 일은 제한적인 범위에서 했다. 크게 중점을 두는 일은 아니었던 것 같다. 해방정국에서 동래구에서 민의원에 출마했을 때 선거운동에 참여했던 나의 어머니 옥영의 증언에 따르면 가두와 시장터에서 사과 상자 몇 개를 놓고 그 위에 올라서서 몇 마디씩 던지고 운동원들이 갱지로 만든 전단지를 나누어준 것이 선거운동의 전부였다는 것이다. 알면 표를 던지고 모르면 그만 두라는 식이었던 것 같다. 그렇게 하는 것은 대중을 상대하는 방법으로는 아무리 그 시절이라고 하지만 매우 서툴렀고 적절한 것도 아니었을 것이다.[68]

그러나 어떠한 연유에서인지 범부의 주변에 머물렀던 몇몇의 지인들을 제외하고 그의 이름은 우리의 기억 속에서 사라져버린 지 오래이고 그의 사상은 군사정권에 협조한 이데올로그로 치부되어 평가 절하되어 왔었다.

물론 이번에 새롭게 정리된 범부의 연보가 범부의 모든 것을 이야

---

68) 이 내용은 김정근이 '제1회 범부연구회 세미나'(대구CC, 2009.6.6)에서 발표한 「범부 연구의 새 지평 – 영남대 범부 연구팀에 바란다」의 내용 일부를 살리고 그 이후에 접하게 된 새로운 정보를 수용하여 다시 구성한 것 중의 일부이다.

기해 준다고 말할 수는 없다. 그러나 지금까지 오해와 왜곡으로 제대로 정리되지 못했던 범부의 이력을 지금까지 수립된 자료들을 기존의 자료와 합하여 재정리함으로써 그의 새로운 모습을 볼 수 있었다. 또한 이러한 노력은 그가 어느 시기에 어떠한 일들을 집중적으로 했는지 우리에게 알려주는 현재로써는 가장 신빙성 있는 자료일 것이다.

앞으로 범부의 연보는 그에 관한 연구가 계속되는 한 지속적으로 보완될 것이며, 그를 통해 지금까지 우리가 알지 못했던 범부의 새로운 모습을 볼 수도 있을 것으로 기대한다.

『풍류정신』을 통해서 본 범부의 중심사상

– 멋 · 화 · 묘

앞장에서는 범부의 생애를 통해 그의 지식의 범주를 규정짓고 이론적·실천적 사상가로서의 모습을 확인, 그의 사상이 무엇인가를 파악할 수 있는 기초를 마련하였다. 이를 토대로 이번 장에서는 범부의 저작 중 하나인『풍류정신』을 통해 그 속에 드러나 있는 범부의 핵심 사상이 무엇인지를 살펴보고자 한다. 이를 위해 먼저 범부 저술 일반에 대한 선 이해를 시도한 뒤 범부 저작 중『풍류정신』이 가지는 위치를 검토해 볼 것이다. 그 후, 텍스트로서의『풍류정신』을 객관적이고 비판적인 관점에서 분석, 가능한 범부의 글을 그대로 인용하면서 그 속에 숨어있는 범부의 사상을 찾아보고자 한다. 그리고 여기에서 도출되는 범부의 사상을 하나로 아우를 수 있는 개념은 과연 무엇인가에 대해서 함께 고민해 볼 것이다.

1. 범부 저술 일반에 대한 이해

범부가 남긴 저서에는『화랑외사』,『범부유고』,『풍류정신』등이 있으며 이들 저서는 범부 자신의 손에 의해 세상에 선보여졌다기보다는 그를 따르는 후학들에 의해 정리, 출간되었다. 그리고 앞의 주요 저서 이외에도 범부의 사상적 족적은 여러 곳에서 발견되고 있다.[1] 그러나 그의 명성에 비추어 본다면 이외에 더 많은 자료가 있을 것으로 추측된다.

---

1) 그간 산발적으로 흩어져 그 존재의 여부조차 불확실하던 범부의 짧은 글들이 최근『범부 김정설 단편선』이라는 이름으로 출간되었다. 이 책에는 대체적으로 조선의 문화와 정신, 그리고 그를 통한 '조선'의 실정에 맞는 새로운 국가건설을 위한 건국정신·건국이념을 제시하는 것에 초점이 맞추어져 있는 20여 편이 넘는 단편들이 수록되어 있다. 그리고 부록으로 범부의 강의를 직접 듣고 필기한 효당의 자필노트가 함께 수록되어 있다(김범부 저, 최재목·정다운 엮음,『凡父 金鼎卨 단편선』, 도서출판 선인, 2009).

다만, 이 장에서는 범부의 대표저작 세 권을 포함, 지금까지 알려진 그의 글들을 개괄적으로 살펴봄으로써 이 논문에서 본격적으로 살피고자하는 『풍류정신』의 위치를 가늠하고자 한다. 그리고 이러한 선행 작업을 통해 범부 저작 전체를 꿰뚫고 있는 키워드는 과연 무엇인가를 생각해 보고자 한다.

1) 『화랑외사』

범부가 살았던 시기는 대한제국기와 일제강점기를 거쳐 해방공간과 이승만·박정희 정권기에까지 걸쳐 있다. 강제로 조선을 점령한 일본은 조선의 청년들 손에 총칼을 쥐어주기 위해, 외세의 힘을 얻어 통일을 이룩한 유일한 나라인 신라의 핵심에 해당하는 '화랑'이라는 키워드를 들고 나온다. 이러한 일제의 논리는 해방 이후 이승만 정권하에서 일제강점기 지식인들의 연속성으로 인해 겉포장만 바뀐 채 나라의 독립을 위한 절대적인 정신으로 부각된다.

그러나 '화랑'에 대한 편벽한 이해는 이에 그치지 않았다. 이승만기를 거처 군사 쿠데타로 정권을 획득한 박정희 역시 군사정권의 정당성을 담보하기 위해 '화랑'의 군사적인 측면을 대대적으로 홍보하기 시작한다. 이와 더불어 박정희 정권기에서 화랑은 이전의 정부, 즉 일본에 의해 점령당한 일제강점기와 미국에 의해 좌지우지되었던 주체성 없는 이승만 정권기와는 다른 신생국가의 윤리를 세우는 기반[2]으로 사용된다. 이러한 경향은 쿠데타를 통해서라도 나라를 바로세우고자 하였다는 박정희 자신의 명분을 확실히 해줄 역사적 근거였던 것이다.[3]

---

[2] 범부의 국민윤리에 관한 보다 자세한 내용은 우기정, 「凡父 金鼎卨의 '國民倫理론' 構想 속의 '孝'」, 『동북아문화연구』 제19집, 동북아시아문화학회, 2009.6를 참조 바람.

[3] 이와 관련된 보다 자세한 내용은 崔在穆, 「韓国における「武の精神」·「武士道」の誕生」, 『양명학』 제22호, 한국양명학회, 2009.4 중 '解放以後李承晩 · 朴

해방 이후, 이승만 · 박정희 정권은 북과는 구별되는 남한 고유의 정체성을 세울만한 이념을 찾고자 노력하였고 범부의 『화랑외사』 역시 당시의 이러한 화랑논의 속에 있었던 것으로 보인다.

正熙政権の国家再建の論理による「花郎＝軍事」説と「花郎道」研究'를 참조 바람. 다만 논지의 전개를 보다 원활하게하기 위해 그중 일부의 내용을 원문 그대로 옮겨 적으면 다음과 같다. "(……) 対外(反外勢)(→反日 · 抗日)闘争力を除去した対内向けの安全な国家主義の選択は，韓国の民族内在の論理への注目 · 尊重を踏まえた上で，「北(＝高句麗)の尚武精神」と「南(＝新羅)の武士道精神」とを対決させ, 外部(唐)の協力によって三国を統一した新羅の経験を生かすところを伸ばしていけば，その知恵を利用するところに，言わば「内鮮一体」の論理も有り得るし，朝鮮民族の青年男女 · 学生が花郎徒として犠牲的祭儀に参加する道が開かれる。このように韓国において花郎が武士に比べられ，さらに日本の「武士道」のように〈花郎＋「道」〉(＝花郎道, 花郎の道)で尚武精神の模範として高く評価されたのは，日本の植民地支配を受けた結果である.
韓国における日帝の遺産である「花郎＝軍事」説の再生産は，李承晩や朴正熙政権下の国家再建に寄与した歴史学者によって行われ，「花郎道」が国民的な精神の模範として新たな位置を占めるようになる。解放以降, 花郎道が民族の魂として，国民倫理として読み直されどのように「国家」再建の論理(＝国家主義)として，南北民族戦争のときに南の国家防衛の論理として,「南(＝新羅)の武士道精神」が再登場する. 言ってみれば, 花郎道は解放以後南韓の国家権力と歴史学界の捏造品(invention)として再誕生したといえる.(……) 独立運動家で大韓民国の初代大統領(在任1948~1960)李承晩(イ · スンマン, 1875~1965)の指示のもと, 歴史学者李瑄根(1905~1983)は, 花郎を「花郎道」と規定しが大々的な宣伝を行った。李瑄根は，1949年に発表した『花郎道研究』の中で，学生 · 青少年の愛国心をかき立てる後世の数々の出来事を花郎精神の発露と認定した. 国民国家形成のために「花郎精神なるもの」の総体が「花郎道」として創造され，報国 · 殉国の犠牲的尚武精神として喧伝された。『花郎道研究』再版(1950年10月)の序文には戦争中であったので陸海空軍総司令官の陸軍少将丁一権のお挨拶が，付録には「古代から伝えて来た郎家思想が'妙清の役'以後消滅した」ことを論じた申采浩の「朝鮮歴史上一千年来第一大事件」(1929)という論文があり，韓国における郎－郎－独立運動－報国の精神史を難局に際して国民に伝えたかった李瑄根の意図がみられるところである.(……) 日帝，李承晩政権の花郎の政治的利用は，新羅の故地慶尚道出身の，クーデターで政権を奪取した朴正熙(朴正熙(パク · チョンヒ, 1917~1979, 第5~9代大統領)政権下に引き繼がれた。その結果,「花郎＝軍事」説すなわち花郎は武士団であったという神話は韓国ではすっかり定着するようになった."

아래의 〈도표 11〉은 해방 이후, 그리고 범부 『화랑외사』 이전, '화랑'에 관한 도서들을 출판 순으로 정리해 본 것이다. 단, 여기에서 거론되는 도서들은 제목에 '화랑'이 들어간 것으로 한정한다.

〈도표 11〉 해방 후 '화랑' 관련 도서[4]

출판일	제목	저자/출판사	비고
1946	花郎傳記	金性奉/晋州師範學校	광복 후 최초의 화랑관련 서적. 화랑에 관한 전반적인 내용을 사료고증을 통해 간략하게 소개하고 있음. 부록으로 단재 신채호의 遺稿를 실음.
1949	花郎道	鷄林社 編輯部/서울 鷄林社	국방부장관(申性模) 추천, 그 외 당대 권력가들(國務總理: 李範奭, 國防部次官: 崔用德, 參謀總長: 蔡秉德)의 제자가 책 앞에 수록. 「研究篇」과 「武勇篇」으로 나뉘어져 있음. 「무용편」은 『三國史記』 중 화랑의 이야기를 번역하여 싣는 것을 主로 하였으며, 그 原文을 함께 싣고 있다.
1949	花郎道 研究	李瑄根/서울 東國文化史	초판(1949), 재판(1950), 삼판(1954) 각각 발행. 당시 육해공군사령관 육군소장 丁一權의 재판 서문이 있다. 저자는 삼판간행에 제하여 '이 나라 青年運動의 總集結體인 大韓青年團이 結成되고 뒷이어 檀紀 4282年 4月 22日에 李承晩大統領閣下를 總裁로 받드러 中央學徒護國團이 發足한 다음 이 겨레의 青年과 學徒를 위하여 이 微誠이나마 기우려서 執筆한 바이다'라고 이 책의 집필의도를 밝히고 있다. 결론적으로 대한민국의 건국이념은 삼일정신에 있으며 이것은 화랑도에서 연원한다고 봄.

『화랑외사』는 범부의 저작 중 생전에 출간된 유일한 저작이다. 그러나 이 역시 범부 손으로 직접 쓰여진 것이 아니라 1948년 범부의 구술을 그의 제자인 시인 조진흠이 받아 적어 완성한 원고이다. 또한 그의 사상 중 가장 중심이 되는 '화랑'에 관한 논의를 담고 있음에도 불

4) 정다운, 「범부 김정설의 『화랑외사』에서 본 「화랑관」」, 『동북아문화연구』 제23집, 2010.6, 〈도표 2〉 인용.

구하고 '정사(正史)'가 아닌 '외사(外史)'라는 이름 때문에 한낱 소설책으로 치부되어, 범부의 다른 저작들도 마찬가지이지만, 그 가치를 제대로 인정받지 못했던 것 또한 사실이다.

1948년에 탈고된 『화랑외사』 원고는 6년이 지난 1954년 '당시 전쟁 직후 국군장병의 사상 무장을 위한 교재'로 부산 해군정훈감실의 김건 정훈감의 도움으로 세상에 나오게 되었다. 그것이 『화랑외사』 초판이다. 이후, 서울: 삼화인쇄주식회사(1967, 재판, 1,000부 한정판), 대구: 이문사(1981, 삼판) 등 지금까지 총 세 차례에 걸쳐 간행되었다. 각각의 판들에는 『화랑외사』가 쓰여진 이유를 적은 '서(序)'와 '서문(序文)'이 포함되어 있으며, 그 '서'와 '서문'에는 기술자 각자가 생각하는 『화랑외사』의 의미를 적고 있다. 범부 자신이 쓴 '서'를 포함, 다른 세 편의 '서문' 중 각각 그 중심이 되는 내용을 발췌해 보면 다음과 같다.

① 해군본부정훈감실, 1954(초판) 범부의 '序' 중

花郎은 우리 民族生活의 歷史上에 가장 重要한 地位를 차지하게 된 一大事件이다. (중략) 그러고 보니 **軍人의 精神訓練은 더 말할나위 없고 靑年一般의 敎養, 나아가서는 國民一般의 敎養을 위해서 花郎精神의 認識, 體得은 실로 짝없는 眞訣이며 時急한 對策이라 할 것이다.** (중략) 그래서 몇 번이나 花郎世紀를 부질없이 念誦 하다가 역시 별 도리없이 今日에 있어서 花郎精神 花郎生活의 活光景을 描出하려면 역시 說話의 様式을 選擇해야겠다고 이러한 様式을 선택하는 以上은 얼마만한 潤色과 演義가 必要한 것이라 그러고본즉 저절로 外史의 範圍에 屬하게 되는 것이다. 그러나 外史라 해서 荒唐無稽한 것은 自初로 警戒할 바이오 外史의 意義는 오히려 正史 以上으로 活光景을 寫傳하는데 있는 것이다. (중략) **그리고 花郎外史에 收錄된 人物은 반드시 花郎의 名目으로 傳해진 사람들만이 아니라 그 精神과 行動이 花郎의 風格과 同調한 것을 類聚한 것이니 花郎外史 는 본래부터 그 制度의 考据에 置重한 것이 아니오 오로지 그 精神과 風格의 闡明에 本領을 둔 것이다.** (중략) 그리고 **讀者에게 또 한 말씀 드릴 것은 花郎을 正解하려면 먼저 花郎이 崇奉한 風流道의 精神을 理**

解해야하고 風流道의 정신을 理解하려면 모름지기 風流的人物의 風度와 生活을 翫味 하는 것이 그 要諦일지라 그래서 그 玄妙한 風流道의 淵源을 黙想하던 나머지 勿稽子 百結先生을 발견한 것이니 누구든지 진실로 花郎外史를 詳讀하는 이는 勿稽子 百結先生으로부터 그 讀次를 取하면 거기에는 暗然히 一脈貫通의 妙理를 짐작하게 될 것이다.

② 해군본부정훈감실, 1954(초판) 金鍵[5]의 '初刊序文' 전문

獨立體制를 갖추고 建國大業의 基礎를 닦고 있는 우리 民族으로서 國防의 實力은 이미 先進國家와 더불어 어깨를 같이 할 수 있는 實力에 까지 發展을 보게 된 것은 무엇보다도 多幸한 일이 아닐 수 없다.

지금 나라는 비록 貧窮하나 젊은 겨레의 氣魄은 强하고 壯하다. 國軍建設의 基盤이 그 곳에 있는 것이다. 이는 너 나 個個人의 잘난 所致가 아니오, 脈脈이 흘러 내려 온 民族의 傳統의 핏줄기에 起因한 것으로 믿고 싶은 바이다. 傳統은 悠久한 歷史를 빛내이었고 悠久한 歷史는 빛나는 傳統을 얽어 놓았으니 이제 尙武의 精神으로 보더라도 남다른 形態와 內容으로 뚜렷이 빛나고 있는 것이다. 그중에도 新羅의 花郎道는 가장 으뜸일 것이다.

이제 金凡父先生의 造詣 깊은 붓끝을 빌어 花郎外史라는 册子를 發刊하여 여러 將兵 앞에 내어 놓게 된 것은 **建國精神涵養에 基礎를 닦고 있는 이즈음에 意義 깊은 일**이라 아니 할 수 없다.

이 册子를 通하여 先祖의 花郎들이 억세고도 부드럽게 움직인 모습을 찾아볼 때 우리 젊은이들의 가슴에 뛰노는 共鳴의 脈膊을 스스로 感觸하리라고 믿는 바이다.

③ 삼화인쇄주식회사, 1967(재판, 1,000부 한정판) 金庠基의 '重刊序' 중

先生은 **저 昏迷의 구렁에서 헤매이며 갈피를 잡지 못하는 國民大衆에게 歷史的 教訓을 通하여 醇化된 道義精神과 國民意識을 涵養시키려 그의 뛰어난 聰明과 學識, 그리고 힘찬 構想力을 기울여 花郎에 관한 三國史記와 三國遺事등 典籍에 남아있는 零碎한 史料와 遺聞佚事의 片鱗隻斑을 骨幹으로 하여 살을 붙이고 기운을 불어넣어 個**

---

[5] 당시 정훈감, 해군대령.

個의 花郞活動을 紙上에 躍如시켜 읽는 사람으로 하여금 上下千古에 서 花郞과 接하는 듯한 實感을 느끼게 함으로써 우리 血管 속에서 脉脉**히 흐르고 있는 花郞精神을 불러 일으키려던 것이다.**

本書는 釜山遷都時代에 亂麻와 같이 흐트러진 人心과 精神的 糧食에 굶주린 軍人들에게 心的指標를 마련해 주기 爲하여 海軍政訓監室에서 처음 刊行한 것으로 一般 人心에 커다란 感興을 불러 일으켰던 것은 아직도 우리의 記憶에 生生하거니와 出刊後에 곧 絕版을 告하게 되어 그의 再刊의 輿望이 높아온지 오래였다.

④ 이문사, 1981(삼판) 이종후의 '三刊序' 중

凡父先生은 日帝植民統治에서 解放되어 獨立된 새나라를 건설하려는 이나라 新生國民에게 그 精神的 내지 思想的 敎養을 爲해 하나의 適合한 國民讀本을 선사해 주려고, 오랜 세월동안 探究하고 構想하여 온 新羅의 花郞과 花郞精神에 관한 說話를 1948년(己卯年) 겨울에 著述하였는데 花郞外史란 그 著書는 오랫동안 刊出의 機會를 얻지 못하여 原稿뭉치인 채로 保管돼 오다가 脫稿後 六年後에사 그 當時 海軍政訓監으로 있던 金鍵氏의 周旋으로 6·25戰爭을 치르고 있는 國軍將兵들을 爲한 敎養讀本으로서 비로소 刊出의 機會를 얻게 되었던 것이다.

그 이후 花郞外史는 곧 絕版되어 오랫동안 世人에게 忘却된 채로 있다가 先生께서 作故하신 직후 1967年 凡父先生遺稿刊行會가 구성되어 省谷 金成坤氏의 後援으로 우선 絕版된 花郞外史를 다시 再刊하게 되었다.

그런데 今般 凡父先生遺稿刊行會에서는 以文社 池景源社長의 後援으로 다시 또 花郞外史의 普及版을 發刊하게 되었으니, **花郞外史는 이제야 진정 著者의 本來의 所望대로 一般國民의 敎養을 爲한 國民讀本의 구실을 하게 될 것이 期待된다.** 그리고 아울러 說話文學 내지 傳記文學 作品으로서의 本書의 참 價値에 대하여 一般의 正當한 評價가 행해지기를 기대하는 바이다.

위의 '서'와 '서문'을 통해서도 확인할 수 있듯이 『화랑외사』는 기본적으로 군인정신 고취를 위한 '군인의 정신훈련'용이었으며, 범부 자신

역시 화랑에서 군인의 상무정신을 찾고 있음을 드러내고 있다. ②의 김건의 '서문'은 이러한 내용을 가장 잘 드러내고 있으며, ③과 ④의 '서문'에서도 이러한 내용이 중심이 되고 있음은 다시 말할 필요가 없다. 그러나, ①과 ②, ③, ④를 거치면서 그 대상이 '국군장병'에서 '국민일반'으로, 그 내용은 '상무정신 고취'에서 '일반국민을 위한 교양독본'으로 확대 해석되고 있음을 확인할 수 있다.

이것은 당시의 정치적 흐름과 그 맥을 같이 하는 것이라 보아도 무방할 것이다. 즉, 초판이 나올 당시 한국전쟁으로 나라가 어지러운 때로 흩어진 민심을 하나로 모으고 군인의 사기를 진작시키기 위한 방책으로 『화랑외사』가 출간된 것이라면, 그 뒤의 두 판본은 '군사정신 고취함양'이라는 기본적인 취지 이외에 범부가 생전에 이 책을 통해서 진정으로 원했던 '국민 모두의 교양독본'으로서의 가치를 그의 후학들이 마음에 담아 출간한 것이 아닌가 생각된다. 이러한 내용은 『화랑외사』 초판에서 범부 자신이 쓴 '서'의 마지막 부분에서도 확인할 수 있으며, 굳이 군사적 면모를 가지지 않은 백결선생을 이 책에 포함시킨 것으로도 충분히 유추가 가능한 부분일 것이다.

아래의 〈도표 12〉는 『화랑외사』 각 출간본의 대강을 비교하여 정리한 것이다.

〈도표 12〉 범부의 『화랑외사』 출판본 비교[6]

1954	金凡父/釜山 海軍本部政訓監室	신라의 화랑과 신라정신에 관한 설화를 1948년 겨울에 저술. 이 원고를 1954년 당시 해군정훈감 김건의 주선으로 국군장병들을 위한 교양독본으로 출간. 김건의 서문이 있으며 표지에 방패와 칼의 그림이 있다. 범부 생전의 유일한 출간본.
1967	金凡父/凡父先生遺稿刊行會	1954년 초판에 이은 재판으로 한정판 1,000책 간행. 책 앞머리에 미당 서정주의 獻詩가 있고, 김상기의 중간서가 포함되어 있다. 책 말미에 범부의 동생 김동리의 跋文이 있다.

1981	金凡父/大邱 以文出版社	『화랑외사』 삼판. 부록으로 「국민윤리특강」이 있다. 「국민윤리특강」은 『화랑외사』의 사상적 배경을 이해하는데 도움이 될 만한 자료가 됨. 삼판은 하드 커버와 소프트 커버 두 종류가 있음. 내용이나 서지사항에는 차이가 없음.

그리고 그 표지는 아래의 〈그림 10〉과 같다.

〈그림 10〉 『화랑외사』 표지

『화랑외사』 초판 (1954)

『화랑외사』 재판 (1967)

『화랑외사』 삼판 1 (1981)

『화랑외사』 삼판 2 (1981)

앞서도 이야기 되었듯이 범부는 자신의 '서' 말미 부분(필자 강조 부분)에서 '화랑'으로 선택된 이들은 단지 '화랑'이란 이름으로 전통적으로 내려오는 인물만이 아닌, 그 정신과 행동이 화랑의 풍격과 동일한 이를 선택하여 싣고 있다고 밝히고 있다. 또한 이러한 화랑의 풍격과 정신을 규명하는 것이 이 책의 본령이라고까지 말하고 있다. 그리하여 화랑의 기본정신이 되는 '현묘한 풍류도'의 연원을 묵상하던 나머지 물계자와 백결선생까지 『화랑외사』에 포함하게 되었다고 범부는 말하고 있다. 어쩌면 이것이 『화랑외사』를 출판한 범부의 진정한 의도는 아니었을까?

아래의 〈도표 13〉은 범부의 『화랑외사』에 나오는 인물들을 출신과

6) 정다운, 「범부 김정설의 『화랑외사』에서 본 「화랑관」」, 『동북아문화연구』 제23집, 2010.6, 〈도표 3〉 인용.

각각 맡은 역할을 구분하여 정리한 것이다.

〈도표 13〉『화랑외사』 등장인물 비교표[7)]

성명	출신	역할	출처
斯多含	花郎	戰爭 參與	三國史記
金庾信	花郎	戰爭 參與	三國史記, 東國通鑑, 東京雜記
丕寧子	郎徒(花郎 金庾信)	戰爭 參與	三國史記
驟徒兄弟(3人)	僧侶	戰爭 參與	三國史記
金歆運	郎徒(花郎 文努)	戰爭 參與	三國史記
素那父子(2人)	將帥	戰爭 參與	三國史記
奚論父子(2人)	將帥	戰爭 參與	三國史記
匹夫	慶州 沙梁部	戰爭 參與	三國史記
勿稽子	將帥	戰爭 參與, 後에 功을 貪하지 않고 산 속으로 들어 감	三國遺事
百結先生	音樂家	現實의 富貴에 戀戀하지 않고 窮塞한 生活을 즐기다 末年에 行跡을 감춤	三國遺事

『화랑외사』에 등장하는 인물은 모두 14인으로 출신별로 나누어보면 장수 5인, 화랑(낭도 포함) 4인, 승려 3인, 기타 2인으로 장수가 가장 많은 수를 차지하고 있다. 그리고 그 역할에 있어서도 국가를 위해 전쟁에 참여했던 인물이 주를 이루고 있다. 이것은 범부가『화랑외사』의 기본 자료로서 김부식의 유교사관이 가장 잘 드러나 있는『삼국사기』의「열전」[8)] 부분을 택함으로써 '군인의 상무정신고취'라는『화랑외사』

7) 위의 글, 〈도표 5〉 인용.

8)『삼국사기』에서 화랑에 관한 대부분을 다루고 있는「열전」에 대해 신형식은『三國史記硏究』, 一潮閣, 1981, 336 · 340쪽에서 "「列傳」은 69名 중 21名이 滅私奉公이나 爲國忠節을 위해 殉國한 사람의 傳記로 되어 있고, 따라서 강렬한 國家意識과 儒教道德의 遵守가 제창되어 忠 · 信 · 義의 標本集團과도 같다."라고 지적하고 있다(김상현,『新羅의 思想과 文化』, 一志社, 1999, 527쪽

집필초기목표에 충실하고자 했음을 알 수 있다.

그러나 이들 중에는 장수출신도 아니고 군사적 역할을 하지도 않았던 인물—백결선생—이 포함되어 있다. 여기에서 우리는 범부가 생각하였던 '화랑의 범주(範疇)'는 과연 어디까지였을까라는 의문을 가질 수 있다.

범부의 『화랑외사』 삼판(1981) 뒷부분에는 「국민윤리특강(國民倫理特講)」이라는 짤막한 글이 한 편 더 실려 있다. 이 글이 정확하게 언제 쓰여 졌는지는 알 수 없지만, 범부 『화랑외사』의 사상적 배경을 이해하는데 중요한 자료가 될 수 있다. 그리고 이것이 바로 「국민윤리특강」을 『화랑외사』 삼판의 부록으로 실은 이유일 것이다.

확실한 것은 아니지만, 아마도 1950년대 초반에 어떤 단체 회원들에게 연속 강연[9]한 것을 받아 쓴 형태를 취하고 있는 이 글은 「해제(解題)」를 시작으로, 「국민윤리(國民倫理)의 현상(現狀)」, 「국민윤리(國民倫理)의 역사성(歷史性)」, 「국민윤리(國民倫理)의 보편성(普遍性)과 특수성(特殊性)」, 그리고 「한국적(韓國的) 국민윤리(國民倫理)의 전통(傳統)」이라는 5개의 장으로 이루어져 있다. 범부는 이 중에서도 특히 「한국적 국민윤리의 전통」이라는 장에서 한국적 국민윤리의 전통으로 화랑도정신을 강조하고 있다. 그리고 이 화랑도정신의 근간이라 할 수 있는 풍류정신 속에서 대조화의 정신을 이끌어내어 국민대화합을 실현하고자 하였다. 범부는 한국 전통 사상 속에 면면히 흐르고 있는 어우러짐의 멋과 화, 그리고 이를 넘어선 묘에 대한 탐구의 여정을 『화랑외사』를 통해 '花郎精神 花郎生活의 活光景을 描出'하는 데서 시작하고 있다.

재인용).

9) 이종후, 「三刊序」, 김범부, 『화랑외사』, 이문출판사, 1981, 7쪽.

2) 『범부유고』

『범부유고』(이문출판사, 1986)는 범부선생유고간행위원회의 2대 회장을 맡은 이종후가 중심이 되어 범부서거 20주기를 맞이하여 비매품으로 펴낸 책이다. 같은 내용의 책이 『정치철학특강』이라는 이름으로 이문출판사에서 상업 출판되었다.

책에 실린 원고는 1962년에 범부가 부산 동래에 칩거하며 「건국정치(建國政治)의 이념(理念)」이란 제목으로 집필했던 것을 범부 사후 이종후가 보관해왔던 것이다. 책의 내용으로 보아 아마도 더 방대한 내용의 글을 많이 쓰려고 기획했던 것 같은데 무슨 사정으로인지 미완인 채로 중단되었던 것으로 보인다. 책의 본문은 제1부 「국민운동(國民運動)의 준비과제(準備課題)」, 제2부 「공산주의(共產主義) 비판(批判)」으로 되어 있다. 본문 외에 부록으로 다른 시기에 집필된 것으로 보이는 「오행설(五行說)에 대하여」가 함께 실렸다.[10]

그 세부 목차는 다음과 같다.

제1부 국민운동의 준비과제	제2부 공산주의 비판
제1장 서론	제1장 변증법적 역사관에 대해서
제2장 국민운동의 제전례	제2장 동방의 사실에서 실증되는 계급투쟁 사관의 오단
제3장 한국의 현실과 국민운동의 과제	제3장 세계사관의 윤곽에 대하여
제4장 도의건설과 도의파괴	제4장 중국역사와 변증법적 사관과의 저오
제5장 한국의 국가관	제5장 폭력혁명의 운동
제6장 한국의 민주주의	제6장 소련공산당의 이념과 정책
제7장 건국경제정책과 생산교육	제7장 잉여가치설과 공산제의 귀결적 단서
	제8장 신앙심리와 인간생활사의 문제
	제9장 유물론의 비극적 파탄
	제10장 경제중심사관과 인간생활 조건
	제11장 생활조건의 섭일과 한국근세사상의 실증
	〈부록〉 오행설에 대하여

[10] 김정근, 「범부가 세상과 소통한 방식」, 16쪽. 이 글은 '제1회 범부연구회 세미나'(대구CC, 2009.6.6) 이후 새로 보완된 글임.

우리는 이 책의 간행사를 쓴 이종후의 글을 통해 간접적으로 범부가 이 글을 쓰게 된 동기를 알 수 있다.

> 이 유고는 1692년 1월에서 7월 사이에 선생께서 본디 '건국정치의 성격'이란 제목하에 구상해 온 것을 손수 집필하신 것으로 원고지 1천7백장가량 되는, 이른바 대하논설이다. 이를 집필하게 된 직접적 외적 계기는 5 · 16 직후 1961년 가을학기에 부산대학교에서 초청강사로 정치철학특강을 얼마동안 하시게 된 데서 마련된 듯 하다. (중략) **본서의 내용은 2부로 나뉘어 지는데, 제 1부는 국민운동의 준비과제란 제목하에 건국의 기초 작업을 국민운동을 통해서 완성 시키자는 취지로 (중략) 국민운동을 우리의 민족적 전통과 우리의 국가적 현실에 맞게 전개함에 필요한 국민의 정신적 태도, 사상(윤리관, 정치관 등), 실천방법을 체계적으로 논술한 것이며, 제2부는 공산주의비판이라는 제목하에 공산주의 이론에 대한 비판을 하면서 인간 · 사회 · 역사 · 정치 · 종교 등에 관한 선생 자신의 사상과 견해를 서술하셨다.** (중략) **先生은 本書의 著述에서 現代 韓國을 代表할만한 偉大한 學者, 偉大한 思想家, 그리고 偉大한 스타일리스트로서의 面貌와 力量을 十分 發揮하신 것으로 보인다. 다만 先生은 著述 當時의 切迫한 時局에 대한 깊은 憂慮와 現實에 대한 實踐的인 關心에서 '建國政治의 要諦'라는 制限된 主題下에 本書를 著述하셨기 때문에 自己의 哲學的 思想과 學說을 體系的으로 充分히 詳細하게 論述하지 못하고 단지 그 輪廓 또는 片鱗만을 提示한 데 그치고 만 것은 그지없이 아쉬운 일이라 아니할 수 없다.**
>
> 선생은 단순히 동방의 전통적인 사상과 학문의 전수자 내지 해석자만도 아니요, 더구나 서방의 사상과 학문의 해설자 내지 전달자도 아니었다. 선생은 실로 동서고금의 사상가를 관통하여 스스로의 독자적인 융통투철한 학문적 경계를 개척한 창조적인 사상가로서 현대가 안고 있는 중대하고도 어려운 문제들을 철학적인 차원에서 근본적으로 해결할 수 있는 사상체계를 그 가슴과 머리 속에 진작부터 형성해 가지고 있었던 것이다. 본서를 정독하는 자는 큰 강물처럼 도도하게 세차게 논술을 펴나가는 그 압도적인 필세(筆勢)에서 그런 것을 느낄 것이다.[11]

위의 글을 통해서도 알 수 있듯이 범부는 국민운동을 통해 건국기초 작업을 마련하는 것을 그 우선으로 삼고, 그 뒤 공산주의의 비판이라는 제목하에 공산주의를 비판함과 동시에 그것에 빗대어 자신의 이론을 펴고 있다. 즉, 범부는 이 글에서 공산주의, 구체적으로는 맑스주의에 대한 비판과 자신의 의견과의 비교를 통해 자신의 전통론, 더 나아가서는 현대종교의 대안으로서의 전통적 종교론을 그 속에서 펼치고 있다. 이것은 범부가 단순히 이론적 사상가로서 뿐만 아니라 기회가 된다면 자신의 이론을 현실에서 펼쳐보고자 하는 야망을 가슴에 간직한 '현실적인 사상가'라는 점을 다시 한 번 확인시켜 주는 대목이라 할 수 있다.

아래의 그림은 『범부유고』의 표지와 그 속에 남아있는 범부의 친필 원고이다.

〈그림 11〉『범부유고』 표지

〈그림 12〉 범부의 친필원고

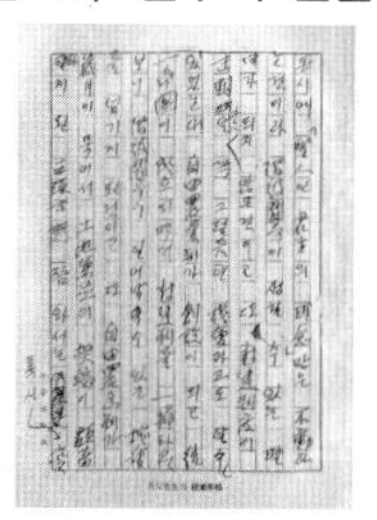

이외에 『범부유고』에는 생전에 미발표된 「오행설에 대하여」가 수록되어 있다. 범부는 우리나라의 오행설이 중국의 것과는 다른 생극의 논리라고 설명하면서 상극이면서도 상생이고, 상생이면서도 상극인 '생극(生克)의 상즉적(相卽的) 향배적(向背的) 포함원리(包含原理)'가 우리의 오행설논리의 특색이라 설명하고 있다. 순환적이면서, 또 서로를 향상

11) 이종후, 「간행사」, 김범부, 『범부유고』, 이문출판사, 1981.

시켜주는 이러한 상생적 · 생극적 논리는 오늘날 개인의 차원을 넘어 우주적 차원의 상생적 네오휴머니즘과 동일한 맥락에서 읽힐 수 있을 것이다.

3) 『풍류정신』

『풍류정신』은 범부 20주기에 『범부유고』와 함께 출간되었다. 그의 세 번째 저서가 되는 『풍류정신』에 관해서는 아래의 장에서 다시 상세하게 설명이 될 것이므로 여기에서는 간략한 소개에서 그치고자 한다.

『풍류정신』은 한양대의 조흥윤이 정음사의 편집위원을 하면서 원래 범부의 전기를 쓰려고 하다가 이미 지상에 발표된 자료를 간추려 한 권의 책으로 펴낸 것이다. 제1부가 「화랑」이고, 제2부 「최제우론」(『한국일보』에 연재되었음), 제3부 「음양론」(동양의약대에서의 『동방사상강좌』 13회분을 이종익이 노트한 것으로 그의 『동방사상논총』에 수록되어 있음), 제4부가 「췌세옹 김시습」(『경향신문』에 연재되었음)으로 되어 있어 각기 다른 내용과 형식의 글로 묶여 있다. 이러한 점은 『풍류정신』이 범부의 대표적인 저작이 되게 하는 역할을 하기도 했지만 한편으로는 그에 대한 체계적인 분석이나 논리적 접근을 어렵게 하는 원인을 제공하기도 하였다.

4) 기타

그동안 범부라는 이름 자체가 우리의 근현대 지성사에서 사라진지가 오래여서 비교적 우리에게 잘 알려져 있는 범부의 세 권의 저작 이외에 그의 다른 글들을 찾는 것은 쉬운 일이 아니었다. 그러다 얼마 전, 범부의 단편들을 모아 『범부 김정설 단편선』이 발간되어 범부 연구를 위한 기초자료로서의 역할을 하고 있다. 그 외에도 몇 편의 글들이 범부의 제자들 책 속에 포함되어 편집되어 있다. 여기에서는 이러한 글들을 간략하게 소개한다.

①『범부 김정설 단편선』

그동안 범부의 지인들의 기억 속에서 희미하게나마 남아있던 범부의 글들을 모아 엮은 책이다. 이 책에는 〈조선(朝鮮)의 문화(文化)와 정신(精神)〉 관련 2편, 〈건국정신(建國精神)과 건국이념(建國理念)〉 관련 5편, 〈동방학(東方學)과 동양고전(東洋古典)〉 관련 6편, 〈기타(其他)〉 14편 등 총 27편의 글이 실려 있다. 글들의 상세 제목은 다음과 같다.

Ⅰ. 朝鮮의 文化와 精神(2편)
1. 「朝鮮文化의 性格」, 『新天地』, 서울新聞社, 1950
2. 「風流精神과 新羅文化」, 『韓國思想』 3, 韓國思想講座編輯委員會編, 1960

Ⅱ. 建國精神과 建國理念(5편)
1. 「歷史와 暴力」, 『새벽』 送年號, 새벽社, 1954
2. 「邦人의 國家觀과 花郞精神」, 『最高會議報』 2, 國家再建最高會議, 1961
3. 「우리 民族의 長短－自我批判을 爲한 縱橫談」, 『朝鮮日報』, 1961
4. 「 國民的自覺의振作을爲하여」, 『自由文化』, 自由文化硏究센터, 1963
5. 「우리는 經世家를待望한다」, 『政經硏究』 1, 政經硏究所, 1965

Ⅲ. 東方學과 東洋古典(6편)
1. 「列子를 읽음(一)」, 『新民公論』新年號, 新民公論社, 1922
2. 「老子의 思想과 그 潮流의 槪觀」, 『開闢』 45, 開闢, 1923
3. 「持敬工夫와 印度哲學」, 『불교사 불교』 50·51卷, 佛敎社, 1928
4. 「經典의 現代的 意義－병든 現代는 東方의 빛을 求하라」, 『大學新聞』, 1959
5. 「五行說과 東方醫學의 原理」, 『東方思想論叢』, 寶蓮閣, 1975
6. 「周易講義」, 『道敎와 科學』, 飛峰出版社, 1990

Ⅳ. 其他(14편)
1. 「活氣와 苦憫의 山水－風谷畵展平」, 『東亞日報』, 1957
2. 「民族의 烈士－旺山先生 殉國52週忌에 즈음하여」, 『東亞日報』, 1959
3. 「韓國名賢史話全集－新刊·書評」, 『東亞日報』, 1960
4. 「雲水千里」, 『韓國日報』, 1960
5. 「今年도 蕭凋한 편」, 『國際新聞』, 1961

이 중 Ⅲ-5. 「오행설과 동방의학의 원리」와 Ⅲ-6. 「주역강의」는 이미 범부의 제자(이종익) 혹은 그의 사상을 흠모하는 이(도광순)에 의해 자신들의 글 속에 함께 묶여 발표된 적이 있는 글들이다. 위의 목차를 통해서도 알 수 있듯이 범부는 기본적으로 '조선의 문화와 정신'을 근간으로 신생국 조선의 '건국정신과 건국이념'을 세우기 위해 많은 노력을 기울였던 것으로 보인다. 그리고 동방학과 동양고전에도 해박한 지식이 있었던 것으로 추측된다.

이외에도 『한국일보』에 10회에 걸쳐 연재한 「운수천리」는 기행문 형식의 글로 우리의 문화와 전통에 대한 범부의 깊은 안목을 보여준다.

② 『동방사상강좌』

이 책은 영남대학교 고문헌실에 소장되어 있으며 서지사항이 '출판년도 및 출판사 미상'으로 기록되어 있다. 그나마 다행으로 『동방사상논총』(이종익박사학위논문총서, 보련각, 1975)에 그 내용이 모두 포함되어 있어 범부 사상의 핵심이 될 만한 내용을 보다 쉽게 접할 수 있다. 범부는 1958년 건국대 부설 '동방사상연구소'에서 동방사상의 핵이라고 일컬어지는 '역학'을 3년간 강의하였고 그 뒤 동양의약대에서 「동방사상강좌 음양론」 강의를 가졌다. 『동방사상강좌』는 이러한 강의 내용을 이종익이 기록한 것으로 등사본으로 만들어져 지금까지 전해지고 있다.

『동방사상강좌』의 내용은 다음과 같다.

제1장 언어와 문장독립의 과제	제7장 과학의 유형
제2장 동양학연구법	제8장 음양은 일기(一氣)이다
제3장 사고의 유형문제	제9장 기론
제4장 동방인의 특수한 사고형	제10장 이기설
제5장 의문검정법과 「태극도설」	제11장 이기론
제6장 음정양동설(陰精陽動說)에 대하여	제12장 단학(丹學)과 선도(仙道)
	제13장 정(精)·기(氣)·신(神)

〈그림 13〉『동방사상강좌』 표지
(영남대학교 고문헌실 소장본)

〈그림 14〉『동방사상강좌』 목차

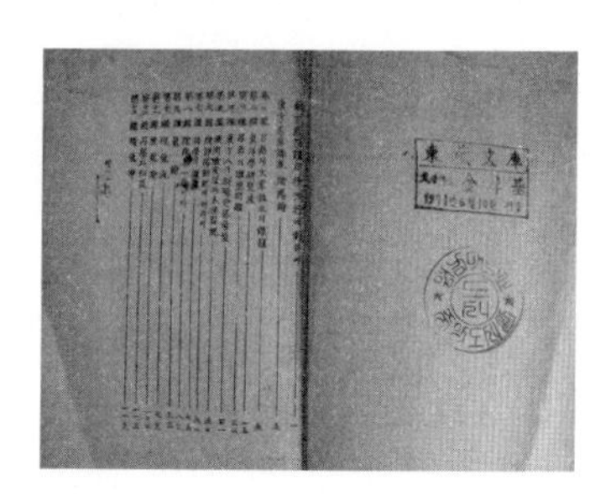

이 강의에서 범부는 주로 자신이 생각하고 있던 '동방학 연구방법론'에 관해 이야기하고 있는 것으로 보인다. 그 전제로 우선 사고의 유형문제를 고찰, 동방인만의 특수한 사고형을 들어 종국에는 실패할 수밖에 없는 서구의 이분법적 방법론에 대한 자신의 의견을 피력하고 있다. 발생지인 중국에서보다 오히려 조선에서 더욱 공고해져 그 누구도 넘볼 수 없는 철옹성을 가지고 있었던 정치적 이데올로기로서의 주자학이 가지는 오류를 기론(氣論)을 통해 설명하고 있다. 그리고 그 바탕으로 단학과 선도를 이야기하여 우리 조상들의 혈맥에 면면히 흐르는 무와 샤머니즘의 연관성 또한 이야기하고 있다.

이것은 범부가 최제우의 동학에 '신도성시정신(神道盛時精神)의 기적적 부활', '국풍의 재생', '역사적 대사건' 등의 최대의 찬사를 보낸 것과 연관성이 있는 것으로 보인다. 즉, 범부가 바라본 동학은 서학—종교적 의미에서의 기독교—을 비판하였다기보다는 최제우의 동학을 '신의 대강령'을 통해 특별히 계시 받은 계시종교로 규정, 동학의 종교성을 이야기하면서 동시에 우리민족의 정신적 근원으로 도교 · 샤먼 · 무를 동시에 이야기하고 있다. 이러한 그의 생각은 특히 12장 단학과 선도 및 13장 정 · 기 · 신 부분에 집약적으로 드러나 있다. 그리고 이러한 이야기는 굳이 그 옛날 화랑이 제사를 주관하던 무(巫)의 후예였다는 이야기까지 거슬러 올라가지 않더라도 화랑의 세 가지 수행방법, 즉 '도의로 서로 연마하고(相磨以道義), 노래와 춤으로 서로 즐기며(相悅以歌樂), 산천을 찾아 노닌다(遊娛山水)'를 통해서도 추측할 수 있다. 이것으로 샤먼과 무에 바탕한 신도설교가 화랑을 거쳐 동학에까지 이르는 하나의 연결고리를 가지게 되는 것이다.

이것은 범부의 전통론에 대한 구체적인 접근을 처음으로 시도한 이용주가 바라보고 있는 범부의 도통론, 즉 '풍류도통론(風流道通論)'이라 이름 짓고 있는 '단교신도－풍류도－(단학)－동학'과도 같은 메커니즘으로 이해될 수 있다.[12)]

③『태극기(太極旗)』'서문(序文)'

이 글은 백광하(白光河, 1921~1986, 언론인)의『태극기(太極旗)－역리(易理)와 과학(科學)에 의(依)한 해설(解說)－』(동양수리연구원 출판부, 1965)의 서문으로 가장 최근 새롭게 발견된 범부의 글이다. 당시 한국역학회장을 맡으며 역학에 탁견을 가지고 있었다고 알려져 있는 범부의 역학에 관한 생각을 단편적으로나마 읽어볼 수 있다. 뿐만 아니라 역학과 태극기와의 상관관계 또한 설명을 하고 있어 역학에 관한 폭 넓은 그의 이해를 엿볼 수 있다.

역학과 관련되어 회자되고 있는 범부의 이야기 중 하나는 범부가 일본의 경도제대에 다닐 때 있었던 이야기이다. 당시 경도제대에서는 그 대학의 학장이 '주역 강의'를 했다고 한다. 그런데 범부가 그 시간에 참석하지 않자 학장이 불러서 왜 강의시간에 들어오지 않는지를 묻자 범부는 들을 것이 하나도 없다고 대답했다고 한다. 그래서 학장은 범부에게 강의를 한번 해보라고 했고 그래서 범부는 그 시간 내내 강의

---

12) 이용주, 「「凡父 金鼎卨의 사상 체계와 전통론의 의의」, 2009年 凡父研究會 第2回 學術세미나 자료집『新羅－慶州－花郞精神 發掘의 先覺者 凡父 金鼎卨의 思想世界를 찾아서』, 凡父研究會, 2009.10 참조.

만 했다고 한다.[13]

아래의 인용문은 『태극기』의 「서문」 중 역학을 하기 위한 범부의 생각을 잘 드러낸 부분(①)과 역학과 태극기와의 상관관계를 풀이하고 있는 부분(②)을 구분하여 옮겨 적어 놓은 것이다.

> ① **周易을 주로 하는 易學을 위해서는 二大課題가 있는 것으로서 그 첫째는 周易 자체의 제 문제에 대한 정확한 闡明이 그것일 것이고, 다른 하나는 易理와 現代學術(歐洲에서 출발한 일체의 人文科學을 포함한 哲學, 物理, 化學, 宇宙科學, 生理, 病理學 등을 포함한 科學)과의 對照研究(比較研究가 아님)로서 그 異同과 乘合과 長短과 得失을 究明해서 마침내 萬殊一源의 究竟的인 眞理를 闡明하는 것이다.** 이렇게 된다면 이것은 홀로 現世紀의 盛事일 뿐만 아니라 참으로 人間千古의 大業이라 할 것으로서, 這般事는 반드시 周易 자체의 備有한 眞理 이외에 다른 것이 따로 있을 리 없을 것을 확신하는 바이다.
>
> 그러고 보니 우리는 첫째 文化史上의 과제로서 易學 자체의 具足한 闡明이 있어야 하겠고, 다음으로는 現代學術과 對照研究로써 新世紀의 黎明을 展望해야 할 것이다.[14]
>
> ② 그리고 **우리 太極徽章은 吾邦 固有의 유래를 가진 것으로서 易圖의 有無와 직접 因果를 가진 것은 아니다.** 우리 太極章은 알고 보면 數天年의 유래를 가졌다고 볼 것이고, 易學에서 云謂하게 된 太極圖도 數種이 있는 중에 우리네의 徽章과 공통되는 것은 周濂溪(宋儒)의 相對圖가 아니고 來瞿塘(明儒)의 循環圖가 그것인데 評論은 姑置하거니와 瞿塘은 불과 300여 년 전의 人物이고 또 來氏易傳이 吾邦에 流入된 것은 아마 200년까지도 될 리 없을 터이다. 그러므로 우리의 太極章은 실로 易經도 吾邦에 流入되기 이미 千有幾百年 전일 것이다.
>
> 그러고 보니 易圖와의 직접 因果는 이미 論議할 필요조차 없겠지만 동일한 天地間에 聖哲은 동서가 있을 리 없는지라 吾邦의 先民께서 姓名은 傳後하지 못했을망정 易理(周易이 아님)를 포함한 太極圖

13) 김정숙, 『김동리의 삶과 문학』, 집문당, 1996, 45쪽.

14) 白光河, 『太極旗－易理와 科學에 依한 解說－』, 동양수리연구원 출판부, 1965, 1쪽.

形을 일찍이 上世의 叡智로써 터득하지 않은 것이라고 보아야 할 필요도 또한 없을 일이다.

그러므로 **고유한 太極圖形을 易學으로써 해석하게 되는 것은 하등의 牴牾가 없을 뿐 아니라 도리어 妙味가 있는 일이겠고 원체 의의 있는 일이라 할 것이다.**[15]

①에서 범부는 역학을 하기 위해서는 우선 주역 자체의 제 문제에 대한 정확한 천명을 전제한 뒤 역리와 현대학술과의 비교연구가 아닌 대조연구의 방법으로 모든 것의 하나되는 근원의 진리를 천명하기를 당부하고 있다. 이는 현대의 위기로 통칭되는 서양의 위기를 막기 위한 하나의 방법으로 제시되고 있다.

그런 연후, ②에서는 우리나라 태극휘장과 역학과의 상관관계를 설명하면서 우리의 태극휘장은 본래 수천 년의 우리나라 고유의 유래를 가진 것으로서 역도(易圖)의 유무와 직접적인 인과관계를 가진 것은 아니라고 설명하면서도 일면에서는 역학에서 말하는 태극도도 고유한 태극도형을 터득함으로써 해석하는 것은 하등의 문제가 없다고 되짚어 설명하고 있다.

5) 저술의 일관된 주제와 사상 – 한국인의 풍류사상, 멋 · 화 · 묘

『화랑외사』, 『풍류정신』, 『범부유고』, 그리고 최근에 발간된 『범부 김정설 단편선』까지 글 전체를 꿰뚫고 있는 범부 사상의 핵심은 무엇이었을까? 범부는 당시 소수의 지식인들이 그러했던 것처럼 전통에 대한 향수와 절대적인 신뢰를 가지고 있었던 것으로 보인다. 단적으로 말하자면 우리의 민족은 가무를 즐기며 어떠한 경우에라도 멋을 잃지 않고, 우주 전체의 조화 속에서 겸허하게 살아가는 법을 아는 민족으

15) 위의 책, 3~4쪽.

로 보았던 것이다. 그리고 이러한 일차원적인 화(조화)의 단계를 넘어 우주적 차원의 생명과 공생을 이루어 나갈 수 있는 묘의 바탕을 본래적으로 가지고 있는 '특수한' 민족으로 평가하였다.

그리고 이러한 생각은 그의 저작 전체를 관통하고 있다. 유교적 효를 통해 발현되는 지정이 그러하며, 이 지정으로 신생국의 건국이념·국민윤리를 세울 수 있다고 하는 것이 그러하다. 그리고 화랑의 예술과 종교적, 그리고 군사적 요소는 우리 민족만이 가질 수 있는 멋으로까지 승화된다. 이외에도 최제우의 계시종교와 김시습이 반어적으로 이야기하고 있는 이분법적인 주역에 대한 비꼬음 등은 범부만이 가질 수 있는 통찰력이 아닐 수 없다.

범부는 자신의 글에서 '풍류도', '풍류도정신'을 다음과 같이 설명하고 있다.

> 風流道란 것은 어떤 敎團의 形態를 갖고 있는 것도 아니요, 어떤 명확한 經典을 갖고 있지도 않습니다. 다만 이 精神이 우리의 血脈가운데 흘러 왔을 뿐이지요. 그렇기 때문에 어느 意味로는 우리 民族이 受難과 失敗의 歷史를 겪어 오면서도 오늘날까지 이만한 精神을 유지해 온 것은 風流道精神이 우리의 血脈 가운데 흐르고 있다는 것입니다.[16]

이렇게 우리 민족의 정신적 지주로 범부에게 이해된 '풍류도정신'은 그의 저작들 속에 걸쳐 면면히 흐르고 있다. 그러나 이것만이 그의 사상의 전부는 아닐 것이다.

범부는 이분법적인 서양의 과학적 사고방식은 종국에는 망하고 만다고 경고하고 있다. 그리고 그것을 우리 조선의 땅에서 만에라도 막기 위해 우리의 것에서 우리의 방식으로 해결해 나갈 것을 이야기하고 있다. 동양학 일반뿐만 아니라 비교철학, 서양학, 약학에까지 두루 능

---

16) 金凡父, 「國民倫理特講」, 『花郎外史』 三版, 以文出版社, 1981, 232~233쪽.

통했던 그가 동방학을, 그리고 우리 민족의 정서 속에 있는 한국인의 멋 · 화 · 묘를 가지고서 자신의 사상의 기반을 삼았을 때는 그만의 이유가 있었을 것으로 보인다.

범부가 말하고 있는 멋 · 화 · 묘를 보다 자세히 살피기 위한 전단계로 사전적 의미에서의 멋 · 화 · 묘, 범부의 글에서 멋 · 화 · 묘의 개념들이 대표적으로 보이는 부분, 그리고 그를 통해 범부가 이야기하고자 했던 한국인의 멋 · 화 · 묘를 먼저 살펴보고자 한다.

① 멋: 명사로 차림새, 행동, 됨됨이 등이 세련되고 아름다움을 뜻하는 순우리말이다. 그 외에도 아주 말쑥하고 풍치 있는 말, 온갖 사물의 진미라는 뜻도 함께 가진다.[17]

그러나 범부는 자신이 사용하는 '멋'은 오늘날의 이러한 것과는 그 의미가 다르다고 말하고 있다. 그러한 그의 견해를 드러낸 대표적인 문장을 인용해 보면 다음과 같다.

> "세상 사람들이 아주 모르기만 한 것은 아니야, 흥 멋장이? 글쎄 딴 말이 있을 수도 없지, 그러나 세상 사람들이 **멋(風流)이란 과연 그 무엇인지 알기나 하고 하는 말인지? ……흥 멋(風流)! 하늘과 사람 사이에 서로 통하는 것이 멋이야, 하늘에 통하지 아니 한 멋은 있을 수 없어,** 만일 있다면 그야말로 설멋(틀린 멋)이란 게야, 제가 멋이나 있는 체할 때 벌써 하늘과 통하는 길이 막히는 법이거든."
>
> 멋이란 말을 할 때마다 물계자의 얼굴은 오히려 엄숙해졌었다. 그리고 가장 修鍊이 높은 제자들을 향해
>
> "참멋과 제작은 마침내 한 지경이니 너희들이여기가지 아는지? **사우(詞和)맞지 않는 멋은 없는 것이며, 터지지(融通透徹)않은 멋도 없는 것이니 사우맞지 않고 터지지 않은 제작이 있는가?"**
>
> (중략)
>
> "이 멋장이들아, 공연히 멋장이 멋장이 하고 말만 멋장이라는 것은

17) 『국어대사전』(수정 3판), 이희승 편, 민중서림, 2010, 1220쪽.

역시 사우맞지 않는 일이야, 다들 잘 알았어?"[18]

범부에게 있어 '멋'은 단순한 '차림새, 행동, 됨됨이'가 아닌, 하늘과 사람이 통하는 경지를 이르는 것으로 이것이야말로 풍류이며, 조화인 것이다. 그리하여 천지만물이 조화롭지 못한다면 그것은 멋이 없는 것이며, 서로 통하지 못한다면 그 역시 멋이 없는 것이다.

내면에서부터 조화를 통해 자연적으로 발현되는 이러한 멋은 오늘날 우리의 사고 속에 있는 '겉멋만을 부리는 멋쟁이'와는 상당한 차이를 보이고 있다.

② 화: 『설문해자(說文解字)』에서 '화'는 '상응야(相應也)'라 하여 '서로 상대하여 응한다'라고 풀이하고 있다.[19] 이외에 『자통(字統)』에서는 화를, "……『中庸』에서 "發하고 節하는 가운데[中], 이것을 和라고 한다. 和라고 하는 것은 天下의 達道이다"라고 하여 和는 最高의 德行을 가리키는[示] 말[語]로 사용되고 있다."[20]로 풀이하고 있다.

또한 『춘추좌전』에서는 다음과 같은 이야기로 화를 설명하고 있다. "경공이 말하기를 "화합(和)과 동의(同)는 다른가" 하였다. 이에 안자는 이렇게 말했다. "틀립니다. 화합한다는 것은 국을 끓이는 것과 같아서 물 · 불 · 초 · 간장 · 소금 · 매실에다 삶은 생선이나 고기를 넣고 그것들을 조화시키고 맛을 보아 모자라는 것은 더 넣고 많은 것은 덜어내어 만듭니다."[21] 즉, '화'란 맹목적으로 부화(附和)하지 않고 이견(異見)이나 이의(異議)를 조화하는 것이며 이것은 맹목적으로 남의 의견에 부화뇌동하는 '동(同)'과는 그 의미가 다르다는 것이다.[22]

---

18) 김범부, 「화랑」, 『풍류정신』, 정음사, 1986, 66 · 71쪽.

19) 段玉裁 注, 『說文解字注』, 古蹟出版社, 2006.

20) 白川靜, 『字統』, 平凡社, 1984, 921~922쪽.

21) 『春秋左傳』, 「昭公」 12年: "公曰: "和与同异乎?"对曰: "异. 和如羹焉, 水火醯醢盐梅以烹鱼肉, 燀之以薪, 宰夫和之, 齐之以味, 济其不及, 以泄其过.""

이러한 사전적 의미의 '화'가 범부의 글 속에서 어떻게 쓰이고 있는가를 찾아보면 다음과 같다.

> 사람이 불평을 품기 시작하면 병 뿌리가 몸에 있는 것과 같아서, 그것이 곧 사람을 비뚤어지게 하는 큰 뿌리란 말이야. 자기 자신도 모르는 동안에 마침내 비뚤어진 사람이 되고 마는 것이야. 그래 내가 언제나 숨을 고루라는 것을 그리 쉽게 알아서는 안 돼. 내 숨이 고뤄졌느냐 얼의 앉을 자리가 발라졌느냐 하는 것을 잠시라도 잊어서는 안 된단 말이야. **천지는 화기로써 언제나 사우가 맞아 있는 것이며, 사람도 이 화기를 잃을 때 그냥 사우가 어그러지는 법이니 사우가 어그러지면 마음과 몸이 함께 비틀어질 밖에……. 그런데 언제나 이 화기를 지니는 妙法이 숨을 고루는데 있는 것이다.** 숨을 고룬다는 것은 코로만이 아닌 것을 잘 알아야 해, **내가 화기를 가질 때 천지의 화기가 곧 나의 화기라는 것을 증득 할 때가 있어, 마침내 사람이 무엇을 하거나 천지의 화기로써 나의 화기를 삼게 하는 일만이 사람 되어 난 멋이란 거야.**[23]

'화' 역시 범부에게 있어서는 '천지와의 조화'를 뜻하는 것이다. 그리고 거기에 이르는 방법으로 바르게 앉아 제대로 숨을 고르는 것이니 이것이 바르게 되지 않으면 사람의 몸에 병 뿌리가 내리는 것과 같으며 내가 화기를 가질 때 천지의 화기가 곧 나의 화기라는 것을 증득할 때가 바로 '화'의 상태이며 '멋'있는 사람이 되는 것이다.

③ 묘: 『대한화사전(大漢和辭典)』에서 '묘'는 다양한 의미로 정의되고 있다. 그중에서 특히 눈에 띄는 부분은 '易說卦神也者, 妙萬物而爲言者也.'로 정미지선(精微至善)의 극치를 묘라 이르기도 하지만 인간이 할 수 있는 일이 아닌, 신의 말이 그렇게 된 것을 일러 묘라 한다고 설명

22) 『論語』, 「子路」, "子曰 君子 和而不同 小人 同而不和."
23) 김범부, 「화랑」, 『풍류정신』, 정음사, 1986, 71쪽.

하고 있다.[24] 또 다르게는 '적은 여자아이'라는 글자의 형상 그대로를 풀이하여 적은 여자의 몸에서 생명이 잉태하는 신비로움으로 풀이하기도 한다.

역시 범부가 '묘'를 사용하고 있는 문장을 찾아보면 다음과 같다.

> 이 陰陽의 변화하는 법칙을 易에서 '陰陽不測은 謂神이라'고 하였다. 그리고 **'神地者는 妙萬物而爲言者也'라고 한 바, 그 妙하다고 한 것은 번역할 말이 없다. 言義를 초월한 것으로 이 말은 예쁘게 한다는 말이 아니라, 우리말로는 '용하게 한다'는 말이 방불할 것이다. 그러나 꼭 그것이 妙라는 뜻과 같은 것은 아니다.** 妙萬物而爲言者也라는 뜻이 아니라, 이것은 고대의 글로서 후세의 글과 다르다. 이에 言이라 함은 神의 뜻이 곧 말이며, 그 造化의 자취가 곧 말이라는 뜻으로 보아야 한다. {老子}에 '無名은 天地之始요 有名은 萬物之母'라고 한 바, 그 名은 곧 言語名辭를 말함이요, 名言할 수 있는 것, 名言할 수 없는 것이 곧 有名, 無名이다. 이것은 동서에 상통하는 말이다. 그리스어 logos라고 하는 말이 언어인 동시에, 길이라고 한 것도 그러하다. 論辯은 곧 도리에 맞는 것, 가장 정당한 것이니 道는 곧 언어이다. 〈요한복음〉 첫머리에 '태초에 말(logos)이 있으니'라고 하였고, 구약의 〈창세기〉 중에 '빛이 있으라고 말씀하여 빛이 있게 되었다'고 한 그것이다. **妙萬物而爲言은 곧 神의 말이 그렇게 된 것이라고 한 것이다. 진리는 곧 말이다. 이 妙자 속에 천지의 始와 만물의 妙가 다 들어 있다. 만물을 妙하게 하여서 말이 이루어진 것이다.**[25]

범부에 따르면 이 '묘'라는 글자는 딱히 지금 우리의 말로 바꾸어 쓸 수 있는 것이 없으나 한 가지 분명한 것은 '묘만물이위언(妙萬物而爲言)'으로 '묘'는 '신(神)의 말로 그렇게 된 것'이며, 이 묘자 속에 천지의 시작과 만물의 묘가 다 들어 있다는 것이다.

이렇게 범부는 기존의 의미를 가지면서도 자신만의 의미를 더해 또

---

24) 諸橋轍次, 『大漢和辭典』, 大修館書店, 昭和六十年 修訂版, 647쪽.

25) 김범부, 「음양론」, 『풍류정신』, 정음사, 1986, 135쪽.

다른 의미를 가진 개념을 만들어 자신의 글에서 사용하고 있다. 이것은 범부의 박식함을 넘어 자신만의 이론을 보다 정확하면서도 보다 쉽게 사람들에게 설명해주고자 하였던 한 지식인의 고민이었을 것이다.

아래에서는 이러한 점들을 보다 구체적으로 살펴보기 위해 범부의 저서 가운데 『풍류정신』이라는 한 권의 책에 특히 주목하고자 한다. 비록 범부에 의해 『풍류정신』이란 이름이 붙여져 세상에 나온 것은 아니지만 그의 글의 정수라 할 수 있는 네 편의 글이 한 권의 책으로 묶였다는 사실에 주목, 그것이 가지는 텍스트로서의 의미를 파악해 보려고 하는 것이다. 또한, 각각의 편 속에서 범부가 이야기하고 있는 것이 과연 우리가 흔히 이야기하는 풍류를 넘어선 한국인의 멋·화·묘로 축약될 수 있는지 살펴볼 것이다. 이를 위해 먼저 『풍류정신』의 간행동기와 체제를 살피고 그 뒤 각각의 편들을 살펴보고자 한다.

2. 『풍류정신』의 멋·화·묘 사상[26]

여기에서는 앞에서 논의된 범부 저술 일반을 꿰뚫고 있는 범부의 사상을 『풍류정신』이라는 텍스트를 통해 보다 자세히 분석해 보고자 한다. 이를 위해 범부의 『풍류정신』에 실린 글들이 어떠한 경위를 통하여 하나의 책으로 묶이게 되었는가에 대한 객관적 논의에서 출발, 『풍류정신』에 대한 비판적 텍스트 읽기를 통해 범부의 사상에 접근해 보고자 한다. 이를 위해 가능한 한 사상사적인 배경을 최소화하고 『풍류정신』의 원문을 인용하면서 그의 논의의 흐름을 쫓아가는 방식으로 논의를 진행하고자 한다.

---

26) 이 장은 많은 부분 최재목·정다운, 「범부 김정설의 『風流精神』에 대하여」, 『동북아문화연구』 제20집(동북아시아문화학회, 2009.9)의 내용을 참고로 하고 있음을 밝혀둔다.

1) 간행 동기 및 체제

범부의 동생인 소설가 김동리는 『풍류정신』의 앞머리에 실린 「백씨를 말함」에서 『풍류정신』의 간행 경위에 대해 '조흥윤 교수(정음사 편집위원)의 헌신적인 노력으로 내 백씨(凡父 先生)의 문장을 모아 책으로 내게 되었다.'[27]고 말하고 있다.

『풍류정신』에 실린 네 편의 글 중, 「최제우론」은 『한국일보』에, 그리고 「췌세옹 김시습」은 『경향신문』에 연제한 것을 모아 실은 것이다. 이 두 편의 글은 모두 범부의 제자였던 오종식과 이항녕의 권유로 신문에 기고한 것으로 '여건이 여의치 못해' 주저의 저술활동이 이루어지지 못한[28] 대신 단편의 글들을 주위의 권유로 집필한 적이 몇 차례 있었음을 말하고 있다. 그리고 나머지 두 편, 「화랑」과 「음양론」은 다른 곳에 이미 발표된 글들을 수록한 것이다.

『풍류정신』에는 김동리의 「백씨를 말함」이라는 글 이외에 범부의 막내사위인 진교훈의 「풍류정신(風流精神) 간행에 즘하여」라는 간행사가 함께 실려 있다. 이 글에서 진교훈은 '옥골선풍(玉骨仙風)의 모습'을 하고 있는 범부를 '화랑정신의 구현자'로 보고 범부 '사상의 편린이나마 한국인으로서의 정신적 양식에 우는 이들에게 생각의 실마리'를 제공하기 위해 범부의 글을 모아 『풍류정신』을 출판하게 되었음[29]을 밝혀 김동리가 말하는 간행 경위 외에 『풍류정신』의 출간 의의를 말하고 있다.

---

27) 김동리, 「백씨를 말함」, 김범부, 『풍류정신』(정음사, 1986) 중에서.

28) 이러한 의견은 범부의 외손자인 김정근의 글에서도 확인할 수 있다(김정근, 「김범부를 찾아서」, 『김범부 선생과 경주문학』, 동리목월문학 심포지엄 자료집, 2009, 37~67쪽 참조).

29) 金凡父, 『風流精神』(초판, 정음사, 1986) 중 秦敎勳의 「風流精神 간행에 즈음하여」 중에서. 범부의 『風流精神』은 2009년 4월 영남대학교 출판부에서 진교훈의 교열에 의해 새로 간행되었다.

이상의 검토를 통해 『풍류정신』은 첫째, 정음사의 편집위원으로 있었던 조흥윤의 주선으로 텍스트화 되었다는 점, 둘째, 오종식과 이항녕의 권유로 신문에 기고한 「최제우론」(『한국일보』)과 「췌세옹 김시습」(『경향신문』)이 실리게 되었다는 점, 그리고 마지막으로, 정서적 양식에 굶주린 한국인에게 생각의 실마리를 제공하기 위해 범부의 글을 모아 편집하게 되었음을 알 수 있다.

위와 같은 간행 경위와 목적을 가지고 편집된 『풍류정신』에는 제1부 「화랑」, 제2부 「최제우론」, 제3부 「음양론」, 제4부 「췌세옹 김시습」과 범부의 간단한 약력이 함께 실려 있다.

『풍류정신』의 전체 목차는 다음과 같다.

제1부 「花郎」	제12장 丹學과 仙道
제1장 序	제13장 精·氣·神
제2장 화랑가	
제3장 사다함	
제4장 김유신	제4부 「贅世翁 金時習」
제5장 물계자	제1장 육신묘(六臣墓)
	제2장 설잠(雪岑)과 금옥(金玉)
	제3장 기인 김오세(奇人 金五歲)
제2부 「崔濟愚論」	제4장 생사지기(生死知己)
제1장 水雲의 幼少時代	제5장 운중행로(雲中行路)
제2장 水雲의 得道	제6장 초혼(招魂)
제3장 水雲의 思想	제7장 어디로 가려는가
제4장 水雲의 宇宙觀	제8장 장사 금옥(壯士 金玉)
제5장 水雲의 道德觀과 政治觀	제9장 추등감구록(秋燈感舊錄)
제6장 筆者의 贊日	제10장 초간심사(草間心史)
	제11장 인간기상학(人間氣象學)
	제12장 피리춘추(皮裏春秋)
제3부 「陰陽論」	제13장 강호(江湖)
제1장 언어와 문장 독립의 과제	제14장 탈적(脫籍)
제2장 동양학 연구법	제15장 안개
제3장 사고의 유형문제	제16장 수륙무차평등재(水陸無遮平 等齋)
제4장 동방인의 특수한 사고형	
제5장 의문검정법과 태극도설	제17장 사신일전(捨身一戰)

제6장 陰靜陽動說 제7장 과학의 유형 제8장 陰陽은 一氣이다 제9장 氣論 제10장 理氣說 제11장 理氣論	제18장 사일풍진(四日風塵) 제19장 기다리던 날 제20장 최후의 일광(日光) 金凡父 선생 약력

제1부 「화랑」은 범부의 가장 대표적인 저작인 『화랑외사』에 실린 14명의 화랑들의 이야기 중 '서'와 '화랑가'를 포함, '사다함', '김유신', '물계자'편이 선별 · 수록되어 있다. 『화랑외사』는 1954년(해군본부정훈감실) 초판발행 이후 1967년(삼화인쇄주식회사), 1981년(이문출판사) 총 삼간되었다. 제2부 「최제우론」은 『풍류정신』에 실린 글 중 유일한 논문으로 『한국일보』에 오종식의 권유로 연재된 글이며, 후에 『세계(世界)』 2(동학창도백주년기념특집, 1960)에 재발표되기도 하였다. 「제3부 음양론」은 1962년 9월 서울 동양의약대학에서 강의한 「동방사상」의 강의내용을 이종익이 기록한 것으로, 이종익의 『동방사상논총』에도 실려 있다. 그리고 제4부 「췌세옹 김시습」은 『경향신문』에 이항녕의 권유로 게재된 글로 글이 발표된 명확한 년도는 알 수 없다.

이 네 편의 글들은 각각의 독립적인 체계를 가지고 각기 다른 시기, 다른 곳에 발표된 글들이다. 그리고 그 글들의 발표 목적 및 글의 형식 역시 각기 다르다. 글의 목적(A)을 중심으로 분류해 보면 목적성을 가진 글과 목적성을 가지지 않은 글, 그리고 글의 형식(B)을 중심으로 분류해 보면 전기적인 글과 그렇지 않은 글로 나누어질 수 있다(〈도표 14〉 참조).

〈도표 14〉 『풍류정신』에 실린 글의 목적과 형식에 따른 분류

	A	B
화랑	○	○
최제우론	○	×
음양론	○	×
췌세옹 김시습	×	○

제1부 「화랑」은 비록 '외사'의 형식을 빌어 쓰기는 하였으나, 당시 '군인의 정신훈련'30)을 위해 썼음을 범부 스스로가 「서」에 밝히고 있으며, 제3부 「음양론」은 1962년 동양의약대학에서 있었던 『동방사상강좌』의 강의 내용을 이종익이 기록한 것이다. 이외에 제2부 「최제우론」은 동학의 사상을 밝혀 알리는 것에 주목적을 두고 쓴 논문으로 이 세 편의 글은 어떠한 목적성이 글 속에 뚜렷이 드러난다. 그러나 제4부 「췌세옹 김시습」은 김시습과 사육신이라는 당대의 사실을 글의 중심에 두고는 있으나 네 편의 글 중 가장 많은 희극적 요소를 가지고 있어 이 글에서 범부가 하고자하는 이야기가 무엇인지를 가려내기가 쉽지 않다.

또한 형식적인 면에서 본다면, 제3부 「음양론」을 제외한 제1부 「화랑」, 제2부 「최제우론」, 그리고 제4부 「췌세옹 김시습」은 영웅의 이야기를 담은 소설적 서사의 형식을 취하고 있다. 이러한 영웅의 이야기를 담은 글[위인전]들은 범부의 입장에서 계몽의 대상인 독자층에게 자신의 이야기를 보다 쉽게, 그리고 보다 효율적으로 전달할 수 있는 방법이었을 것이다. 다시 말해, 사실성에 바탕을 두면서 소설적인 희극성을 가미한 '재미있는 이야기'는 곧 '본받을 만한', 그리고 '본받아야하는' 이야기로 독자들에게 인식되어졌을 것이다.

이처럼 각기 다른 목적과 형식을 가진 네 편의 글들이 어떠한 의도 아래 하나의 텍스트로 엮이게 되었는지를 파악하기란 그리 녹록한 일이 아니다.

그러나 『풍류정신』이라는 그 제목에서도 알 수 있듯이 네 편의 글에서 공통적으로 찾을 수 있는 키워드는 분명 '풍류'이다. 그리고 이 키워드를 보다 명확하게 드러내고 있는 것은 '조화'를 뜻하는 '사우 맞다'이다. '사우 맞다'에는 범부가 말하고자 하였던 멋·화·묘를 모두 포함하고 있으며, 이러한 그의 사상은 우주적 생명의 멋과 풍류로 각색

30) 金凡父, 「序」, 『花郞外史』 初版, 海軍本部政訓監室, 1954.

되어 오늘날 생명학의 입장에서 네오휴머니즘(Neo Humanism)으로 다시 읽히고 있다. 이 장에서는 『풍류정신』에 함께 묶여 있는 네 편의 글들에서 범부가 말하고자 하였던 것이 무엇이었는지를 살펴보고자 한다.

2) 『풍류정신』의 멋 · 화 · 묘

각기 독립된 체제와 다른 사상을 이야기하고 있는 이 네 편의 글을 『풍류정신』이라는 이름을 가진 하나의 책으로 묶을 수 있게 만들었던 '풍류'라는 키워드는 과연 범부에게 있어서 무엇을 의미하는 것일까? 조선시대 대표적인 백과사전 『송남잡지(松南雜識)』에서는 '풍류'를 '지금의 '즐거움(樂)'을 훈석'[31]한 것으로 정의하고 있다. 이러한 풍류에 대한 정의는 지금의 우리에게는 ① 멋스럽고 풍치가 있는 일. 또는 그렇게 노는 일, ② 대풍류, 줄풍류 따위의 관악 합주나 소편성의 관현악을 일상적으로 이르는 말로 간략하게 정의되고 있다. 그래서 언제부턴가 '멋'은 우리에게 풍류를 대변하는 단어로 인식되었고 이러한 흐름에서 본다면 '예술성 · 심미성을 지향하며 노는 것'이라는 풍류에 대한 정의[32]는 일면 타당한 것으로 간주될 수 있다.

그러나 지금까지의 논의만으로도 범부가 바라본 풍류는 이러한 단순한 '놀이' 또는 '즐거움'의 단계를 넘어서 있는 것으로 볼 수 있다. 다시 말해, 신라의 화랑들이 가졌던 세 가지 요소—군사적 요소, 종교적 요소, 예술적 요소—를 모두 아우르는 것으로 조화의 단계를 이야기하였던 것이다. 그리고 이러한 조화의 정신이야 말로 우리민족이 가지고 있는 숨겨진 힘이며 이를 통해 신생국의 대화합, 그리고 우주 생명 전체와의 조화를 꿈꾸었던 것이다.

그것은 『풍류정신』 속에서 어렵지 않게 만나게 되는 '사우 맞다'라

---

31) 조재삼, 강민구 역, 『松南雜識』 10, 소명출판, 2008, 120쪽.

32) 辛恩卿, 『風流-동아시아 美學의 근원』, 보고사, 2003, 608쪽 참조.

는 글을 통해서 확인할 수 있다. 『풍류정신』 속에서 '사우 맞다'는 '조화'로 풀이되고 있다. 범부는 이 책에서 '제 빛깔, 제 길수, 제 작(天人妙合), 사우 맞다: 멋: 화: 묘'의 도식을 이끌어내고 있다.

범부의 제자인 이완재는 자신의 글에서 "風流라는 말은 우리말로 '멋'이란 말이다. 멋의 본질은 사우 맞는데[調和]에 있다. 만물은 제 길수[自然之理]가 있는데 제 길수를 얻을 때 사우가 생긴다. 天地는 和氣로써 언제나 사우가 맞아 있다. 天地의 和氣가 곧 나의 화기임을 깨달을 때 제 작[天人妙合]이 생긴다. 제 작[天人妙合]이 되면 터져버린다[融通透徹]. 터지게 될 때 참 멋이 생겨나고 참 멋은 살아 움직이게 된다."[33]라고 하여 이와 비슷한 맥락에서 범부의 사상을 정리하고 있다.

『풍류정신』에 실린 네 편의 글들은 후학에 의해 '제 빛깔', '제 길수', '제 작'을 통해 사우가 맞아 조화 · 멋 · 풍류에 이르기까지의 범부의 생각을 가장 단적으로 드러내고 있는 글이라 생각되어 선발된 글들이다.

『풍류정신』에 실린 이 글은 모두 '조화'를 이야기하고 있다. 제1부 「화랑」에서는 종교 · 군사 · 예술적 부분의 조화를, 제2부 「최제우론」에서는 그의 교설에 나타나는 동방의 자연사상 · 유교의 자덕정신 · 현묘한 선도의 기미 간의 혼연 융합된 조화를, 제3장 「음양론」에서는 음양일기의 조화를, 그리고 마지막 제4장 「췌세옹 김시습」에서는 유 · 불 · 도의 영역을 자유로이 넘나드는 조화를 이야기하고 있는 것이다. 이들은 일면 각기 다른 이야기를 하고 있는 듯 보이나, 모두가 조화라는 단어로 서로가 서로를 상생의 관계로 나아갈 수 있도록 도와주는 유기체적인 결합관계를 가지고 있다.

'사우 맞다'와 '조화'는 『풍류정신』을 통해 드러나는 범부 사상의 핵심이라 할 수 있다. 그리고 이러한 단계에 이르기까지의 과정에서 사용되어지는 '제 빛깔', '제 길수', '제 작'은 '사우 맞다', '조화', 그리고 '풍

33) 이완재, 「범부 선생과 동방사상」, 『김범부 선생과 경주문학』, 동리목월문학 심포지엄 자료집, 2009, 17쪽.

류'라는 범부의 커다란 사상 속에서 유기체적 현상으로 나타나는 개개의 개념으로 이해될 수 있다.

그러나 이 논문에서는 범부의 '풍류'에 대한 명확한 해석이 없는 채로 기존의 학설과 연결시켜 그의 사상을 이야기하는 것보다 범부가 그의 저서 속에서 주로 사용하였던 멋·화·묘라는 키워드를 사용하여 그의 사상을 쫓아가고자 한다.

따라서 가능한 한 『풍류정신』에 실려 있는 네 편의 글들의 원문을 인용하면서 그 속에서 범부가 이야기하고자 하는 핵심 사상을 도출하고자 노력할 것이다.

(1) 제1부 「화랑」에 보이는 멋 ―사우 맞다

제1부 「화랑」은 범부의 첫 번째 저서인 『화랑외사』에 실린 화랑의 이야기 중 일부를 실은 것으로 후학들의 입장에서 범부가 생각하는 화랑상을 가장 잘 드러낸 것이라고 생각되는 인물들을 선발하여 담고 있다. 이곳에는 제1장 「서」를 포함, 제2장 「화랑가」, 제3장 「사다함」, 제4장 「김유신」, 제5장 「물계자」 등 총 세 명의 화랑을 이야기하고 있다.

제1장 「서」에서는 '화랑이 국민도덕의 원천'임을 밝히고 있으며 제2장 「화랑가」에서는 화랑이 창설되던 바로 그 진흥왕 당대에 도령가(徒領歌)가 제작되었다는 기록[34]에 근거하여 '자신이 생각하는 화랑의 모습'을 노래하고 있다.

범부가 지은 '화랑가'의 전문은 다음과 같다.

> 너는 누구며 나는 누구냐 살아 사나이 죽어 사나이 끊는 한 줄기 화랑의 피로 티 없는 피로 죽음이 없다 화랑을 보라 앞으로 간다 해달이 밝아 별이 나고나

34) 『三國史記』 32, 「雜誌」 1樂. "竿引, 智大路王時人川上郁皆子作也. 美知樂, 法興王時作也. 徒領歌, 眞興王時作也."

화랑을 보라 앞으로 간다 앞이 터져 질펀하고나 〈후렴〉
무지개 띠에 꽃송이 사매 봄바람 맞아 나부끼나니 화랑이 피어 나라가 피어 화랑의 나라 영원의 꽃을 말은 가자고 굽을 쳐 울고 칼은 번뜩여 번개를 치네 너도 갈까나 나도 갈까나 때 만 청춘을 지쳐 두다니 어제 승전고 오늘 승전고 깃발이 펄펄펄 바람도 살아 하늘은 높고 땅은 넓은데 장부의 숨결이 시원하고나.[35]

제3장 「사다함」에서는 '식기전에'라는 노래를 통해 오로지 나라만을 위하여 목숨을 바칠 것을 기도하는 화랑의 모습을 은유적으로 드러내고 있다. 제4장 「김유신」에서는 용화도령(龍華徒令)[36]이라 칭송되던 김유신이 나라를 위해 무엇을 해야만 할 것인가를 고뇌하는 모습을 담고 있다. 그러나 지정으로 나라를 걱정하던 이러한 김유신의 모습은 일제강점기 조선의 식민지 침략이론으로 화랑을 이용하면서 김유신과 함께 그의 아내와 자식까지 멸사봉공의 대열에 합류[37]시키고 있다.

그러나 제5장 「물계자」는 비록 군인 출신이기는 하나 그 행적이 김유신이나 사다함과 같이 '무(武)'를 강조하는 화랑과는 다른 모습을 지니고 있다. 전쟁 참여 후, 그 공을 탐하지 않고 부인과 함께 산 속으로 들어간 물계자는 범부가 말하고 있는 화랑정신, 즉 풍류정신의 현현자로 묘사되고 있다. 특히 물계자 편에 자주 등장하는 '사우 맞다'라는 표현은 범부가 지향하고 있는 조화의 단계를 단적으로 드러내는 구절이

35) 김범부, 『화랑외사』, 이문출판사, 1986, 19쪽.

36) 미륵신앙을 나타낸 것으로 당시 화랑이 불교와 깊은 연관이 있었음을 단적으로 보여주는 것이라 할 수 있다. 화랑을 미륵신앙과 관련지어 연구한 대표적인 글로는 1973년 발표된 金庠基의 「花郎과 彌勒信仰에 대하여」(『李洪稙博士回甲論叢』, 新丘文化史)와 1966년 발표된 金煐泰의 「彌勒仙花攷」(『佛教學報』 3·4合)를 들 수 있다.

37) 이러한 논의는 그 표방되는 목적이 범부와 다르기는 하나 일제강점기 조선의 청년들을 '화랑'이라는 이름으로 전쟁터로 내몰기 위한 학병권유의 공식 담론 중의 하나로 이야기되기도 하였다(정종현, 「국민국가와 '화랑도'」, 『신라의 발견』, 동국대학교 출판부, 2008, 235~238쪽). 그 구체적인 글들은 정운현 엮음, 『學徒여 聖戰에 나서라』, 없어지지 않는 이야기, 1997를 참조.

라 할 수 있다.

「물계자」 편에 나오는 '사우 맞다'라는 말은 현재 『국어대사전』에서는 그 정의나 용례를 찾아볼 수 없지만 옛날 우리네 촌락에서 어렵지 않게 들을 수 있었던 말이라고 한다. 그러나 범부는 '사우 맞다'를 '조화(調和)'의 의미로 사용하고 있으며 이완재 역시, 자신의 추측이라는 단서를 달기는 하였지만, 한자로 '서로 만난다'는 의미를 가진다고 볼 때, '사우 맞다'는 '객체와 주체가 만나는 것, 서로 어우러지는 것'으로 이해될 수 있다고 말한다.

범부는 '제 빛깔을 가진 사람만이 제 길수를 찾을 수 있는 것이고, 제 빛깔과 자연(自然)이 한데 어울어져 天人妙合의 제 작에 이르게 되는 것이다. 범부는 이 '제 작'이라는 단어를 풀이하면서 '自然이 人爲에 合한 것에나, 人爲가 自然에 合한 것에나 通用하는 말'로 일반적인 조화와는 다른 면을 가지고 있다고도 하면서 한편으로는 그 의도됨 · 작위 됨이 없어 제 작은 조화라는 말에 가깝다고 말하고 있다.[38] 이러한 단계에 이르러서야 비로소 하늘과 삶이 통하는 참 멋을 알게 되며 참 멋과 제 작이 마침내 한 지경에 이르러서야 사우가 맞고 터지는 조화의 단계에 도달하게 된다.'[39]라는 자신만의 사상 구조를 확립하면서 '제 빛깔, 제 길수, 제 작, 사우 맞다: 조화: 멋: 풍류'의 도식을 이끌어 내고 있다.

범부는 이러한 이야기를 통해 천인묘합의 조화, 그리고 궁극적으로는 이를 통한 '국민대화합'을 이끌어내고자 하는 의도를 가지고 있었던 것으로 보인다.[40]

---

38) 金鼎卨, 「조선文化의 性格」, 『新天地』, 서울문화사, 1950.4, 10~14쪽.

39) 김범부, 「제1부 화랑－물계자」, 『풍류정신』, 정음사, 1986, 65~66쪽.

40) 鄭茶雲, 「凡父 金鼎卨の『花郎外史』から見る「花郎観」」, 『東アジア「武士道の研究」』国制シンポジューム資料集, 北京日本学研究センタ, 2009.2 참조.

〈그림 15〉 제 빛깔, 제 길수, 제 작 그리고 조화

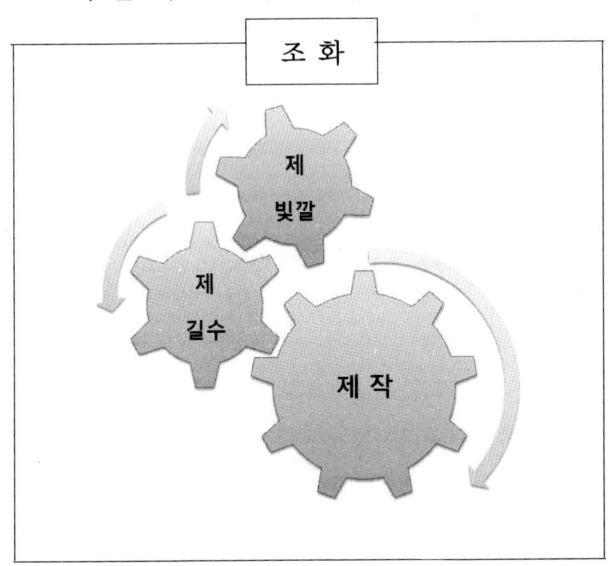

(2) 제2부「최제우론」-동방, 그리고 계시종교

제2부「최제우론」은 앞에서도 이야기되었듯이 당시『한국일보』의 주필 겸 편집위원으로 재직했던 오종식의 권고로『한국일보』에 연재된 것이다.

오종식은 범부의『동방사상강좌』의 고정청강자 중의 한 명이었으며, 범부가 학장을 맞고 있었던 ≪계림학숙≫에서 강의를 하기도 하였다. 그는 범부의 영향을 받아 그것을 자신의 저서로 남기는 방법보다는 강의를 통해 범부의 사상적 영향을 다음 세대에 전하고자 노력하였던 인물로 1974~1975년 성균관 명륜관에서『주역입문 강의』를 하기도 했다.[41]

---

41) 최재목 · 이태우 · 정다운,「凡父 金鼎卨 연구를 위한 예비적 고찰」,『日本文化研究』 제24집, 동아시아일본학회, 2007.10, 259쪽.

앞에서도 언급된 바와 같이 제2부 「최제우론」은 논문형식의 글로 제1장 '수운의 유소시대'를 시작으로 제2장 '수운의 득도', 제3장 '수운의 사상', 제4장 '수운의 우주관', 제5장 '수운의 도덕관과 정치관'을 개괄적으로, 그러면서도 『풍류정신』의 다른 세 편의 글보다는 조금 더 전문적인 시각으로 쓰고 있다. 그리고 그 뒤 제6장 '필자의 찬왈'에서 수운에 대한 자신의 생각을 적고 있다.

범부는 「최제우론」에서 자신이 생각하는 '동방사상'에 대한 정의와 함께 수은의 사상 전반을 이야기하고 있다. 아래의 인용문은 그러한 범부의 생각이 가장 잘 드러나 있는 부분이다.

> 무위 · 자연 등 어구는 본래 노장을 祖述한 도가 사상을 표시하는 대표적 그것인데, 수운의 소위 무위 · 자연이란 말은 반드시 노장이나 도가의 사상을 준봉하는 데서 유래한 것이 아니라 오히려 역사적으로 생리화된 광범한 동방정신인 것이다. 이제 **동방정신이란 말은 漢土大陸의 그것만을 지칭하는 것이 아니라, 사실은 우리 東方人의 근본정신이 이 무위 · 자연의 경향을 가진 것이다. 그중에도 신라문화의 근본정신인 風流道는 그 귀일점이 '大調和'에 있는데 이 대조화란 것은 도대체 '자연의 성격'인 것이고, 또 무위란 것이 역시 대조화의 성격인 것이다.**
>
> 그러므로 수운의 소위 무위 · 자연이란 그 사상 내용은 통째로 동방적이지 이것이 단지 漢土적이거나 혹은 朝鮮적이라고 단정하기는 자못 치우친 감이 없지 않은 것이다. 그러나 그 자술에 吾亦生於東受東道雖天道學則東學이라 하고 이어서,
>
> 況地分東西西何謂東東何謂西孔子生於魯風於鄒鄒魯之風傳遺於斯世吾道受於斯布於斯豈可謂以西名之乎.
>
> 란 말을 보면 **수운은 분명히 吾道受於斯布於斯라 해서 自家의 道는 '東學'이라고 단언한 것이다.**[42]

42) 김범부, 『풍류정신』, 정음사, 1986, 86~87쪽.

즉, 범부에 의하면 수운의 사상은 '통째로 (광범한) 동방적인 것'이지, '단지 漢土적이거나 혹은 朝鮮적이라고 단정하기는 자못 치우친 감이 없지 않은 것'이다. 즉, 수운의 사상을 대변하는 무위 · 자연이란 말은 광범한 동방정신인 것이며, 동방정신이란 말은 한토대륙의 그것만을 지칭하는 것이 아니라 무위 · 자연의 경향을 가진 우리 동방인의 근본정신을 말하는 것이라 규정하고 있다. 이러한 무위와 자연의 성격을 가지는 '대조화'는 신라 풍류도의 귀일점으로 '동방정신=신라 풍류도'라는 도식을 자연스레 이끌어내고 있다.

아래의 글은 이러한 범부의 주장을 확인할 수 있는 부분이다.

> 그런데 이 隆靈이란 法門은 그 유래가 어디서 오느냐 하는 것이다. 이것은 멀리 찾을 것도, 복잡하게 설명할 필요도 없이 무속에서 유래한 것이다. **무릇 무속은 샤머니즘계의 信仰流俗으로서 신라의 風流道의 중심사상이 바로 이것이고, 또 이 風流道의 연원인 단군의 神道設敎도 다름 아닌 이것이다.** 그러므로 신라 시조 혁거세가 神德이 있었던 것이 이 신앙의 權化라는 말이 次次雄 · 慈充은 바로 方言巫也라고 譯解한 것을 보면 이야말로 思過半인 것이다.
>
> 그래서 **이 神道. 더구나 風流道의 盛時에는 모든 문화의 원천도 되고 인격의 이상도 되고 修濟治平의 經法도 되었던 것이 후세 이 정신이 쇠미하면서는 거러지, 풍각쟁이, 사시락이, 무당패로 떨어져 남아 있어서 오늘날 무속이라면 그냥 깜짝 놀라게 창피해 하는 것이다.** 그래 그렇게도 玄妙한 교법이 어째서 이다지도 영락했는가 하는 것도 우리 문화사상 중요하고도 흥미 깊은 한 개의 과제가 아닐 수 없는 것이다.[43]

그런데 **수운이 체험한 계시 광경은 일종의 降靈 즉 '내림이 내린 것'으로 볼 수 있고 또 그 降靈法도 자신의 체험을 양식화한 것이라 할 것이다. 그러고 보니 이 계시의 유래는 유교 정신에서 올 수 없는 것은 물론이고, 또 불교나 도교의 그것일 수도 없는 일이고, 기독교에**

---

43) 위의 책, 89쪽.

> **서 온 것도 아예 아닌 것이다. 그래 이것이 꼭 무속의 '내림' 에서 온 것이 틀림없고 본즉, 이건 과연 우리 문화사 · 사상사에 天飜地覆의 대사건이라 하겠다.** 왜냐하면 檀代의 神道設敎는 邦史의 일관한 敎俗으로서 고구려 · 백제가 다 한가지로 이것을 신앙의 표준으로 삼았는데, 신라에 와서는 마침내 이 정신이 더욱 발전하고 세련되고 조직화되어서 風流道를 형성하여 신라 일대의 찬란한 문화를 釀出하고 傑特한 인재를 배양하고 또 삼국통일의 기운을 촉진했던 것이다. 그러다가 외래문화인 불교나 유교와 서로 融.攝하면서 점점 변형이 되는 일면, 이 道의 士氣가 世變과 함께 강쇠한지라, 그래서 풍류의 정신은 오히려 불교에 가서 더 많이 발휘되고 보니 원효의 佛學은 果是 그 대표적인 것이며, 또 역대 유학의 형태에서 배양된 우수한 인물들도 왕왕 風流의 神韻을 보이는 것이다. 그러나 외래문화의 형태가 사회의 주류를 짓게 되는 때는 언제나 土風의 그것이 도태를 면치 못하고 그 遺風流俗은 저절로 주류 문화의 혜택이 소원한 하층 사회에 잔존하는 것이 저간의 通則인지라 季世에 와서 풍각쟁이, 광대, 기생, 무당, 사당, 오입쟁이 등등 그 퇴폐한 여운과 사이비한 형태를 探見할 수 있을 뿐이다.
>
> 그런데 역사도 왕왕 기적적 약동이 있는 모양인지라 昏睡에 醉夢으로 支離한 천 년의 적막을 깨뜨리고 하늘에서 외우는 소리는 웬 셈인지 馬龍洞 최제우를 놀래 깨운 것이다. 이것이 과연 '歷史的 大降靈'이며 동시에 神道盛時精神의 '기적적 부활'이라 할 것이다. '國風의 재생'이라 할 것이며 '史態의 驚異'라 할 것이다. 정말 어마어마한 역사적 대사건이었다.[44]

범부에 의하면, 무속은 샤머니즘계의 신앙류속으로서 신라의 풍류도의 중심사상이 바로 이것이고 또 이 풍류도의 연원인 단군의 신도설교도 이러한 무속과 다름 아닌 것으로 간주된다. 이러한 신도설교는 우리나라 역사 전체를 일관하는 것으로 고구려 · 백제가 모두 이것으로 신앙의 표준으로 삼았으나, 신라에 이르러 이 정신이 더욱 발전하고 세련되고 조직화되어서 풍류도를 형성, '신라 일대의 찬란한 문화

---

44) 위의 책, 89~90쪽.

를 釀出하고 傑特한 인재를 배양하고 또 삼국통일의 기운을 촉진'했던 것으로 범부는 보았다.

그러나 이러한 기운은 외래문화의 형태가 사회의 주류를 이루게 되면서 쇠퇴하게 되었고, 결국에는 그 정신은 사라진 채 퇴폐한 여운과 사이비한 형태만을 유지하게 되었다는 것이다. 이러한 즈음에 있었던 수운의 출현은 가히 '歷史的 大降靈'이며 동시에 '神道盛時精神의 기적적 부활'로 범부에게 인식되었다. 그리하여 범부는 수운의 이러한 출현을 '國風의 재생', '事態의 驚異'라는 최고의 찬사를 보내며 '역사적 대사건'으로 규정하고 있다.

즉, 범부에게 있어서 무속은 '단대(檀代)의 신도설교 · 고구려 · 백제 신앙의 표준 · 신라의 풍류도 · 최제우의 동학'으로 이어지는 우리나라의 일관된 교속(敎俗)으로 파악되었다. 그리고 잠시 끊어졌던 사상이 최제우에 의해 '기적적 부활'이 된 것이다.

수운의 사상은 '시천주(侍天主)'[45]로 대변되며 그의 우주관은 '조화'를 말하고 있다. 그러나 범부는 수운의 도덕관과 정치관은 어릴 적 몸에 익힌 가풍으로 '유교적 연원'을 가지는 것으로 파악하고 있다. 이러한

---

45) 최제우시기(1860~1864)의 동학은 후천개벽에 의한 지상천국 건설이 목적이었다. 그는 당시의 시대적 위기의식 속에서 天人如一의 侍天主 사상을 종교이론으로 정립하여 혁명사상을 정당화 하였다. 뒤를 이어 최시형시기(1864~1898)에는 侍天主사상을 구체적으로 체계화하기 시작하여 '以天食天', '以心治心'의 논리로 인간이 곧 '한울림'이라는 것을 합리화하고 현실 개혁의 의지를 강력하게 표명하였다. 이는 해월이 국권수호의 절박한 분위기에서 事人如天의 인본주의 사상을 교조신원운동, 갑오농민혁명으로 드러낸 것이다. 손병희시기(1898~1921)는 천도교의 종지를 人乃天으로 정립하여 인본주의를 사회적으로 실천하였다. 천도교에서 3 · 1독립운동 당시 민족연합의 결성과 민중시위운동을 주도할 수 있었던 것은 이같이 인내천을 사회사상으로 발전시켰기 때문이다, 나아가 1920년대에는 서구 근대 사상을 수용한 이돈화의 인내천 논증에 힘입어 『개벽』 등의 간행물을 발간하여 신분을 초월한 모든 사람에게 지면을 개방하고 농민 · 노동자 · 학생 · 여성 등 각 분야별로 부문 운동을 전개하여 근대 민족운동을 이끌어나갔다(최문형, 「건국이념에서 본 동학의 공동체윤리관 조명」, 『동학연구』, 한국동학학회, 2003.3, 164쪽 각주 15) 참조).

것들을 근거로 수운의 교설은 '동방의 자연사상과 유교의 자덕정신과 또 현묘한 선도의 기미가 혼연 융합된 것'[46]이라고 범부는 보았다.

(3) 제3부 「음양론」 – 이원론적 서양의 사고방식에 대한 일원론적 동양적 사고방식

제3부 「음양론」에서는 범부는 ① '서양적 접근법'에 대한 비판, ② '서양적 접근법'의 대안으로서의 '동양적 방법론'을 제시, ③ 그 방법론으로서의 '음양론'을 순차적으로 이야기하고 있다. 즉, 서양적 접근법이 객관적인 장점을 가지면서도 우주와 하나 되는 부분을 인식하지 못하는 단점을 가지고 있다고 지적, 범부는 음과 양의 조화를 통한 우주 전체에서의 주체와 객체의 조화를 파악해내는 동양적 접근법을 그 대안으로 제시, 그 방법론으로 음과 양이 하나로 파악되는 '음양론'을 말하고 있는 것이다.

그러나 범부의 '음양론'에 대해 일각에서는 반성적 사유가 일고 있는 것도 사실이다. 범부의 전통론에 대해 처음으로 구체적인 논의를 전개한 이용주는 자신의 글[47]에서 범부의 음양론을 "자신(범부)이 비판하고자 하는 그 사상 체계－천 년에 걸쳐 동양 철학의 총아로 군림했던 주자학적 사유 체계－의 한계를 자각하는 자기의 역량 안에서, 주자학을 비판하는 작업"이라고 전제, "도＝일기의 견지를 통해 궁극적으로 주자학적 '이기론', '음양론'의 문제점을 지적하는 것을 목표로 하여 실제로 범부는 기일원론의 관점에서 주자학적 이원론의 약점을 지적하고 난 다음, 도교의 이론, 특히 내단학(＝단학)의 정(精)－기(氣)－신(神)에 대한 논의로 나아간다."는 범부 '음양론'의 긍정적인 면을

46) 김범부, 「최제우론」, 『풍류정신』, 정음사, 1986, 103쪽.

47) 범부의 '음양론'에 관한 논의의 많은 부분은 이용주, 「凡父 金鼎卨의 사상 체계와 전통론의 의의」, 2009年 凡父研究會 第2回 學術세미나 자료집 『新羅－慶州－花郎精神 發掘의 先覺者 凡父 金鼎卨의 思想世界를 찾아서』, 凡父研究會, 2009.10 참조하였음.

부각시키고 있다.

그러나 범부는 당시로서는 커다란 반항을 일으킬만한 이러한 긍정적인 측면을 가진 '음양론'에 대해 다른 한편으로는 단학, 그리고 정-기-신에 대한 논의를 그의 저서 어디에서도 충분히 전개하고 있지 않다. 그 뿐 아니라 특히 단학과 선도의 연원을 논하는 부분에 있어서는 단학의 원류라고 할 수 있는 선도가 우리의 고유문화이며, 그것이 나중에 도교 단학으로 발전했다고 하는 납득하기 어려운 주장을 펴면서 그 자체에 적지 않은 오류들을 가지고 있음을 우리는 눈여겨봐야 할 것이다.

범부의 「음양론」의 핵심은 서양의 이분법적 사고에 대한 기일원론을 통한 비판이며 이러한 현대의 위기를 바로 잡을 수 있는 것은 동양적 사고방식밖에 없다는 것이다. 이러한 논리 속에서 범부는 '이분법적 이원론→유물론→회의론 · 염세주의 · 비인간화 초래→자연파괴→서양문화 멸망'[48]의 도식을 이끌어낸다.

제3부 「음양론」의 목차는 다음과 같다.

제1장 언어와 문장 독립의 과제	제10장 理氣說
제2장 동양학 연구법	제11장 理氣論
제3장 사고의 유형문제	제12장 丹學과 仙道
제4장 동방인의 특수한 사고형	제13장 精 · 氣 · 神
제5장 의문검정법과 태극도설	
제6장 陰靜陽動說	
제7장 과학의 유형	
제8장 陰陽은 一氣이다	
제9장 氣論	

이 중에서 이분법적인 서양의 과학적 사고방식은 종국에서는 멸하고 만다는 범부의 생각을 단적으로 드러내고 있는 부분을 인용해 보면

48) 김범부, 「음양론」, 『풍류정신』, 정음사, 1986, 113~114쪽.

다음과 같다.

① **서양인은 지금까지 위대한 업적을 쌓았지만, 그러나 '비극성'이 하나 있다. 곧 과학이 인간을 위하여 있느냐, 인간이 과학을 위하여 있느냐?** 만일 인간을 위한 과학이 아니라면 과학을 알 필요가 없는 것이다. 사상가 러셀은 말하기를 "이 원자력을 무기로 사용하지 말고 평화산업과 병 치료 등에 이용하면 된다"고 하였지만 매우 유치한 견해이다. 무기에 사용하지 말자고 하지만 그것을 누구와 약속하자는 말인가? 원자력의 평화적 이용은 인류 행복을 보장한다고 하지만, 또한 유치한 견해이다. 원자력을 이용하여 한대를 온대로 변화시킨다고 하자. 이것은 곧 지구를 파괴하는 행위이다. **한대 · 온대가 지구 자체만의 한대 · 온대는 아니다. 이것은 전 태양계와 관련된 약속이다. 만일 그렇게 한다면 예측하지 못할 천재지변이 일어날 것이다. 혹은 원자등으로 밤 없는 세계를 만드느니 무어니 한다. 요망한 말이다. 이 지상에 一晝一夜가 있는 것은 우주적 일대 조화의 원칙에서 그렇게 되어야 할 원리가 있는 것이다. 한 번 눈 깜짝하고 한 번 보는 것이 곧 음양의 원칙인 것이다.** 그래, 과학으로 한대 · 온대를 개조하고 주야도 없는 세상을 만들고, 그리고 그로부터 일어나는 재난을 방지할 책임을 지겠는가?[49]

② - 1 우리가 과학을 신빙하는 이유는 첫째로 논증이요, 둘째로 실증이다. 수학을 신빙하는 것은 그것의 논증이 확실하기 때문이다. 또 실험학적으로 동물 · 식물 · 생리 · 세균학은 논증보다 실증으로써 신빙성을 가진다. 그러면 東醫도 논증성을 가졌느냐? 논증성은 부족하다. 그리고 실험성을 가졌다고 하기도 어색하다.

그런데 과학은 논증 · 실증뿐만 아니라 논증 · 실증을 종합적으로 실증하는 '合證'이 있을 수 있다. 역사라 하면 인간사를 뜻하며 자연사가 아니다. 곧 인간이 가진 생활시간의 결과를 말한 것이다. 그러나 우주발달사이니 천체사니 생물진화사니 자연진화사니 하는 말을 쓰게 된다. 역사의 현상을 설명하는 데에 논증 · 실증을 다 합증하지 않으면 아니 된다

49) 위의 글, 113~114쪽.

그러면 陰陽이란 논증이냐? 실증이냐? 陰陽論은 상징으로 포착된 것이다. 논증보다 실증보다 더 직접적 원칙에서 출발하였기 때문에 신빙할 수 있다. 그러나 intuition과 같이 생각 말라. 서양에서 말하는 직관이란 직감적인 것, 영감적인 것, 또는 무엇을 터득하였다는 등의 뜻으로 사용되는데, 매우 애매한 것이다.

비사고적 실험인 것을 직관이라고 한다. 이것은 오히려 동방계의 學을 연구하여야 될 것이다. 동방에서는 그에 대한 많은 문제와 자료를 발견할 것이다.

논리라는 것은 추리를 떠나서 성립되지 않으니 매우 간접적이다. 추리 이상의 사고는 논증이 들어가지 않는다. 그런데 추리로써 가능한 것만이 진리가 아니다. 얼마든지 다른 방법이 있다. 실증이나 합증도 그러하다.

그런데 陰陽論은 추리이냐? 명암, 상하, 주야 등의 현상이 무슨 추리이냐? 그것은 직접 현상에서 그 성격을 포착하는데 무슨 추리이며 실증이냐? 그런 걸 직관이라고 한다. 그러므로 서양에서 말하는 intuition과 다르다. **추리와 실증은 의심할 수 있지만, 직관만은 의심할 수 없다.** 가장 직접적인 현상을 포착하는 것을 의심한다면 모든 것을 다 의심하여야 할 것이다. 그런데 의학으로 볼 때에 陰陽에서 출발하였지만 물론 의학상 과제만은 아니다. **우리는 한 마리의 토끼를 해부하여 실험할 수 있다. 그러나 그 죽은 토끼에서 생리적 생명의 비밀은 알 수 없는 것이다. 그 토끼의 구성분은 알았다고 할지라도 토끼 자체는 모르는 것이다. 이 토끼 한 마리의 경우와 같이 우주현상이 다 그러하다.** 모든 학자들은 각기 그 독립분야에서 한정된 과제를 알고자 하나 우주 자체를 알았다는 것은 아니다.

이 직관이란 문제는 매우 장황하다. 요는 **산 쥐를 그대로 실험할 수 없다는 것을 알아야 한다. 죽은 쥐의 분해는 산 쥐의 생태와는 별개물이다. 대지 · 대기를 떠난 쥐라는 개념뿐이다. 쥐 한 마리를 바로 파악하려면 대지 · 대기 중에 두고 그대로 관찰하여야 한다. 쥐뿐만 아니라 우주만상이 다 그러하다. 분업적 · 분석적 연구를 무시함은 아니나, 그것이 어떤 물질을 연구한 것은 되지만 우주자연은 어디 갔느냐 하는 문제이다.**

그러면 어떻게 하면 우주는 우주대로, 자연은 자연대로 포착하느냐? 관념이면 어쨌고 물질이면 어쨌다는 것이냐? 그것이 우주이며 자연이 되는 것이냐? 자연과 우주를 그대로 파악하는 길이 있느냐? 꼭 하나 있어야 되겠다. 그 방법은 직관적 방법으로써 포착할 수밖에 없다는 것이다. 그 방법 중에 현상적 특징으로써 성립되는 것이 陰陽論이다.[50]

② - 2 그런데 직관이라는 어의에 있어 '卽觀'이라고 쓰는 것이 더 적합하다고 본다. **卽觀은 直觀과 다르다. 직관은 주객이 갈라진 것이다.** 현대 일반논리학에서의 귀납법은 베이컨이, 연역법은 아리스토텔레스가 창시하였는데, 그것이 인도로부터 갔다는 것이다. 因明學에 比量, 現量이 있으니 比量은 곧 추리요, 現量은 곧 직관으로 배려할 수 있다. 그러나 **직관은 주관 · 객관이 분립된 뒤의 일이지만 卽觀은 주객이 갈라지기 전의 인식 그것인 것이다.**[51]

위의 글 중 ①은 '서양적 접근법'에 대한 비판을, ②는 '서양적 접근법'의 대안으로서의 '동양적 방법론'을 제시하고 있다.

여기에서 범부는 서양적 접근법 중 특히 이분법적인 이원론을 비판, 이러한 이원론 사고가 '유물론 → 회의론 · 염세주의 · 비인간화 초래 → 자연파괴 → 서양문화 멸망'의 도식을 이끌어 냈다. 그러나 이러한 이분법적 사고가 횡횡한 가운데서도 종합적인 사고방식을 가지고 있었다고 판단한 아리스토텔레스, 칸트, 베르그송, 쉘러 등은 높이 평가하고 있다.

이러한 현대의 문제를 해결하기 위해 범부는 '서양적 접근법'의 대안으로서의 '동양적 방법론'으로 '직관(直觀)적 방법'과 '즉관(卽觀)적 방법'을 제시하고 있다. 이 둘은 다음과 같이 구분되어 정리될 수 있다. '직관적 방법'은 이분법적인 서양적 접근법에 대해 대안으로 '가장 직접적인 현상을 포착하는 것'으로 추호도 의심의 여지가 없는 동양적 방법론인 것이다. 그러나 이러한 직관은 주 · 객관이 분립된 뒤의 일로

---

50) 위의 글, 132~133쪽.

51) 위의 글, 134쪽.

조화론적인 입장에서 말하는 '즉관'과는 다시 구분된다. 이러한 '즉관'은 주관과 객관이 갈라지기 이전의 인식으로 규정되고 있으며 그 방법 중에 현상적 특징으로써 성립되는 것이 '음양론'이다.[52)]

이러한 '즉관'에 대해 이완재는 다음과 같은 견해를 제시하고 있다.

> 凡父선생은 동방적 관찰법은 直觀的이라 하면서도 영어의 intuition과는 다르다고 하고 더욱 정확한 표현으로는 卽觀的이라 함이 옳을 것이라고 하였다. 그러면 이 卽觀的 관찰법이 동방적 관찰법의 본질이 되겠는데 이 卽觀은 直觀으로 번역되는 intuition과는 어떻게 다른 것인가? 그런데 凡父선생은 동방적 학문방법을 卽事觀的方法이라고도 표현하였다. 생각건데 卽觀的이란 말은 곧 卽事觀的이란 말의 줄인 표현이 아닌가 싶다. 卽事觀이란 말은 생각건대 大學의 格物을 해설한 補亡章의 卽物而窮其理와 無關하지 않을 것 같다. 卽物的이란 표현은 學者들에 의하여 더러 사용된 용어이다. 卽은 나아가다 가깝다는 뜻을 가진 글자로서 物에 다가간다는 뜻이다. 서구적 학문방법이 主觀과 客觀을 분리하는데 결함이 있다고 보는 凡父선생은 이 卽物的인 방법이야말로 서구적 방법의 결함과는 다른 동방적 지혜의 특색이라고 본 듯 하다.[53)]

이와 연결하여 범부가 말하고 있는 음양론을 살펴보면 다음과 같다.

> **一陰一陽之謂道에 대하여 이미 말한 바 있지만 一陰一陽이 謂道라고 하지 않고 一陰一陽之謂道라고 하였으니, 이는 이원론이 아니다. 그 一陰之하고 一陽之하는 현상이 둘이 아니라 무엇 하나에 의하였다는 것이니, 그것이 곧 道다.** 지금에 道라면 형이상학적인 진리라고 하지만 고대에는 형이상학적으로 해석한 것이 아니요, 道는 바로

---

52) 최재목, 「凡父 연구의 현황과 과제 및 凡父의 학문방법론」, 2009年 凡父研究會 第2回 學術세미나 자료집 『新羅-慶州-花郎精神 發掘의 先覺者 凡父 金鼎卨의 思想世界를 찾아서』, 凡父研究會, 2009.10, 26~27쪽 참조.

53) 이완재, 「범부 선생과 동방상」, 『김범부 선생과 경주문학』, 동리목월문학 심포지엄 자료집, 2009, 14~15쪽.

> '통행하는 도로'라는 뜻이다. 그것을 道理의 道로 사용한 一陰一陽之謂道는 곧 道路의 뜻으로 假借된 것이 아니다. 바로 통과한다는 뜻이다. **통과되지 않고는 一陰一陽之할 수 없는 것이다.**[54)]

> 그 相盍相治는 곧 相合相冲의 뜻인데 만물의 생성 변화가 다 陰陽一氣의 조화임을 밝힌 것이다. **이같이 一氣는 곧 陰陽이요, 그것이 一陰之一陽之하는 것이 곧 道요, 道는 곧 神의 성격이다. 陰陽의 질료는 氣이기에 陰陽은 氣에서 찾아야 한다.**[55)]

다시 말해, 음과 양은 둘이 아니요, 그 현상이 의지하고 있는 하나가 바로 도인 것이다. 이 도는 현대의 형이상학적 개념으로서의 도가 아닌, '통행하는 도로'라는 의미를 가지는 것으로 모든 것에 바로 통과되지 않고는 '일음일양지'할 수 없음을 말하고 있다. 이와 더불어 우주 만물의 생성 변화가 다 음양일기의 조화임을 말해 음양의 질료인 기에서 음양을 찾아야 한다고 말하고 있다.

(4) 제4부 「홰세옹 김시습」 - 『주역』의 오해에 대항하는 '음양'의 묘

제4부 「홰세옹 김시습」은 매월당으로 잘 알려져 있는 김시습을 중심으로 쓴 소설형식의 글이다. 사육신과 김시습이라는 역사적 사실을 그 배경으로 하고 있지만, 네 편의 글 중 소설적 희극성이 가장 잘 드러난 글이라고 할 수 있다. 이 글의 내용은 당시 『주역』에 대한 일방적인 추종에 대한 범부의 이견과 우리나라 전통의 문화인 '풍류'가 어떠한 연유로 변질되어 지금은 어떻게 불리워지고 있는지를 희극적으로 나타내는 두 가지로 요약될 수 있다.

먼저 '9장 추등감구록(秋燈感舊錄)'에는 당시 식자층인 양반들을 앞에 앉혀 놓고 『주역』에 대해 설명하는 부분이 묘사[56)]되고 있다. 아래의

54) 김범부, 「음양론」, 『풍류정신』, 정음사, 1986, 134쪽.

55) 위의 글, 137쪽.

글은 범부가 '열경이'라는 글의 주인공의 입을 빌어 풀이하고 있는 『주역』에 대한 자신의 생각을 잘 드러내고 있는 부분이다.

"예, 황송합니다. 제가 연전에 주역을 좀 배우기도 했고 또 약간 窮理도 해 보는 양했다지만 그 깊은 묘리야 감히 안다 할 수 없습죠. 그저 제 얕은 소견이나마 말씀을 드리고 잘못된 것을 다시 배우겠습니다.

대체 **역리로써 본다면 數와 理가 다 한 가지 天則이온데, 數는 운수라든지 운명이라든지 혹은 氣數라든지 하는 것이 모두다 그것으로 도대체 길흉화복은 이 數에 속한 것이고, 理는 道義라든지 綱常이라든지 혹은 規範이라든지 하는 것이 그것으로 善惡 · 取捨 · 進退 이런 것은 다 理에 속한 것입죠.**

말하자면 福善禍淫은 착하니까 복을 받고 모진 사람이 앙화를 입는 것인데, 이것은 理와 數가 順行하는 것입니다. 自天佑之吉無不利 즉 하늘로부터 도움을 받으니 길하고 길해서 불리한 것이 없다는 뜻이니, 이것은 분명히 理數의 順行을 말씀한 것이겠고, 아주 그와 정반대로 天地不交而萬物不通이라 하여 곧 하늘은 땅을 모른다 방은 하늘을 모른다. 그러니 **천지기운이 서로 교통을 하지 않는지라 만물이 모두다 제대로 따로 떨어지는 격이 되고 보니 온갖 천재지변이 측량 못할 혼란을 가져오는 판세입죠. 그러니 또 인간[人世]이 이런 氣數를 만날 때는 上下不交而天下無邦이라, 이른바 上意下達도 안 되고 下意上達도 안 되고 하니 나라가 설령 있더라 해도 오히려 없는 속이란 말씀입죠.** 그러고 보니 小人道長 君子道消라 이것은 곧 간악하고 못생기고 무지하고 잔학하고 잣다랍고 칙칙하고 고리고 비리고, 염치고 체면이고 인정이고 의리고 없는 짓을 꼭 해야만 그만큼 잘된다는 것이며, 이와 반대로 정대하고 잘나고 깨끗하고 어질고 너그럽고 투철하고 청백하고 공번되고 점잖고 유식한 행세를 하는 날은 꼭 못살 지경이란 말씀이니, 오늘날 이 지경을 보면 방불하지 않습니까? 이것은 곧 理와 數가 역행하는 묘리를 말씀한 것입죠."

이때 박 판서는 다시금 새 정신을 차리는 기색을 보이면서도 그만 굵은 비 같은 눈물을 주르륵 쏟으면서 술 한 대접을 가득 부어 한숨에 마시고 다시 한숨을 크게 쉬고는,

---

56) 김범부, 「췌세옹 김시습」, 『풍류정신』, 정음사, 1986, 235~236쪽.

"열경이, 자네가 내 선생이로세. 묵은 체증이 좀 내리는 속이야. 그러나 오히려 반가운 말씀은 아니거든. 또 그러나 이수의 역행이란 천지도 역시 어쩔 수 없단 말이렷다?"

"예, 황송합니다. 예, 그렇습죠. 대체 이수의 순행이 천직일 때는 이수의 역행도 꼭 마찬가지로 천칙이란 말씀입죠. 이를테면 비가 꼭꼭 제때 오고 제때 개이고 바람이 꼭꼭 제때 불고 제때 자고 하는 것과 겨울에 뇌성을 하고 여름에 서리가 내리는 것도 언제나 다 두 가지의 다른 하늘에서 생기는 일이 아닙죠. 다만 이수의 順逆이 다를 뿐입죠."

"글쎄 말이야, 천지가 원체 그만큼밖에는 더 생기지 못했더란 말씀이야. 아니 과연 또 딴 천지라 할 밖에, 흠. 딴 천지! 딴은 딴 천지도 있음직한 일인데. 글쎄, **미묘하고도 미묘한 채 다시금 아득하단 말이야.**"[57]

여기에서 범부는 당시―글의 시대적 배경이 되는―는 『주역』과 같은 경전들이 세상의 모든 번민과 문제를 해결해 줄 것으로 받아들여졌지만, 지금―범부가 살던 당시―의 우리에겐 그렇지 않다는 것을 분명히 말하고 있다. 즉, 현대 우리들에게 과학이 만병통치약처럼 이야기되듯 그 시대를 살던 그들에게는 『주역』이 만병통치약처럼 이야기되고 있었던 것이다.

그러나 우리의 근대기는 한 권의 『주역』으로 모든 것을 해결하기는 역부족임을 범부는 이 짧은 문장을 통해 이야기하고 있다. 범부의 사상이 많은 부분 『주역』의 틀에 있는 것으로 보여진다하더라도, 이 글을 통해 볼 때 범부에게 있어서 『주역』은 자신의 사상적 배경으로서의 가치, 오로지 그만큼의 가치만을 가진 것으로 인식되고 있었음을 확인할 수 있다.

두 번째로 범부는 이 글에서 '풍류'라는 단어를 사용하고 있다. 그러나 여기서 사용되고 있는 풍류는 범부 자신이 진정으로 추구한 개념으로서의 풍류가 아닌, 조선시대 '정신이 결여된 풍류'를 풍자적으로 들어낸 것이다.

---

57) 위의 글, 229~230쪽.

> 술상이 들어오자 생돌이는 술 한 대접을 공손히 부어서 술상 한복판에 얹어 두고 을돌이를 건너다보고 하는 말이,
>
> "여보게 을돌이, **남도 굿가락 좀 들어 보세나. 굿가락은 역시 남도라야, 원체 시나무(詞腦 · 鄕歌)본향이 다르단 말이야**…… 응. 이 술속을 짐작할 테지, 응."
>
> 을돌이는 곧 무슨 변괴나 낼 듯한 서슬로써 그저 불뚝불뚝 주먹을 쥐었다, 팔을 걷었다, 제 가슴을 쾅쾅 두드렸다 몸살을 치는 판인데, 형이 남도 굿가락이란 바람에 솔깃했던지 몹시도 사나운 눈자위가 약간 풀리면서,
>
> "허 참, 우리 형님은 꼭 날 무당으로 보시거든. 하기야 무당네 딸년을(을돌이 처가 본디 고아로서 무당의 집에서 자라났다고) 데리고 사니 촌수로야 숫무당뻘이지요."
>
> "아니, 이 사람아, 아니리(잔 재담소리를 할 때 가다 섞는 律語)는 할 때 하는 거야. 이 술속에 알 텐데 그래."
>
> 이때 을돌이 **머리에 노랑이**[黃色紬] **수건을 둘러쓰고 홍선(紅扇)을 내어 들고 남도 굿가락을 뽑는 목이었다.**[58]

위의 인용문을 통해서도 알 수 있듯이 「췌세옹 김시습」에서 '화랑'의 사용범위는 극히 한정적이다. '제11장 인간기상학(人間氣象學)'에 나오는 '시나무'(사뇌(詞腦) · 향가(鄕歌))는 화랑이 부르던 향가로 이 글에서는 '남도 굿가락'으로 묘사되고 있으며 그 가락을 부르는 이는 '무당' 정도로 규정되어 있을 뿐이다. 그리고 '노랑이 수건'과 '홍선'은 신라화랑의 복장이 무당의 정복으로까지 이어지고 있음을 비유적으로 드러내고 있는 부분이다.

이러한 설정은 신라시대 최고의 자리에 있던 화랑이 외래문화의 유입으로 그 본연의 정신과 자리를 잃고 저절로 주류 문화의 혜택이 소원한 하층 사회에 잔존하면서 급기야 조선시대에 와서는 풍각쟁이, 광대, 기생, 무당, 사당, 오입쟁이 등등 그 퇴폐한 여운과 사이비한 형태만을 남기게 됨[59]을 드러내고 있다고 보았다. 당초 무당이란 임금과

58) 김범부, 『풍류정신』, 정음사, 1986, 244~245쪽.

같은 위치에서 하느님께 제사를 드리고 백성을 다스리는 존재로 우리 본연의 신앙에 근거하여 모든 종교의식을 주관하는 거룩한 존재였다. 화랑 역시 이러한 맥락에서 무당으로 이해되어지기도 한다.[60]

그러나 범부는 가장 한국적인 멋의 핵심은 사회적으로 존경받는 사람들에 의해서가 아니라 오히려 천대받던 거지나 기생이나 환쟁이나 무당에 의해 구축되었으며 그 명맥을 유지하고 있다는 사실을 간과한 것처럼 보인다. 그러나 당대의 천재였던 범부가 이러한 사실을 인식하지 못했을 리는 없을 것이다. 다만, 자신의 이론의 중심에 서 있는 고귀한 '화랑'이 그리고 그 어느 민족과도 비교될 수 없는 우리 민족만의 정통성이 무분별한 외세문화의 유입으로 바닥으로 떨어지는 것이 못내 아쉬워 이렇게 풀이하고 있었던 것일지도 모른다.

그래서 사우가 맞고 멋으로 살아가는 조선시대 마지막 풍류객으로 묘사되고 있는 생돌 · 을돌 형제의 이야기를 통해 범부는 잊혀진 '조선문화의 원류'를 되찾고자 했던 것으로 보인다.

범부의 『풍류정신』에 실린 글은 모두 네 편으로 각기 독립된 체제를 가지고 있으며, 또한 각기 다른 사상들을 이야기하고 있는 이 네 편의 글을 『풍류정신』이라는 이름을 가진 하나의 책으로 묶을 수 있게 만들었던 그 무엇은 무엇이었을까? 그것은 분명 풍류로 나타낼 수 있을 것이며 범부가 사용한 개념으로는 멋 · 화 · 묘로 좀 더 세분화 시킬 수 있을 것이다.

다시 말해, 제1부 「화랑」에서는 종교 · 군사 · 예술적 부분의 화를, 제2부 「최제우론」에서는 그의 우주관에 나타난 화(調和), 제3장 「음양론」에서는 음양일기의 화를, 그리고 마지막 제4장 「췌세옹 김시습」에서는 유 · 불 · 도의 영역을 자유로이 넘나드는 묘를 이야기하고 있는

59) 위의 책, 88쪽.

60) 조자용, 「우리문화의 멋」, 『한국인의 삶 · 얼 · 멋』, 안그라픽스, 2001, 49~50쪽 참조.

것이다.

이러한 내용을 그림으로 나타내 보면 다음과 같다.

〈그림 16〉『풍류정신』의 체계로 살펴본 범부의 사상

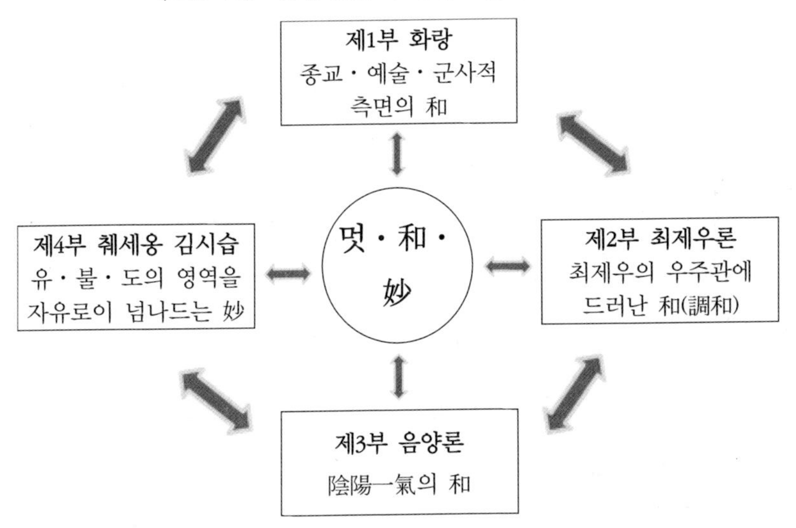

멋 · 화 · 묘라는 키워드는 범부의 『풍류정신』이 구체적으로 드러나는 범부 사상의 핵심이라 할 수 있다.

이완재는 자신의 글에서 범부의 풍류정신을 다음과 같이 정리한 바 있다.

> 風流라는 말은 우리말로 "멋"이란 말이다.
> 멋의 본질은 사우 맞는데[調和]에 있다.
> 만물은 제 길수[自然之理]가 있는데 제 길수를 얻을 때 사우가 생긴다.
> 天地는 和氣로써 언제나 사우가 맞아 있다.
> 天地의 和氣가 곧 나의 화기임을 깨달을 때 제작[天人妙合]이 생긴다.
> 제작[天人妙合]이 되면 터져버린다[融通透徹].
> 터지게 될 때 참 멋이 생겨나고 참 멋은 살아 움직이게 된다.[61]

여기에서 말하는 '멋', '사우 맞다', '제 작' 등의 단어는 범부가 사용하는 단어로 그가 고안해낸 신조어라기보다는 기존에 사용되던 단어들에 새로운 의미를 추가적으로 부여하거나, 혹은 자신의 의중대로 조합해 낸 것이라 볼 수 있다. 이 중 '사우 맞다'라는 말은 「물계자」편에 나오는 말로 '조화'를 뜻하고 있다. 현재 국립국어원의 『국어대사전』에서는 그 정의나 용례를 찾아볼 수 없지만, 옛날 우리네 촌락에서 어렵지 않게 들을 수 있었던 말이라고 한다. 그리고 '멋'은 지금 우리에게는 '풍류'와 동격으로 인식되고 있다.

'제 작'에 대해서 범부는 직접 다음과 같이 설명하고 있다.

> (答)……**우리 조선사람은 自身이 所有한 語彙가운데 스스로 놀랠밖에없는 偉大하고도 玄妙한 말을 가지고 있다.** 그런데 한개의 語彙가 이렇게까지 重大性을 가진다는 것은, 얼핏들으면 좀 誇張的이 아닌가하는 疑惑도 아주 없지는 않을것이다. 그러나 이걸 其實 조금도 誇張的인 嫌疑는 없는것이다. 왜냐하면 말이라는 것이 어떤 個人의 常套語가 아니고, 어떤 民族이 歷史的으로 社會的으로 所有하고있는 語彙인즉, 그것이 그냥 말이 아니라 그것은 그사람들의 性格이요 生理요思想인것이다. 원체 말이란 입에서나는 소리가 아니라 귀로 들을 수 있는 思想이다. 그러므로 어떤種類의 意味깊은 語彙를 가졌다는 것은 곧 그 思想을 가진것이고, 또 그 性格과 生理를 가진 것으로 보아서 옳은것이다. 그런데 이 신통한 語彙란 다른것이아니라 **우리말로 『제작』이란 것이다. 그런데 이 『제작』이란말은 우리 겨레에 있어서는 그냥 말이 아니라 그것이 思想이요 性格이요 生理인것이다. 그러고보면 우리는 『제작』이란 思想또는 그 性格 그 生理의 所有者인것이 분명하다.**
>
> (問)……그러면 그 『제작』이란 어떠한 意味를 가졌으며 그것이 조선사람의 自然觀과 따라서 조선文化의 性格과 어떠한 關聯을 가졌는가?
>
> (答)……우리는 이런말을 한다. 『그것 참 천생으로 되었다』 或은

61) 이완재, 「범부 선생과 동방상」, 『김범부 선생과 경주문학』, 동리목월문학 심포지엄 자료집, 2009, 17쪽.

『천작으로 되였다』또는『천생 제작으로 되었다』이를테면『아무 사나이에겐 아무 게집이 제작이다』할 때 **그 제작이란 꼭 들어맞는 것 사우맞는 것을 뜻하는 것이다. 이 제작의『제』는『저절로』라는 뜻으로 漢字의『自』와 같으며『작』은『이루어졌다는것』을 意味한다.** 가령 길을 지내가다가 어떤 天然物이 사람의 마음에 꼭 맞도록 되었을래 感嘆하는 말이『천생으로 되었다』『제작으로 되었다』하는것이다. 이를테면 어떠한 돍이나 그렇잖으면 다른것이라도 그것이 사람의 손을 대이지않고 사람의 마음에 꼭 맞을수있는 어떤 物象을 이루었을 때, 다시말하면 어떤 天然石이 사람의 손을 대이지 않고 그대로 塔처럼 되었거나 또는 호랭이나 개 모양으로 되어진 것을 볼때 發하는 말이다. 그런데『**人工을 加하지 않고 저절로 사람의 義匠에 꼭 맞는 것을 제작이라고 하는데 그치지 않고 그와反對로 人工을 가한 것 손을 대어서 만든 것이 꼭 天然物과 彷彿할때로 제작으로 되었다고한다.**』 **가령 사람이 만든 그릇이 다시 빈틈없이 잘 되었을때 제작으로 되었다고 하는것이다**

그러고보니『이 제작이란 말은 自然이 人爲에 合한 것에나, 人爲가 自然에 合한 것에나 通用하는 말이다.』妙味는 여기 있는것이다. 自然히 人爲대로 이뤄져있고, 人爲가 自然대로 이뤄져있는 것이 아니라, 그냥 自然만이라든가 그냥 人爲만이라든가 하는 것은 제작이 아니다. 人爲와 關聯없는 自然이라든가, 自然과 關聯없는 人爲라든가 그것은 다 제작이 아니다. **人爲의 調和가 成就된 自然, 自然의 調和가 成就된 人爲 이것은 그 實相에 있어서 둘 아닌 하나이며 그 이름이 곧 제작이다. 要컨대 自然의 承認을 完全히 얻은 人爲, 人爲의 承認을 完全히 얻은 自然, 여기는 분명히 天人妙合의 契機를 가지고 있다.**[62]

여기에서 범부가 자신의 글에서 직접적으로 '제 빛깔[自己本色]', '제 길수[自然의 妙理]', '제 멋[自己趣向]', '절로[自然]', '제 작[天人妙合]', '태이는[和合]'을 모두 사용하여 설명하고 있는 문장을 옮겨 본다.

사람은 누구나 **제 빛깔**[自己本色]이 있는 법이어서 그것을 잃은 사

62) 김범부, 「조선文化의 性格」, 최재목 · 정다운 엮음, 『凡父 金鼎卨 단편선』, 도서출판 선인, 2009, 24~26쪽.

람은 아무 것도 이룰 수 없는 것이고, 잘났거나 못났거나 **이제 빛깔을 그냥 지닌 사람만이 제 길수**[自然의 妙理]**를 찾게 되는 법이야.** 보라, 꾀꼬리 소리는 아름답고 까마귀 소리는 곱지 않다지만 그것이 다 제 빛깔이거든. 노루는 뛰기를 갈 하고 솔개는 날기를 잘 하거니와 뛰는 대로 나는 대로 그것 역시 제 빛깔 제 길수야. 까마귀가 꾀꼬리 소리를 내는 체하거나 노루가 나는 체하거나 이것은 모두 다 제 빛깔을 잃은 것이니, 백년을 가도 천년을 가도 제 길수를 얻지 못하는 법이야. 어린애 말씨는 되지 않은 채 어른의 귀에 괴이지마는 철든 사람이 이런 흉내를 내다가는 웃음거리나 되고 말 것이니, 이것이 다 제 빛깔 제 길수를 보이고 있는 것이거든. **그러나 제 빛깔이라는 것은 제 멋**[自己趣向]**과는 다른 것이야.** 누구나 제 멋이 있어. 하지만 제 멋대로 논다고 해서 누구에 게나 맞는 것이 아니야. 아무에게나 맞는 제 멋이 있고 한 사람에게도 맞지 않는 제 멋이 있으니, 아무에게나 맞을 수 있는 제 멋은 먼저 제 빛깔을 지녀서 제 길수를 얻은 그 멋이고, 한 사람에게도 맞을 수 없는.제 멋이란 제 길수를 얻지 못한 그것이야. 말하자면 **제 빛깔과 절로**[自然] **한데 빚어서 함뿍 괴고 나면 제 작**[天人妙合]**에 이르는 법인데, 이 '제 작'이란 것은 사람의 생각이 검님의 마음에 태이는**[和合] **것이요, 검님의 마음이 사람의 생각에 태이는 것이니 말하자면 사람이 무엇이나 이루었다고 하면 그것은 다른 게 아니라 이 제 작에 이르렀다는 것이야.**[63]

---

63) 김범부, 「화랑」, 『풍류정신』, 정음사, 1986, 65쪽.

범부의 멋 · 화 · 묘 사상과 종교론

앞장에서 범부의 멋 · 화 · 묘의 사상이 그의 저작 속에 어떻게 드러나고 있는가를 그의 저작 일반과 『풍류정신』을 통해 면밀히 살펴보았다. 이번 장에서는 이러한 범부 사상의 근원이 무엇인가를 살펴보고자 한다. 샤머니즘과 무를 통한 우리의 전통문화와 사상을 강조한 범부의 입장에 착안, 그의 종교론을 통해 그 실마리를 풀어보고자 한다. 이를 위해 맑스주의와의 비교를 통한 종교에 대한 범부의 관점을 먼저 정리하고 현대의 위기를 초래한 근대종교의 대안으로서 범부의 구상은 무엇이었는지, 그리고 그가 바라본 동학에 대한 새로운 해석은 무엇이었는지를 살펴볼 것이다.

1. 범부의 종교에 대한 관점

근대 이전 중국을 포함한 동아시아에는 '종교(宗教)'[1]—religion의 번역어로서의—라는 개념이 존재하지 않았던 것으로 보인다. 단지, 불교의 특정종파를 가리키던 한정적인 어휘의 '종교'가 근대 일본을 통해 지금 우리에게 익숙한 '종교'로 변형되었다. 후쿠자와 유키치(福澤諭吉, 1835~1901)에 의해 '종교'라는 개념은 근대적인 문명어의 하나로 일본 사회에 확고하게 뿌리를 내릴 수 있었다. 이러한 근대적 번역어로서의 '종교' 개념의 탄생은 당시 탈아입구(脫亞入歐), 나아가서는 서구제국주의를 자

1) '宗'에 대해 『大漢和辭典』에서는 "たまや, 先祖の廟실屋, [說文]宗, 尊祖廟也, 从宀 示(諸橋轍次, 『大漢和辭典』 3권, 大修館書店, 昭和六十年 修訂版, 3228쪽)." 즉, "'宗'은 '宀'와 '示'로 구성되어 있는데, 宀은 집을 의미하고, 示는 단상, 혹은 책상(=T) 위에 바쳐진 희생물로부터 피가 흘러내리는 모습을 하고 있다. 이처럼 示는 신에게 제물을 바친다는 의미였으나 이후 의미가 바뀌어 신 그 자체를 지칭하게 되었다. 이러한 결과로 '宗'의 원래의 의미는 '신'을 모시고 있는 집이라는 의미가 된다. 중국에서는 신이란 조상신이기 때문에 결국 '宗'은 바로 조상을 모시는 靈廟인 것이다(이양호, 『방법으로써의 종교』, 이문출판사, 2003, 13쪽).

기화하려고 했던 일본 지식인들의 문명화의 지향이라는 구도 속에서 이루어졌다는 사실을 간과할 수는 없을 것이다.[2)]

이러한 복잡한 근대기 종교개념의 변용 속에서 범부가 바라본 종교란 어떤 것일까? 범부 저작 대부분에서 드러나는 특징이긴 하지만, 범부는 자신이 말하고자하는 개념에 대한 명확한 정의가 없는 상태로 자신의 견해를 이야기하듯 풀이하고 있어 그 명확한 논지를 찾기가 어렵다. 다만, 『범부유고』 속에서 맑시즘과의 비교를 통해 '종교'라는 단어를 사용하고 있고, 또 그것을 통해 그가 말하고자 했던 '종교'란 과연 무엇인가를 유추해 볼 수 있을 것이다.

1) 맑시즘과의 비교를 통해 본 범부의 종교론

범부는 자신의 저작 전반에서 한국 정신사의 뿌리를 풍류도라고 말하고 있다. 이 풍류도는 한 시대에 국한된 것이 아닌, 우리나라 · 우리 민족 사상사 전반을 관통하는 정신으로 그중에서도 특히 신라고유의 종교사상으로 범부는 보았다.[3)] 그 시작은 무와 단학을 포함하는 샤머니즘에 있으며 단군의 신도설교로부터 출발하여 화랑을 거쳐 동학에까지 이어지는 하나의 커다란 흐름을 범부는 자신의 전통적 종교론이라는 테두리에 넣어 해석하고 있다. 그리고 좀 더 확장해서 그의 종교론을 이야기한다면 그가 평생의 심혈을 기울이고, 말년에 신생국의 건국이념으로 삼고자 했던 국민윤리 역시 그 테두리 속에 있다고 볼 수 있다. 다시 말해 범부는 샤머니즘을 포함한 동양의 사상 전통을 '당연히' 종교라는 개념의 범주 안에서 이해하고 있었고 그에게 있어 종교

---

2) 이외 religion의 번역어인 종교개념이 동아시아 사회에 어떤 식으로 이해 수용되었는지에 관한 보다 자세한 내용은 이용주, 『동아시아 근대사상론』, 이학사, 2009, 「7장 근대 중국사상가의 종교담론」편을 참조 바람.

3) 김범부, 「풍류정신과 신라문화」, 최재목 · 정다운 엮음, 『범부 김정설 단편선』, 도서출판 선인, 2009, 38쪽 참조.

는 신앙과 같은 위치에 있는 것이었다.

아래의 인용문은 범부의 이러한 생각이 잘 드러난 부분이라 할 수 있다.

> 글쎄 〈인간의 역량〉이란 것도 따로 일개의 과제가 되는 것으로서 이것을 詳論한 이설은 역시도 고루한 나로서는 聞見한 바가 없거니와 그나마도 체계적인 管見은 또 우선 두기로 하고, 대관절 유치한 지력 이외에 무엇이거나 일종의 力量을 예상할 수밖에 없는 바인데, 그것이 글쎄 무엇일까? 이것을 아주 簡率하게 결론적으로 말하자면 딴 것이 아니라, **〈인간주관적인 정신력〉이 그것이라는 것이다. 이것을 일반적인 용어로서는 대개들 〈信仰力〉이라고 말하기도 하거니와,** 물론 그 내용이 異名同實이 아닌 것도 아니요 마는, 그냥 신앙력이라고 해서는 학리적으로는 자못 막연한 것이다. 글쎄 **이것을 꼭 인간주관적인 정신력이라고 해야만 한다는 것은 첫째 〈신앙심리〉를 細檢하고 보면 〈신앙심〉이란, 첫째로 그 대상의 여하는 불문하고 무엇을 신앙하는 행위 그것이 신앙심리의 주요소가 되는 것이고, 둘째의 요소로는 신앙의 주체로서 〈인간주관〉이라는 것이고, 셋째는 신앙의 대상으로서 〈신비성〉이라는 것이다.** 초매시대의 신앙대상이란 것이 물론 유치한 것이라, 그야 木石도, 금수도, 천문적 현상이거나, 地文적 현상이거나 인문적인 현상이거나 무엇이거나 유치한 그 정도는 불문할 것이고, 하여간 무엇을 신앙하든지 그 시대에는 無信仰人을 찾아낼 수가 없을 것이다. 그런데 **그 신앙이란 것이 첫째 무엇이 특징이냐 하면, 그 신앙의 대상인 〈신기〉**(神祇)**를 적어도 초인력적인 〈위신력〉**(威神力)**을 가진 일종의 〈실재〉로서 신앙하는 것이고, 진일보해서는 〈절대적 위신력〉을 신앙하는 것이고, 또는 그 〈위신력〉이란 것을 반드시 수호자, 주보자**(主保者)**, 가피자**(加被者)**로서 신앙하는 그것이다.** 글쎄 〈불가사의의 위신력〉을 예상하지 않고는 신앙의 대상이란 것이 성립되지 않는 것이다. 그러니 인간은 자초로 더구나 태고시대에는 인간의 현실적인 역량으로써는 도저히 그 주위의 제반험난(諸般險難)을 감당할 수 없다고 생각한 것이고, 또 인간 이외의 역량으로서 〈위대한 위신력〉이 있는 것이라고 인정한 것이고, 또 그 위대한 위신력을 반

> 드시 〈인간의 수호자〉로서, 어떠한 존재의 편도 아니고 꼭 인간의 편으로서 그것이 개인이거나 족속(族屬)이거나를 불문하고, 어쨌든지 인간의 主保者, 加被者로서 신앙하게 된 것이다. 그런데 이것이 미신이거나 정신(正信)이거나 그것은 별문제가 되는 것이고 우리는 다만 이것이 인간의 역량으로서 일개의 위력인 사실 만을 파착(把捉)하자는 그것이다. 글쎄 **위대한 위신력을 인정한 것이 미신이라면 미신이라 하고, 위대한 위신력을 신앙하는 그 정신이 그만한 위신력적 역량을 갖게 되는 사실은 부정하지 못할 것이고, 그 위신력을 가진 실재로서 인정된 신앙의 대상이 인간의 주보자, 가피자, 인간의 편으로 집신(執信)하는 그것도 主我的인 擬人的 迷信이라면 미신이라 하고 위대한 威神力的 수호자를 신앙하는 그 정신은 역시 그만한 안심입명적(安心立命的)인 정신력을 소유하게 되는 사실만은 승인하지 않을 수 없는 것이다.**[4)]

즉, 범부에게 있어 인간의 정신력이라고 이야기 되어질 수 있는 신앙심은 그것만이 가지는 특징, 신앙심리의 주요소로서 〈신앙하는 행위〉, 신앙의 주체로서 〈인간주관〉, 신앙의 대상으로서 〈신비성〉으로 인해 다른 무엇과는 구별된다. 신앙, 신앙심리가 가지는 이러한 특징들로 인해 종교=신앙, 신앙심리의 견지를 가지고 있는 그에게 오로지 외부적인 물질세계에 절대적 의미를 부여하는 유물론적 맑스주의(이 책 속에서 공산주의와 혼용하여 사용하고 있는)는 오류투성이의 이론으로 비춰지기에 충분하였다.

그러나 앞에서도 이야기 되었던 바와 같이 범부는 자신이 사용하고 있는 다른 개념들과 마찬가지로 '종교'에 대해 확실한 정의를 내리거나 다른 어떤 것과의 명확한 구분을 하고 있지는 않다. 다시 말해 '종교'라는 개념을 직접 문제 삼아서, '종교란 무엇인가', '종교의 역할은 무엇인가', '종교의 역사적 발전 과정은 어떠하기 때문에 미래에는 어떤 모

4) 김범부, 『범부유고』, 이문출판사, 1986, 311~313쪽.

습으로 존재할 것인가' 하는 등의 이론적이고, 사변적인 방식으로 종교를 직접 언급을 하는 경우는 거의 없다.[5] 이것은 소위 범부의 '종교론'이 가지는 큰 한계이며, 그의 사상적 기반을 탐구하는 후학들에게 가장 큰 걸림돌로 작용되고 있다. 그나마 범부의 사후에 발간된 『범부유고』에서 물론, 직접적으로는 아니더라도, 자신이 생각하는 '종교'를 이야기하고 있으며 그를 통해 범부의 종교론을 유추해 갈 가능성을 제시해주고 있다.

『범부유고』에서 범부는 맑스주의 이론을 비판하면서 '종교'라는 개념을 키워드로 사용, 종교론을 비롯한 맑스주의의 핵심 주장들을 논박하는 방식으로 논의를 전개하고 있다. 그리고 이러한 과정 중에서 우리는 범부의 종교론을 엿볼 수 있다.

『범부유고』 중 이러한 내용을 주로 담고 있는 제8장 「신앙심리와 인간생활사의 문제」의 첫머리에서 범부는 맑스주의 이론과 그 속에 담겨있는 종교와의 딜레마에 대해 다음과 같이 말하고 있다.

공산당은 무엇보다 유물론적 세계관을 집수(執守)하기 때문에 종교의 의의를 원칙적으로 부인하는 것이고 또 종교적 신앙과 의식은 파괴적 개혁을 도모하는 공산당의 전략으로서는 사상적으로 가장 금기의 대상이 될 것도 짐작할 수 있는 일이요 마는, 민족적 적개심이란 것이 공산이데올로기와는 상반되는 의식계통이건만서도 약소민족의 민족적 적개심을 중시한 것은 제국주의적 세력과 항쟁하는데는 그러한 역사적인 감정을 이용할 필요가 있는 것이라고 해서 약소민족의 경우에는, 민족적 감정을 오히려 앙양하는 정책을 취한 것이 공산주의 大宗師 레닌의 예리한 관찰이었고, 또 일국사회주의 정책은 세계공산화정책과는 상반되기까지 한데도 불구하고, 역시 이것을 공개적

---

5) 이러한 물음은 범부의 종교론에 대한 최초의 연구라 할 수 있는 이용주에 의해 제기되었다(이용주, 「범부의 종교관」, 제5회 동리목월문학 심포지엄 자료집 『東學 창시자 崔濟愚와 한국의 천재 金凡父』, 경주 동리목월문학관, 2010.3, 192쪽 참조).

> **으로 실시한 것은 사회현실의 단계적인 변화를 무시하지 못하는 것이란 대내 대외적 현실의 일면만은 정확하게 파취한 것**인데, 이것도 레닌의 총명을 짐작할 수 있는 것이다. 글쎄 이것은 이미 레닌의 혁명정치의 요결을 지시한 數例라 하겠는데, 진실로 이러한 시각으로써 좀 더 진보를 하고 보면, 蘇共의 현재 실정으로서 종교를 탄압하거나 妨碍하는 공작을 추진하지 않을 것이다. 그것이 도대체 무슨 곡절이냐 하면, **소공으로서 종교정책을 융통성 있게 조종한다면, 딴 것은 두고, 그 생산향상책을 위해서 기독교사회를 오히려 보호하는 편이 得策이 될 것이다.** 뭣이냐 하면 소共의 경제정책으로서 소련을 可謂 起死回生케 한 그 노동영웅의 제1호로서 발견된 인물이 과시 누구였던가? 그것은 공산당으로서 가장 忌諱하는 러시아 正教의 독실한 신도가 아니던가 말이다. 글쎄 **그러한 신도로서 소련 당국의 직접 간접의 방애에도 불구하고, 그렇게도 충실한 노동실적을 발휘한 것은, 아마 단순한 동기에서 출발한 것은 아닐 것이다. 그러니 공산위정자로서는 물론 면밀하게 주시할 것도 짐작할 수 있는 일이지만, 아니 주시할 이유는 또 그만한 이유가 있다고 하고, 생산의 실적은 또 그만한 실적이고 보니 소련으로서는 부득불 주시하면서 이용할 수 밖에 없을 것이다. 글쎄 소공에서 이러한 딜렘마적 事態를 여하한 수단으로써 요리할 것도 다소 짐작할 수는 있는 것**이요 마는.[6]

범부는 '종교적 신앙과 의식은 파괴적 개혁을 도모하는 공산당의 전략으로서는 사상적으로 가장 금기의 대상이 될 것은 짐작할 수 있는 일'이라고 하면서 유물론적 세계관을 고집하는 맑스주의 이념이 그 이념의 당연한 귀결로서 종교를 부정한다는 사실에 착안, 종교의 의미와 가치 및 역할을 논하고 그것으로 맑스주의 이론의 오류를 지적한다. 그는 '민족적 감정을 오히려 앙양하는 정책을 취한 레닌의 예리한 통찰력'에도 불구하고 외부적 물질세계에 절대적 의미를 부여하는 유물론은 인간을 인간이게끔 하는 신앙, 신앙력과는 충돌을 일으킬 수밖에 없다고 지적한다.

---

6) 김범부, 『범부유고』, 이문출판사, 1986, 309~310쪽.

신앙, 혹은 신앙력이라는 것에 대한 각기 상이한 이해—물론 『범부유고』라고 하는 한정적인 텍스트 속에서 범부에 의해 일방적으로 이해되어지는 맑스주의일 수도 있지만—에 대해 정리해 보면 다음과 같은 도표를 얻을 수 있다.

〈도표 15〉 맑스주의 범부가 바라본 종교

	맑스주의	범부
인생관 · 세계관	육과 빵을 본위로 하는 유물론적 인생관 · 세계관	신앙력을 본위로 하는 종교적인 인생관 · 세계관
삶에 있어 근본적인 것	외부적 물질세계에 절대적 의미부여	신앙과 신앙에 의해 획득하는 安心立命
획득방법	파괴적 개혁	생태적으로 주어지는 것, 本具
종교적 신앙과 의식에 대한 의견	사상사적으로 가장 금기의 대상	개인의 삶과 세계에 의미를 부여하는 사상과 신앙과 의식의 체계
종교관	절대적 부정의 대상	인간의 인간됨을 실현하는 조건

앞에서도 이야기 되었듯이 범부는 '종교'를 '신앙'이라는 관점에서 이해한다. 이러한 사실은 "신앙력을 본위로 하는 종교적인 인생관 · 세계관과 육과 빵을 본위로 하는 유물론적 인생관 · 세계관을 대조"[7]하면서 종교와 유물론을 대비시키는 관점에서 잘 드러난다. 그런 범부의 입장에서 보면, 종교는 인간의 역사 속에서 우연히 주어진 것도 아니고, 있어도 없어도 그만인 문화의 한 양태가 아니다. 신앙을 본질로 삼는 '종교'는 인간이라는 동물의 생존 조건과 뗄 수 없는 근원적 생활양식의 하나로 이해된다.[8]

이러한 전제 위에서 범부는 다음과 같이 '종교'를 정의 내린다.

---

7) 위의 책, 322쪽.

8) 이용주, 「범부의 종교관」, 제5회 동리목월문학 심포지엄 자료집 『東學 창시자 崔濟愚와 한국의 천재 金凡父』, 경주 동리목월문학관, 2010.3, 197쪽 참조.

> 대저 인간이 인간으로서 살기 위해 신앙을 요구하게 된 것이고, 또 신앙하는 심리를 본구(本具)한 것이고, 그래서 '신앙의 효력'을 직접적으로 간접적으로, 주관적으로 또는 객관적으로, 혹은 개인적으로나 사회적, 역사적으로 체험하게 된 것이다.[9)]

범부의 이해에 따르면 종교는 인간과 동물을 구별하는 핵심으로 인간이 인간으로 살기 위해 '요구하게 된 것'으로 인간됨을 실현하는 절대조건이다. 그리고 인간은 그 신앙의 다양한 효력(기능)을 자신의 삶 속을 통해 체험하게 된다. 이는 비단 개인에게 혹은 주관에게 국한된 것이 아니라 통시적이고도 공시적인 사회현상 속에서 구체화된다. 이런 의미에서 본다면 맑스 유물주의는 종교를 부정한 것이 아니라 유물주의에 근거하여 종교를 대체하고자 했던 것으로 맑스주의는 그 자체가 새로운 종교의 형식이라고 말해질 수 있다. 그리고 이 점에서 초월적 실재에 대한 신앙을 종교의 핵심으로 보는 범부는 맑스주의가 지닌 종교성을 이해할 수 없었던 것도 아니다.[10)]

그러나 범부의 종교에 대한 이러한 이해는 우리들이 흔히 이해하고 있는 종교-기독교를 그 기본 모델로 하는 근대의 종교-의 조건과는 사뭇 다른 양상을 가진다. 서구의 여러 학자들에 의해 종교는 여러 각도에서 정의되어 왔다. 종교라는 용어가 서구에서 어떻게 사용되어 왔는가를 역사적으로 고찰한 대표적인 사람은 W. C. Smith(1916~2000)이다. 그는 『종교의 의미와 목적』(The Meaning and End of Religion, 1963)에서 종교라는 단어가 가진 네 가지 용법으로 첫째는 개인적인 신앙으로서, 둘째는 그 신앙의 공동적 조직화가 이루어져 형성된 이상적인 신학적 체계로서, 셋째는 남이 바라보는 사회적이고 역사적인 현상으로서, 넷째

9) 김범부, 『범부유고』, 이문출판사, 1986, 323쪽.

10) 이용주, 「범부의 종교관」, 제5회 동리목월문학 심포지엄 자료집 『東學 창시자 崔濟愚와 한국의 천재 金凡父』, 경주 동리목월문학관, 2010.3, 205~206쪽 참조.

는 잠재적인 가능성으로서 인간의 종교를 지칭하는 예술 경제 등과 구별하는 의미에서 쓰였음을 지적하고 있다. 이외에도 종교의 개념을 이야기한 학자들은 많다.[11] 그리고 그들 개개인의 정의가 모두 그르다고, 혹은 모두 옳다고도 할 수는 없을 것이다.

그러나 범부가 이해한 '종교'는 앞에서 이야기한 서양 철학자들이 내린 거창한 '종교'의 정의와는 다르게 인간의 삶 속에서 '종교'라는 것을 이해하기 위한 최소한의 테두리만을 가지고 인간 본위의 사회적 사상을 이해하고 있다. 범부가 이해한 종교가 가지는 특징은 첫째, 교회나 사회적 조직을 중시하는 서양적 의미의 종교(기독교)를 종교의 모델이라고 보지는 않는다는 점, 둘째, 외적 표지보다는 내적 표지인 신앙을 중시한다는 점, 셋째, 이 신앙이 곧 초월적 신적 존재에 대한 무조건적 믿음과 동일한 것이라고는 보고 있지 않다는 점이다.

이러한 종교에 대한 범부의 이해는 신앙, 그리고 그것을 믿는 신앙력과 동등한 입장에 있는 종교가 본래적으로는 인간에게 본구된 것이라 할지라도 '자신의 노력'을 통해 안심입명을 이루어야 한다는 그의 말에서 그 단서를 찾을 수 있다. 그리고 이러한 그의 입장 속에서 종교와 신앙은 동양적 전통론 속에 그 뿌리를 두고 있다고 말할 수 있을 것이다.

---

11) W. C. Smith(1916~2000) 외에도 종교의 개념을 이야기한 학자들은 많다. 프랑스의 인류학자 C. de Brosses(1709~1777)의 Du culte des dieux fétiches(1760), 영국의 인류학자 E. B. Tyler(1832~1917)의 Primitive Culture(1871), 타일러의 후계자 R. R. Marrett(1866~1943)의 Preanimistic Religion(1899), 영국의 J. G. Frazer(1854~1941)의 The Golden Bough(1890/1936), W. Schmidt(1864~1954)의 Ursprung und Werden der Religion, F. E. D. Schleiermacher(1768~1834)의 Über die Reigion(1799) 등이 있다. 이에 관한 보다 자세한 사항은 이양호, 『방법으로써의 종교』, 이문출판사, 2003, 16~23쪽 참조 바람.

2) 범부의 사상체계와 전통론 속의 종교론

그렇다면 범부가 이러한 맑스주의와의 비교를 통해, 아니 맑스주의가 가지는 오류를 통해 말하고자 하였던 것은 무엇일까? 범부는 맑스주의의 이론을 비판하는 가운데 가장 큰 오류로 인간에 대한 진정한 연구가 없는 상태[12]에서 종교를 단순히 미신이라고 규정하고 있는데서 찾고 있다.

> 그런데 일체의 종교는 그냥 미신이란 규정은 첫째 종교가 무엇인 것을 모르는 것으로 규정할 것이고, 또 **讓百步를 해서 일체의 종교를 미신이라 하고, 인간에서 종교적 문화와 의의를 부정할 수 있는 것일까?** 아니다, 결코 안 될 말이다. 왜냐하면 글쎄 육식이 반드시 정신위생에 좋기만 한 것도 아니고, 소화제가 조금도 위장을 보강하는 것이 아니면서, 인체는 육식도 요구되는 것이고 소화제가 꼭 필요할 경우도 있는 것이다. 글쎄 **일체의 종교문화란 것이 설령 미신이라 하고도, 그것을 미신이란 일개의 이유로써 그 의의를 부정한다는 것은, 고장이 생길 수 있는 심장을 아주 뽑아버리면 심장질환은 절대로 없을 것이란 주장과 다를 바가 없다.**[13]

물론 범부 역시 종교와 미신의 분명한 준거점을 가지고 있지는 못한 것으로 보인다. 그러나 그는 인간의 삶에서 필수불가결한 요건으로 요구되는 종교는 미신과는 구분될 수 없는 것으로 보고 있으며 이러한 종교가 비록 미신이라 할지라도 인간은 종교적 생활을 하지 않고는 살 수 없음을 역설하고 있다. 범부는 인간과 미신을 기반으로 하는 종교생활과의 관계를 다음과 같이 설명하고 있다.

> 글쎄 궁금한 사건이 아니란 것도 아니오 마는 **인간이란 것이 도대**

---

12) 김범부, 『범부유고』, 이문출판사, 1986, 328쪽.
13) 위의 책, 324쪽.

체 궁금한 존재인지라, 설령 미신일지라도 종교적문화를 생활조건으로 하지 않고 살 수가 없게 된 일개의 곤란한 동물인데는 하는 수 없는 것이다. 그러니 **어떠한 특수적인 사건에 관련이 없이 종교문화 자체를 박해하는 것은, 빵을 침탈하는 것과 동양**(同樣)**의 행위로서 동과**(同科)**의 죄악으로 규정이 될 것이다.**[14]

이러한 논리적 전개를 통해 범부는 현대의 위기를 이야기하고 이를 비판[15]하면서 전통론, 그중에서도 동양적 전통에 기반한 '도덕'으로의 회귀를 자연스럽게 도출해내고 있다.

무엇보다도 첫째, **인간이 인간사회에서 공동생활을 영위하는데 〈제일조건〉이 무엇이냐 하면 그건 〈인간상호 간의 인간적 신뢰〉란 것이 그것이다.** 대관절 인간이 인간을 안심하고 상대한다는 그 사실이 인간사회를 유지하는 제일조건인 것이다. 인간이 만일 인간을 자초로 서로 신뢰할 수 없는 관계라 한다면, 인간공동사회란 것은 자초로 성립도 되지 않았을 것이고, 또는 이제도 인간이 인간을 서로 신뢰할 수 없는 관계라면, 신뢰란 것도 불신뢰란 것도 물론 한 가지 그 정도문제란 것이 있겠지만, 만일 극단의 假例로서 인간을 전부 강도로서 상대하게 된 경우라면, 어떻게 무기도 가지지 않고 시장에 왕래를 할 것이며, 田圃에서 경작을 할 것이며, 학원에서 교습을 할 것이며, 공장에서 同苦를 할 것이며, 아니 무기도 없이 부부同床인들 어떻게 할 것이며, 붕우의 交歡인들 어떻게 될 것인가. 글쎄 인간에서 왕왕 인간을 절대적으로 신뢰할 수 없는 불상사가 있기 때문에 법률도 징계도 경계도 詭計도 모략도 전쟁까지도 있는 것이요 마는, 그래도 신뢰는 常態이고, 반신뢰적 현상은 異狀이기 때문에, 어쨌거나 인간이란 것이 이만큼이나마 유지해온 것이고 또 이만치라도 유지를 하고 있다는 셈이다. 그런데 만일 일시각이라도 극단의 假例 로서인간이 서로 견적을 신뢰할 수 없는 그런 異狀이 생기는 수가 있다고 불인(不忍)한 가정을 한다면, 더 말할 여지도 없이 그 시각은 이미 인간 최후의 시간

14) 위의 책, 326쪽.

15) 위의 책, 331쪽.

> 일 것이다. 그리고 보니 **우리 인간사회에 있어서 최긴최급**(最緊最急)**의 생활조건은 인간상호간의 信賴란 것이 그것인데, 신뢰란 것은 인간공동생활체인 사회의 도덕의 제일목**(第一目)**이 되는 것이다. 이것이 인간을 위해서 다행하게도 反信賴的현상이 절대적으로 없었더라면, 그것은 그냥 호흡이나 동양으로 그대로의 생활조건인 것이지, 도덕으로서 云謂하지도 않을 것이요 마는, 人間이란 것이 도시 그렇게까지 完福의 存在가 되지 못하기 때문에, 역시 신뢰란 것을 도덕의 명목으로서 규정하게 되는 것이다.** 글쎄 〈道也者, 不可須臾離也, 可離非道也〉라고 古人의 말씀이 있거니와, 아닌게 아니라 **삽시도 떠날 수 없는 생활조건은 인간상호 간의 신뢰란 것이 그것일 밖에 없는 것이다. 그러니 인간으로서 적어도 인간사회에서 處生을 하려면, 完德은 저마다 기약할 수 없는 일이지만 어쨌든지 언제나 신뢰를 받을 수 있는, 누구나 안심하고 그 언행을 신임할 수 있는 그 정도의 〈常德〉은 가져야 〈인간보장〉이 성립된 것이라 할 것이다.**[16]

위의 글을 통해서 알 수 있듯이 범부는 이러한 도덕으로의 회귀를 '신체와의 비유'를 들어 설명하고 있다. 즉, 인간의 신체로 말하자면 가장 중심적인 위치에 있는, 그리고 가장 중요한 기능을 하는 심장에 해당하는 '도덕'은 사회생활의 기본 조건이다. 그러나 그가 요구하는 도덕과 신뢰의 수준은 '절대적 수준의 완덕이나 대덕이 아니라 누구나 안심하고 언행을 신임할 수 있을 정도의 상덕'이라고 말한다.

이러한 의미에서 악한 본성으로 나아갈 확률이 높은 인간의 본성을 학문과 도덕으로 교정 · 교화해야 한다는 순자의 이론과 이미 인간의 본성은 선하지만 다른 곳으로 엇나가지 않게 하기 위해 지속적인 학문과 도덕 수양을 해야 한다는 인간 본성에 대한 상이한 이견을 펼치면서도 종국에는 '도덕' 수양을 그 중심에 두고 있는 동양적 전통론이 범부 종교론의 근본이라 볼 수 있다. 즉, 인간에 대한 신뢰와 인간사회의 근본으로 특별한 그 누군가만이 도달할 수 있는 '대덕'이 아닌 일반인

---

16) 위의 책, 333~334쪽.

그 누구라도 자신의 노력여하에 의해 도달할 수 있는 '상덕'을 제시함으로써 이분법적 사고로 인한 현대의 위기를 극복할 가능성을 제시하고 있는 것이다. 그리고 이러한 전통론 속의 종교론은 풍류도, 그리고 화랑, 화랑도정신이란 이름으로 범부 사상 전체에 이어지고 있다.

맑스주의 이론의 비판에서 출발한 범부가 어떻게 자신의 전통적 종교론까지 이르게 되는지에 관한 이상의 내용을 간단하게 도식화 시켜보면 다음과 같다.

〈도표 16〉 맑스주의 이론비판에서 범부의 전통적 종교론까지

인간에 대한 근본적인 탐구가 없는 맑스주의 이론의 오류 지적
⇓
인간이 인간으로 살아가기 위한 미신을 포함하는 종교의 필요성 강조
⇓
인간에 대한 신뢰를 기반으로 하는 도덕 요구
⇓
현대종교의 대안으로서의 전통적 종교론 요청
⇩
풍류도·화랑

이러한 의미에서 범부에게 있어 풍류도는 자신의 전통적 종교론의 종국이며 이러한 정신을 가장 잘 발현하고 있다고 보여지는 화랑은 범부 종교론의 표상인 것이다.

아래의 장에서는 현대의 규격화된, 그리고 현대의 위기를 구출해낼 능력을 가지지 못한 현대 종교의 대안으로서의 범부의 전통적 종교론이 풍류도와 화랑을 통해 어떻게 구체화되어 가고 있는지를 살펴볼 것이다.

2. 대안종교론으로서의 풍류도와 화랑

그렇다면 범부는 어떠한 방식으로 풍류도와 화랑이라는 키워드를 자신의 전통론적 종교론의 중심사상에 두고 그의 사상 전반을 이끌어 갔던 것일까? 이 물음을 해결하기 위해 우선 모든 종교의 원형으로서의 샤머니즘과 풍류도론과의 관계를 살펴보고 그 후 범부에 있어서 풍류도가 신라에만 국한되지 않는 하나의 전통종교로 자리매김할 수 있었던 이유를 찾아보고자 한다. 이와 더불어 풍류도의 화현이라고 이야기되는 화랑에 대한 이해도 더불어 시도하고자 한다. 다만, 화랑에 관한 논의는 기존의 연구들에서 대부분 밝혀진 것들이 많으므로 범부의 입장에서 보는 '화랑'에 초점을 맞추어 논의를 진행하고자 한다.

1) 종교의 원형으로서의 샤머니즘과 풍류도

범부는 자신의 일생을 기성국가와는 구분되는 신생국 조선을 위한 건국이념을 구상하는 것에 몰두하였다. 그리고 그 국가관으로 화랑정신을 택하였다. 이러한 전통론으로의 회귀는 이 땅(조선)을 지배한 그릇된 주자학의 극복이기도 하고, 그 자리를 대신하기 위한 하나의 정신적 축을 세워야 한다는 그의, 혹은 시대적 요청이었을 것이다.

아래의 글은 범부가 그릇된 주자학으로 인해 우리의 민족성까지 바뀌고 있음을 한탄하고 있는 부분이다.

> 그건 朱子學탓입니다. 이땅에朱子學이 들어와서 너무오랜歲月을 支配했어요 氣質이 是非分別을가리고 너무 潔白한데다가 朱子學이 들어와서 더是非分別이 날카로와졌어 (중략) 朱子學이야 中國에서생겨 우리나라를 거쳐 日本에도들어갔지만 中國사람이나 日本사람은 우리처럼 받아들이질 않았어요 元來 朱子學은 어느學派보다 分明히

君子庶民을 分別해야 한다고 强調하는것인데 이것이 韓國사람의 是非를가리는 性味에 나쁘게받아들여졌으니 결단난거지 (중략) 사람이란 서로 너무따지고들면 남아날것이 없게되거든.[17)]

범부는 화랑도정신을 그의 저작 전반에서 풍류도와 혼용하여 사용하고 있다. 아니 어떤 경우에는 그 둘의 개념을 동일 시 하고 있기까지 한다.

과연 이 둘은 어떠한 연관성을 가지고 범부에게 하나의 모습으로 비추어졌을까? 범부의 글을 접해본 이들이라면 누구나 느꼈을 법한 어려움, 즉 명확한 개념의 규정이 없는 상태에서 자신의 이야기를 겅중겅중 뛰어가며 풀어가고 있는 범부의 생각을 쫓아가기란 결코 쉬운 일은 아니다. 그러나 그럼에도 불구하고 그가 구축하고자 하였던 명확한 사상이 있는 한 그 줄기는 분명 찾을 수 있을 것이다. 그리고 필자는 범부 사상의 핵이 되고 있는 풍류도, 화랑도정신, 화랑을 관통하는 맥을 종교의 원형으로서의 샤머니즘에서 찾아보고자 한다.

사실, 범부는 자신이 사용하였던 여느 다른 개념들과 마찬가지로 샤머니즘에 대해 체계 잡힌 논의를 전개하고 있지는 않다. 특히 범부의 종교론을 풀이하고 그것을 전통론과 연결시키는데 학술적인 어려움이 있는 것이 사실이다. 적어도 현 단계의 학계의 상식에 비추어 볼 때, 범부의 주장들은 쉽게 납득할 수 없는 것이 많다. 예를 들어, 샤머니즘이 우리 민족의 고유 신앙이라고 주장한다든가, 그것이 중국 문화를 형성하는 데 기여하였으며, 오늘날 무당들이 자주 언급하는 만신의 만이라는 글자가 샤먼의 만과 연관되어 있다는 등의 주장 등이 그러하다. 이러한 그의 종교론에 대해 혹자는 '엄격한 학문적 탐색의 결론이라고 말하기에는 지나치게 단편적이고 즉흥적'이다라고까지 말하고 있다.[18)]

---

17) 김범부, 「우리民族의 長短」, 최재목 · 정다운 엮음, 『凡父 金鼎卨 단편선』, 도서출판 선인, 2009, 72쪽.

사실 범부는 단지 동학의 창시자인 최제우의 사상과 수운의 종교체험을 말하면서, 그저 지나가는 이야기로, 샤머니즘의 성격을 말하고 있을 뿐이다. 그리고 범부는 최제우의 '동학'이 다른 무엇과도 구분되는 요소로 신내림[降靈]을 들고 있으며, 이것이야 말로 우리 고유의 문화에 속한 것이라 보고 있다.

아래의 인용문은 범부의 이러한 생각을 비교적 가장 잘 나타내고 있는 부분이다. 그 분량이 다소 긴 글이기는 하나 원문을 그대로 적어 본다.

> 그런데 **이 降靈이란 法門은 그 유래가 어디에서 오느냐 하는 것이다. 이것은 멀리서 찾을 것도, 복잡하게 설명할 필요도 없이 무속에서 유래한 것이다. 무릇 무속은 샤머니즘계의 信仰流俗으로서 신라의 風流道의 중심사상이 바로 이것이고, 또 이 風流道의 연원인 단군의 神道設教도 다른아닌 이것이다. 그러므로 신라 시조 혁거세가 信德이 있었던 것이 이 신앙의 權化라는 말이 次次雄 慈充은 바로 方言巫也라고 解釋한 것을 보면 이야말로 思過半인 것이다.**
>
> 그래서 이 神道, 더구나 風流道의 盛時에는 모든 문화의 원천도 되고 인격의 이상도 되고 修濟治平의 經法도 되었던 것이 후세에 이 정신이 쇠미하면서는 거러지, 풍각쟁이, 사시락이, 무당패로 떨어져 남아있어서 오늘날 무속이라면 그냥 깜짝 놀라게 창피해 하는 것이다. 그래 그렇게 玄妙한 교법이 어째서 이다지도 영락했는가 하는 것도 우리 문화사상 중요하고도 흥미 깊은 한 개의 과제가 아닐 수 없는 것이다.
>
> 그런데 **이 降靈法이란 것은 샤머니즘의 여러 가지 범절 중에서 그 주요한 하나로서 邦語로서는 '내림을 받다', '내림이 내린다', '손이 내린다', '손대를 잡는다', '신이 내린다', '신대를 잡는다' 하는 것이다.** 이것은 巫輩들이 댓가지[竹幹]나 소반이나 혹은 다듬이 방망이나 이런 것을 두 손으로 잡고 제대로의 주문을 외우면 점점 팔이 무거워지면

18) 이용주, 「凡父 金鼎卨의 사상 체계와 전통론의 의의」, 2009年 凡父研究會 第2回 學術세미나 자료집 『新羅－慶州－花郎精神 發掘의 先覺者 凡父 金鼎卨의 思想世界를 찾아서』, 凡父研究會, 2009.10, 114쪽 참조.

서 점점 떨리게 되고 나중에는 그야말로 손이거나 신이거나 내림이 내리는데 여기서 예언도 하고 所崇의 사물을 발견도 한다는 것이다. 이것이 지금의 형태로서는 조금도 文雅한 행위로 보이지는 않는다. 그러나 그 유래인즉 고대 神道의 유풍인 것은 틀림이 없는데 아마 이 道의 성시에는 이 모양으로 조야한 형태가 아니었을 것도 요량할 수 있을 것이다.

그런데 **수운이 체험한 계시의 광경은 일종의 降靈, 즉 '내림이 내린 것' 으로 볼 수 있고, 또 그 降靈法도 자신의 체험을 양식화한 것이라고 할 수 있다. 그러고보니 이 계시의 유래는 유교 정신에서 올 수 없는 것은 물론이고, 또 불교나 도교의 그것일 수도 없는 일이고, 기독교에서 온 것도 아닌 것이다. 그래 이것이 꼭 무속의 '내림' 에서 온 것이 틀림없고 본즉, 이건 과연 우리 문화사·사상사에서 天飜地覆의 대사건이라 하겠다.** 왜냐하면 **檀代의 神道設敎는 邦史의 일관한 敎俗으로서 고구려·백제가 다 한가지로 이것을 신앙의 표준으로 삼았는데, 신라에 와서는 마침내 이 정신이 더욱 발전하고 세련되고 조직화되어서 風流道를 형성하여 신라일대의 찬란한 문화를 釀出하고 傑特한 인재를 배양하고 또 삼국통일의 기운을 촉진했던 것이다.** 그러다가 외래 문화인 불교나 유교와 서로 融攝하면서 점점 변형되는 일면, 이 道의 士氣가 世變과 함께 강쇠한지라, 그래서 風流의 정신은 오히려 불교에 가서 더 많이 발휘되고 보니 원효의 佛學은 果是 그 대표적인 것이며, 또 역대 유학의 형태에서 배양된 우수한 인물들도 왕왕 風流의 神韻을 보이는 것이다. 그러나 외래문화의 형태가 사회의 주류를 짓게 되는 때는 언제나 士風의 그것이 도태를 면치 못하고 그 流風流俗은 저절로 주류 문화의 혜택이 소원한 하층 사회에 잔존하는 것이 저간의 通則인지라 季世에 와서 풍각쟁이, 광대, 기생, 무당, 사당, 오입쟁이 등등 그 퇴폐한 여운과 사이비한 형태를 探見할 수 있을 뿐이다.

그런데도 **역사는 왕왕 기적적 약동이 있는 모양인지라 昏睡에 醉夢으로 支離한 천년의 적막[19]을 깨뜨리고 하늘에서 외우는 소리는**

19) 이용주는 범부의 글 속에 등장하는 '천년'이라는 단어에 주목하였다. 이용주에 따르면 "범부는 반복해서, 약 천년 전에 흥기한 성리학적 사유에 의해 동양 정신의 참 모습이 왜곡되었다는 주장을 한다. 그때 천년이라는 시간은 맹자 이래 정이천 형제의 출현까지 천년 동안 성인의 도가 사라졌다고 주장하

> **웬 셈인지 馬龍洞 최제우를 놀래 깨운 것이다. 이것이 과연 '歷史的大降靈'이며 동시에 神道盛時精神의 '기적적 부활'이라 할 것이다. '國風의 재생'이라 할 것이며 '史態의 驚異'라 할 것이다. 정말 어마어마한 역사적 대사건이다.**[20]

위의 인용문은 『풍류정신』 제2부 「최제우론」 중 한 장의 대부분에 해당하는 분량이다. 범부는 이곳을 제외하고는 거의 어느 곳에서도 샤머니즘과 관련된 설명을 하고 있지 않다. 다만, '중심문화'라는 말을 사용하여 신라고유의 종교사상을 풍류도로 보고 있고 이것이 비단 신라에만 국한 된 것이 아니라는 정도의 설명[21]만을 하고 있을 뿐이다.

범부가 굳이 최제우론에서 샤머니즘을 이토록 구체적으로 거론한 이유는 무엇일까? 그것은 아마도 범부가 종국에 이야기하고 싶었던 최제우의 동학에 더욱 큰 정통성을 실어주기 위한 기초 작업이 아니었을까하는 생각을 가져본다. 다시 말해 '가장 오래된 것'이라는 정도의 개

는 주자의 도통론에서 설정한 기간을 상기시킨다. 그런데 범부는 북송의 주돈이, 장횡거, 정이천 이후 천년 동안 동양 정신의 본질이 왜곡되었다고 주장한다. 성리학의 도통론을 부정하고, 새로운 정통론을 제시하고자 하는 사상적 포부를 전략적으로 드러낸 것이라고 읽을 수 있다(116쪽)." "범부는 동학의 창시자 최제우가 대강령을 체험한 사건은 신도 정신의 '기적적 부활'이며, '국풍(=풍류도)의 재생'"이라고 평가한다. 최제우는 신도가 쇠미해진 "지리한 천년의 적막을 깨뜨리고" "어마어마한 역사적 사건"을 이루어낸 위대한 창조자로 자리매김 되고 있는 것이다. 여기서 우리는 범부의 레토릭이 주자학적 도통론을 염두에 둔 말이라는 것을 안다. 앞에서 말한 것처럼, 나는 범부의 사유를 주자학적 도통론을 대체하는 새로운 문화 정통론, 즉 단군신도-풍류도-(단학)-동학으로 이어지는 문화 정통 계보론의 수립이라는 관점에서 이해한다(121쪽)." "범부의 문화 정통 계보론을 굳이 이름붙이자면, 풍류정통론(풍류도통론)이라고 말할 수 있을 것이다(121쪽, 각주 19))(이용주, 「凡父 金鼎卨의 사상 체계와 전통론의 의의」, 2009年 凡父硏究會 第2回 學術세미나 자료집 『新羅-慶州-花郎精神 發掘의 先覺者 凡父 金鼎卨의 思想世界를 찾아서』, 凡父硏究會, 2009.10 참조)."

20) 김범부, 『풍류정신』, 정음사, 1981, 89~90쪽.

21) 김범부, 「風流精神과 新羅文化」, 최재목 · 정다운 엮음, 『凡父 金鼎卨 단편선』, 도서출판 선인, 2009, 38쪽 참조.

념 정의를 벗어나기가 쉽지 않은 전통이라는 단어에서 범부는 무속의 샤머니즘을 바탕으로 하는 단군의 신도설교를 시작으로 최제우에 이르는 '강령'을 추호도 의심의 여지가 없는 올곧이 우리의 정신이고 문화로 이끌어 오기 위한 이론 작업이었던 것이다. 이러한 이론적 구축 아래 최제우의 동학이야말로 외세의 무분별한 '융섭'으로부터 우리민족을 구원할 수 있는 '역사적대강령'이며 동시에 신도성시정신의 '기적적 부활'인 것이다. 이 과정 속에서 풍류도는 자연스럽게 그 자리를 잡게 되며 그 구현으로 화랑은 모습을 드러내게 된다.

일제강점기를 거치면서 근대기 지식인에 의해 또 다시 농락당하고 있던 화랑의 본모습을 범부는 종교의 원형인 샤머니즘에서 그 연원을 추적, 그 자리를 바로 세우고자 하였다. 그리고 이러한 범부의 노력은 평생 우리민족을 위해 무엇인가를 하기 위해 노력했던 그의 참모습이 아닐까 한다.

위의 인용문을 통해서 알 수 있는 범부의 전통론 속의 샤머니즘과 풍류도, 화랑을 조금 더 구체적으로 도표화 해 보면 다음과 같다.

〈도표 17〉 샤머니즘에서 동학까지

샤머니즘 · 무
↓
단군의 신도설교
↓
신라의 풍류도 · 화랑
↓
외세의 유입 · 융섭으로 고유문화 상실
↓
일기론과 음양론을 통한 조선의 주자학 오류 지적
↓
미래전망 제시로서의 계시종교 동학

〈도표 17〉에서 보여지는 바와 같이 범부에게 있어 동학은 외세의 유입 · 융섭으로 상실된 고유문화를 회복시키고 삐뚤어져버린 조선의 주자학을 바로잡을 수 있는 유일한 미래 전망적 대안이었으며, 또한 범부 사상의 이론적 종착역이었다.

전통학문은 그 직전시대의 극복을 과제로 삼는다. 범부가 말한 신생국 역시 직전시대, 즉 일제강점기와 미군정간섭기의 극복을 자신의 최대 과제로 삼았다. 이는 비단 범부에게만 국한된 것은 아니었을 것이다. 어쨌든 범부는 그 방법으로 전통론을 제시, 그중에서도 우리나라 상고사를 비롯 동학까지 아우를 수 있는 풍류정신을 진정한 사상체계를 만들기 위해 대안으로 제시하고 있다. 그리고 '강령'이라는 초월적 경험에 바탕을 둔 동학을 자신의 이론적 사상의 종착역으로 두고자 하였으며 '화랑'을 그 '동학'에까지 가기 위한 중간역으로 두고 있었던 것이다. 범부가 바라본 '최제우의 동학'은 샤먼에서부터 우리 고유의 문화사상으로 대표되는 풍류정신은 유 · 불 · 도 삼교는 물론, 샤먼은 물론 무에 이르기까지 우리 민족의 전통종교 모두를 아우르는, 더 나아가서는 동아시아의 모든 전통을 포함하는 것으로 인식되었다. 그리고 강령이라는 신적인 계시를 바탕으로 하는 동학은 왜곡되고 삐뚤어진 주자학을 통합하고 더 나아가 그것의 오류들을 극복할 수 있는 유일한 사상체계로 범부에게는 큰 매력을 가진 종교이론이었다. 이외에도 동학이 강조하는 초월적 바탕은 인간에 대한 진지한 탐구가 없이 종교를 한낱 미신으로 치부해 무시하고 부정해버리는 맑스주의 이론에 대항할 수 있는 진정한 사상체계였던 것이다. 그리고 그 중심에 풍류도가 있다.

그러나 범부는 언제나 그렇듯 샤머니즘이 신라에서 체계적인 이념으로 발전, 그것이 화랑도정신이고, 그 정신을 체현한 것이 풍류도라고 규정하고 있으면서도 그에 대한 본격적인 논의를 전개하고 있지는 않다. 다만, 『화랑외사』의 '서'를 빌어 화랑과 풍류도와의 관계를 간접적으로 기술하고 있다.

花郎은 우리 民族生活의 歷史上에 가장 重要한 地位를 차지하게 된 一大事件이다. 그러므로 花郎은 언제나 마땅히 國史上의 學理的 究明이 要求되는 一大의 課題로서 우리 學徒에게는 모름지기 努力研鑽의 一大宿債라 할 수 밖에 없는 것이다. 그런데, 이것은 단지 時急하기까지는 않은 것이라 하더라도 이제 와서 우리 國民道德의 原則을 闡明함은 遲晩之嘆이 없는 바도 아니다. 그런데 이 國民道德의 原則은 民族的 人生觀의 傳統的 要素를 제처 두고는 찾을 수도 밝힐 수도 없는 것이니, 진실로 이것을 찾고 밝히려면 花郎을 더듬어 보지 않을 수 없다. 아니 그 源泉을 正確히 探究해서 國民道德의 傳統的 根據로 삼지 않으면 안 될 것이다.

(중략)

그리고 花郎外史에 收錄된 人物은 반드시 花郎의 名目으로 傳해진 사람들만이 아니라 그 精神과 行動이 花郎의 風格과 同調한 것을 類聚한 것이니 花郎外史는 본래부터 그 制度의 考据에 置重한 것이 아니오 오로지 그 精神과 風格의 闡明에 本領을 둔 것이다. 그러기에 이 題目을 花郎의 血脈 혹은 風流外史라고 붙이기도 했거니와 花郎의 運動은 원래 新羅에서 爲主한 것이지만 그 精神과 風格만은 當時로는 百濟 高句麗에도 아주 없었던 것은 아니오, 또 後代로는 高麗 漢陽을 通過해서 今日에 이르기까지 그 血脈은 依然히 躍動하고 있는 것이다. 그래서 花郎外史는 新羅만이 아니라 高句麗 百濟 高麗 李朝까지의 列傳을 隨時해서 公刊하게 될 것이다. 그리고 讀者에게 또한 말씀 드릴 것은 花郎을 正解하려면 먼저 花郎이 崇奉한 風流道의 精神을 理解해야하고 風流道의 정신을 理解하려면 모름지기 風流的 人物의 風度와 生活을 翫味 하는 것이 그 要諦일지라 그래서 그 玄妙한 風流道 의 淵源을 黙想하던 나머지 勿稽子 百結先生을 발견한 것이니 누구든지 진실로 花郎外史를 詳讀하는 이는 勿稽子 百結先生으로부터 그 讀次를 取하면 거기에는 暗然히 一脈貫通의 妙理를 짐작하게 될 것이다.[22]

22) 金凡父, 「序」, 『花郎外史』 三版, 以文出版社, 1981.

범부의 이 기술방식을 따르자면, 화랑은 '우리 민족 생활의 역사에서 가장 중요한 지위를 차지'하는 일대 사건이며, 이것은 '학리적 구명이 요구되는 일대의 과제'일 뿐 아니라, '국민도덕의 원칙을 천명'할 때 반드시 밝혀야 하는 '민족적 인생관의 전통적 요소'이며 '국민도덕의 전통적 근거'이다. 그리고 이러한 화랑의 본 모습을 알기 위해서는 '화랑이 숭봉한 풍류도의 정신을 이해'하는 것을 그 선결과제로 제시하고 있다. 이를 위해 생활 속에서 풍류도의 정신을 가장 잘 보여준 물계자와 백결선생까지 범부가 이해하는 '화랑'의 범주에 들어가게 된 것이다.

그러나 여기에서 우리가 한 가지 간과해서는 안 될 것이 있다. 그것은 바로 『화랑외사』라는 책 제목이 가지는 의미이다. 다시 말해 범부는 '정사'가 아닌 '외사'의 형식을 빌어 『화랑외사』라는 책을 쓰고 있는 것이다. 이것은 일반 대중에게 자신이 이야기하고 싶었던 본질을 좀 더 명확히, 그리고 친숙한 방법으로 전달하고자 하였던 범부만의 화법이 아니었던가 생각된다. 물론 범부는 그 종국이 민족대단결을 위한 국민도덕에 있었다할지라도 그것을 직접적인 화법이 아닌 이야기의 화법을 통하여 국민들의 가슴 속에 자연스럽게 묻어나게 할 요량이었던 것이다. 그리고 그 화랑이야기의 핵심이 풍류도에 있음을 한순간도 놓치고 있지 않았던 것이다.

범부의 『화랑외사』를 통해서 우리들이 살필 수 있는 몇 가지 특징들은 다음과 같다. 첫째, 『화랑외사』는 화랑의 이야기를 담은 원전을 바탕으로 하고 있다. 『삼국사기』, 「열전」에 등장하는 인물들의 이야기를 주로 다루고 있으며 그 부족분을 『삼국유사』, 『동국통감』 등을 통해 메꾸어가고 있다. 이것은 범부가 이러한 원전을 바탕으로 자신의 논리를 구축하고 있음을 알 수 있다.[23]

---

[23] 예컨대 이러한 사실들은 범부의 조카 金平祐의 증언을 통해서 확인할 수 있다. "큰아버님은 어린 저를 앉혀 놓고 화랑이야기를 자주 해주셨어요. 큰아버님은 건강이 좋지 않으셔서 방에 비스듬히 기대 누워 계신 채 이야기를 하시곤 하셨죠. 그렇게 화랑에 관한 이야기를 막힘없이 하시는 거예요. 하루는 제가

둘째, 『화랑외사』는 딱딱한 '정사'의 글이 아닌 '외사'의 형식을 취함으로써 읽는 이로 하여금 편안하게 글에 다가가게 하고 있다. 범부가 굳이 이러한 '외사'의 형식을 취한 이유는 독자들에 대한 배려로 이해될 수 있을 것이다.

셋째, 일반적으로 생각하는 화랑의 범주를 벗어난 인물들도 포함시켜 자신이 말하고자 했던 화랑의 의미를 다시금 생각하게 하려는 의도를 가지고 있다. 그리고 이것을 통해 여러 인물들에게서 드러나는 공통적인 정신, 즉 '풍류도정신'[24]을 당시 혼란한 시국에서 국민을 화합시키는 하나의 정신적 지주로 제시하고자 하였다. 그리고 이것이 범부가 『화랑외사』를 저술한 가장 큰 목적이었던 것이다.

이렇게 우리민족의 정신적 지주로 범부에게 이해된 화랑의 '풍류도'는 그의 저작들 곳곳에서 살아 숨쉬고 있다.

듣고 있다가 이렇게 물었습니다. "큰아버지, 보지도 않고 그걸 어떻게 다 아세요? 거짓말 아니예요?" 그러자 큰아버님께서 호통을 치시며 이렇게 말씀하셨죠. "예끼 이놈아. 책(『三國史記』 등의 원전)에 쓰여 있는 것을 가지고 가만히 생각을 해봐. 그 사람이 그때 저기 살았으니까 이때쯤에는 여기에 있었을 것이고 이 사람이 뒷마당에서 책을 읽었으니 거기에는 커다란 나무가 있었을꺼야. 그걸 왜 몰라." 큰아버님은 역사적 사실을 토대로 논증적 추론을 더하여 화랑의 이야기를 저에게 해주셨던 거예요. 그리고 그게 소설의 형식을 빌려 『花郎外史』로 출간된 거구요."
이 증언은 2008년 10월 9일 서울 메리어트 호텔(12시)에서 秦敎勳(서울大 名譽敎授), 金平祐(金東里의 次男), 崔在穆(嶺南大 哲學科), 李泰雨(曉星가톨릭大 硏究敎授), 禹沂楨(嶺南大 大學院 韓國學科 博士課程), 그리고 필자가 함께 만난 자리에서 이루어졌다. 당시 구술 내용 전문은 분량관계상 본 논문에서는 생략하기로 한다.

24) 金相鉉은 자신의 저서 『新羅의 思想과 文化』에서 현재 우리들이 쓰고 있는 '風流道精神'과 혼용되어 사용되고 있는 '花郎道'라는 용어에 대해 다음과 같이 말하고 있다. "鮎貝房之進은 1932년 발표한 『花郎攷』에서 '花郎道'라는 용어를 사용하였다. 이것은 그가 처음으로 사용한 新造語였다. 그러나 그는 이 용어에 대해서 어떠한 설명도 하지 않았다. 후술하는 것과 같이 花郎道라는 용어는 불합리한 것이었음에도 이후의 연구자들 중에는 비판 없이 사용하는 경우가 있다. 李瑄根은 1949년에 『花郎道研究』를 간행한 바가 있다. 이처럼 책의 제목에 花郎道라는 용어가 사용됨으로써 이 용어는 두루 쓰이기 시작했다(金相鉉, 『新羅의 思想과 文化』, 一志社, 1996, 506쪽)."

2) 신라의 종교사상 풍류도

흔히 우리는 화랑, 풍류도를 '신라만의 것'으로 이해하고 단정하려는 경향이 있다. 그러나 이러한 이해는 범부에 의해 지적된 바와 같이 상고시대부터 조선시대에 이르기까지 우리민족의 혈맥에 면면히 흐르는 전통인 것이다. 즉, 조선을 조선인이게 해주는 다른 민족과는 구분되는 고유의 사상체계이며 하나의 신앙이고 종교인 것이다. 이것이 비록 미신으로 치부되는 샤머니즘과 단군의 신도설교에서부터 비롯된 것이라 할지라도 말이다.[25]

그러나 이러한 조선인을 조선인이게끔 해주고, 다른 민족과 구분하게 해주는 고유의 사상은 다른 학문분야에서는 '융합'이라는 단어 아래 그 자신이 가진 고유성을 내려놓기도 한다. 한 예로 미술에 있어서 융합의 문제는 고유요소와 외래요소 간의 역학적 상관관계를 의미하며 이때, 어느 것이 고유요소이고 어느 것이 외래요소인지 확연히 구분짓는 것은 불가능할 뿐만 아니라 어리석은 행위이다. 왜냐하면 '고유문화'와 '외래문화'라는 양자의 개념은 고정불변된 것이 아니라 항상 상대적이고 유동적이며 설령 우리의 고유요소라 말해지는 것조차 어떤 의미에서 본다면 처음부터 확정된 것이 아니라 형성되어지는 것으로 이해되어질 수 있기 때문이다.[26]

범부가 이야기하고 있는 종교론 역시 이러한 현상과 일면 그 흐름을 같이 한다고 볼 수 있다. 우리나라에 유입된 종교는 범부가 이야기하고 있는 신라의 풍류도 이외에 샤머니즘을 비롯 유교 · 불교 · 도교가

---

25) 미신과 종교, 미신, 신앙의 경계는 모호하다. 또한 신화 역시 그 원형에 있어서는 마찬가지 양상을 보인다. 이러한 모습들은 김화경, 『한국 신화의 원류』(지식산업사, 2005)와 『일본의 신화』(문학과 지성사, 2002) 곳곳에서 찾아볼 수 있다.

26) 강우방, 「한국고대조각의 본질과 접근방법」, 『한국고대조각사의 원리 Ⅰ - 圓融과 調和』, 열화당, 2004.11, 37쪽 참고.

공존하고 있었고, 지금도 그 현상은 그대로 유지되고 있다.

아래의 지도는 우리나라, 특히 남한에 분포되어 있는 각 종교들의 대표적인 상징물들을 표시해둔 것이다.

〈그림 17〉 한국의 종교[27]

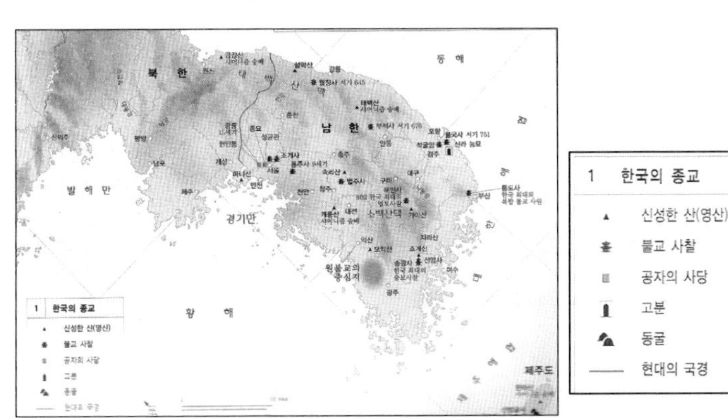

위의 지도를 통해서도 알 수 있듯이 한국에는 여러 종류의 종교들이 지금까지도 공존하고 있다. 그럼에도 불구하고 유독 범부가 풍류를 우리민족 전체를 통괄하는 전통적인 종교문화로 인식한 이유는 무엇이었을까?

그 해답은 「풍류정신(風流精神)과 신라문화(新羅文化)」라는 범부의 글에서 찾아볼 수 있다.

> ① **무릇 時代란것은 그 時代의 精神이란 것이 各自의 特色이 있기 때문에 언제나 歷史를 觀察하는 때는 그 時代의 精神인 그時代의 中心文化에 着眼하지 않으면 그視野에 들어선 史相은 벌써 그時代의 事實이 아니고 觀察者의 小主觀的 虛構에 不過한것이다** 그러므로 現

27) 프랭크 웨일링 외 11인, 『종교-지도로 본 세계의 종교의 역사』, 김한영 역, 갑인공방, 2005, 73쪽.

代는 現代의 中心文化가 있는것처럼 中古는 中古의 그것 上古는 上古의 그것이 있는 법이다 그래서 各代의 特色은 제대로 한개의 性格을 儼存한지라 그것이 얼마만한 價値를 가졌는가는 우선 별문제로 하고 **各代各自의 性格을 重視하는 그것이 첫째 歷史硏究의 要領이 되는 것이다.**[28]

② 그래 新羅의美術은 新羅의音樂은 新羅의 學術은 그밖에도 新羅의文學은?(혹시 鄕歌를 들추는 일은 역시 그럼직한 일이나 新羅의 文學을 鄕歌나 薛聰 崔致遠 任强首 眞德王等의 漢詩文類로만 생각할 것이 아니다 細論은 뒤로 밀고) 또 新羅의 「政治」는? 혹은 新羅의 軍事는? **이 모든 種相의 文化가 도대체 어디서 어찌해서 왔단 말인가** 그런데 問題는 정말 困難하다 이 모든 것이 어디서 왔느냐 하는것은 색여서 말하자면 이 모든 것이 特色이 어디서 由來한것이냐 말인데 이 모든 것을 問題로 삼고 있지도 않은 未墾地에서 이것들의 特色을 한가지씩 開拓하는데도 그努力과 歲月을 豫想해야 할형편인즉 창졸간에 疾言한바 아니다.

그런데 **新羅美術特色은? 또 其他 種種文化의 特色은? 도대체 어디서 어째서 由來한것인가 이것을 먼저 알기쉽게 規定한다면 물론 新羅의 國民性에서 또는 그 時代性에서 혹은 그 風土性에서 혹은 그時代의 社會的性格에서 이러한 輪郭을 그리기로 할터이다 그러나 이것은 그저 눈을 그리기는 했어도 그 瞳子를 빠트린것이다 그러면 그瞳子는 바로 뭣이란 말인가 이것이 곧 以上에 略述한바그時代의 「中心文化」란 그것이다 그리고 그時代(新羅)의 中心文化는 곧 新羅固有의 宗敎思想인 「風流道」란것이다(風流道의 精神은 물론 新羅만이 아니라 高句麗 百濟에도 淵源을 같이한 同類의 信仰이 있었지만 이건 追後로 하고)** 그러면 風流道란 도대체 어찌된것인가?[29]

③ **崔致遠의 鸞郎碑序文(三國史記에 보이는 斷片的인 數節)에 적히기를 國有「玄妙」之道曰「風流」實乃「包含三敎」接化羣生 入則孝於親 出則忠於君 魯司寇之敎也 不言而敎無爲而化 周柱史之旨也 諸善**

28) 김범부, 「風流精神과 新羅文化」, 최재목 · 정다운 엮음, 『凡父 金鼎卨 단편선』, 도서출판 선인, 2009, 32쪽.

29) 위의 글, 37쪽.

奉行諸惡莫作竺乾太子之化也 (중략) 참으로 너무나 零碎한 斷片的인 數節에 不過하건만 그래도 우리는 이 不幸中에서 多幸한 이 아질아질하게 남아떠러진 片言隻字를 端緖로 해서 우리의 風流道(혹은 風月道라고도 적혔지만) · 그眞相을 遡求할밖에 딴수가 없다 그런데 첫째 우리는 이碑文을 撰述한 崔致遠의 「思想과 敎養」을 먼저 若干만이라도 檢討할必要를 느끼는바이다 왜냐하면 **所記의 明文대로 본다면 風流道는 실상인즉 儒佛仙三敎를 包含한 玄妙之道라 했으니 三敎를 包含하니만치 三敎보다 더 廣大하단 말이라.**[30]

④ 대저 **風流道는 물론 支那風의 道敎나 仙道와는 距離가 自在한 바이지만 風流道人인 花郎을 國仙이라 일컫고 花郎의史傳을 仙史라고 적은것을 보면「仙」字와는 「事理」가 相通하는 消息을 짐작할수 있는것이다** 그래 「仙」과 「事理」가 相通하기 때문에 仙道를 玄妙之道라 할 境遇에는 역시 그대로 通過할수 있는 것이다 그러나 그것은 그대로 通過한다는 程度이지 꼭 틈 없이 適確한것은 아니다 그래 그만치 相通하는것이고 그만치 距離가 있다는것만 짐작하면 眞相은 這間에 自在할것이다.[31]

⑤ 그러면 **中正之道라 든가 圓妙之道라 든가 玄虛之道라 든가 하는 等의 形言을 取하지 않고 반드시 玄妙之道라 했으니** 이 玄妙 이字에는 分明히 意味가 들어있겠는데 글쎄 어찌해서 許多한 六儀를 다 체쳐두고 꼭 玄妙二字를 골랐을가 생각하건대 **「風流道의性格」은 어떤字보다도 「玄妙」二字가가장 適切했든 모양이니 알고보면 玄妙二字야 말로 果然 玄妙한것이다** 風流道의 性格을 形言하는데는 아닌게 아니라 玄妙二字以外에 다른字가 있을수 없는것이다 그런데 **이 玄妙二字의 意味를 完全히 解得하려면 역시 風流道의 性格을 究明해야 할것이다.**[32]

⑥ 風流道의 性格을 究明하려면 첫째 그道를 어찌해서 風流라고 일렀을가 우선 風流란 語義부터 意味를 가진것이고 또 實乃「包含」三

30) 위의 글, 38쪽.
31) 위의 글, 40쪽.
32) 위의 글, 40쪽.

教라 했으니 이 「包含」二字도 容易하게 看過해서는 안되는 것이다 이 包含二字를 잘못解釋하면 우리文化史의 全體가 사뭇 비틀어지게 되는 판이란 말이다. 이를테면 三教를 調和했다거나 或은 集成했다거나 或은 折中했다거나 或은 統一했다거나 或은 統合했다 거나할 境遇에는 본대 固有의淵脉은 없이 三教를 集合한것이 될것이다 그런데 이건「包含」이라 했으니 말하자면 이 固有의精神이 본대 三教의性格을包含했다는 意味로 解釋해야 할것이다 그리고 三教라 한것은 물론 儒佛仙인데 이 風流道의 精神이 이미 儒佛仙의性格을 包含한것이 거니와 여기 하나 重大問題가 들어있는것은 風流道가 이미 儒佛仙 그 以前의 固有精神일진대는 儒佛仙的性格의 各面을 內包한 동시에 그보다도 儒佛仙이 所有하지 않은 오직 風流道만이 所有한 特色이 있는것이다.[33]

⑦ 風流道는 그 精神이 이미 三教의 性格을 包含했고 또 三教以外에 獨特한 한 개의 性格을 가진것이다 이것이 果然 玄妙한 風流道란 것인데 이것을 모르고는 花郎을 모르는것이고 新羅文化를 모르는 것이고 新羅史를 모르는 것이고 韓國文化를 모르는것이다 그러면 風流道란 도대체 무엇인가? 앞으로 더 연구해 보아야할 과제이다.[34]

위의 일곱 단락의 글은 범부의 글 중에서 풍류정신과 신라문화와의 관계를 비교적 체계적으로, 그리고 구체적으로 설명해놓은 「풍류정신과 신라문화」 중 핵심이 될 만한 부분을 발췌해 옮겨 적은 것이다. 이 글에 대한 이해를 돕기 위해 각각의 번호에 해당하는 단락에서 핵심이 되고 있는 부분을 도표로 정리해 보면 다음과 같다.

〈도표 18〉 신라문화와 풍류정신의 상관관계

	물음	범부의 풀이
①	그 시대를 알기 위한 時代精神이란?	그를 알기 위해서는 그 시대의 中心文化에 대한 연구가 필요

33) 위의 글, 41쪽.

34) 위의 글, 41~42쪽.

②	모든 新羅文化의 根源은 무엇인가?	모든 新羅文化의 中心은 風流道
③	崔致遠의 '鸞郎碑序'에서 말하는 '玄妙', '風流', '包含三敎'의 의미는?	入唐留學生 崔致遠의 사상과 교양을 바탕으로 각각의 字句에 대한 풀이가 요구
④	風流道人 花郎=國仙에 대한 관점은?	나름의 事理는 있으나 適確한 것은 아님
⑤	'玄妙之道' 중 '玄妙'의 의미는?	風流道의 성격규명을 통해서만 '玄妙'의 의미 파악이 가능
⑥	'包含三敎'의 의미는?	儒彿仙과의 단순한 包含관계가 아닌, 風流道만의 특색이 있음을 인정
⑦	그렇다면 風流道의 성격은 무엇인가?	玄妙한 風流道에 대한 이해를 바탕으로 花郎, 新羅文化, 新羅史, 더 나아가 韓國文化를 알아가야 할 것

위의 글을 통해서도 알 수 있듯이 범부는 전통론, 좀 더 좁은 의미로 풍류도의 전통성 이해하기 위해 그 시대의 시대정신이란 것이 무엇이며 어떻게 그것을 알 수 있는가라는 물음에서 출발한다. 이러한 물음은 자연스레 그 시대의 중심이 되는 중심문화에 대한 연구를 요청하게 된다. 이러한 요청은 범부에 의해, 그리고 어떤 의미에 있어서는 일제강점기를 거친 남쪽의 지식인들에 의해 가장 정통성이 있는 시대로 보장받고 있었던 신라문화의 근본은 무엇인가라는 물음으로 자연스럽게 연결된다.

그 과정에서 누구나 알 수 있는 풍류도라는 답이 도출되며, '풍류'라는 단어를 처음으로 사용하고 있는 최치원의 '난랑비서'에서 말하는 '현묘', '풍류', '포함삼교'에 대한 의미 있는 검토를 요구된다. 이 과정에서 범부는 오증(五證)[35]이라는 방법을 이야기하게 된다. 즉, 어떠한 대상에 대해 연구를 함에 있어 기본적으로 우리는 네 가지 방법 즉, 문증(文證, 역사에 관련된 문헌에 기록된 자료), 물증(物證, 고적 등으로 남아있는 유형의

---

35) 이 五證에 관한 이야기는 김범부, 「風流精神과 新羅文化」, 최재목·정다운 엮음, 『凡父 金鼎卨 단편선』, 도서출판 선인, 2009, 33쪽 외에도 김범부, 「國民倫理特講」, 『현대와 종교』 창간호, 현대종교문제연구소, 1977, 89~90쪽에서도 찾아볼 수 있다.

자료), 사증(事證, 유풍(遺風) · 유속(遺俗) · 풍속(風俗) 등과 같은 무형의 자료), 구증(口證, 전설이나 민요 등 사람들의 입을 통해 전해지는 자료) 외에 방증(傍證)이란 것을 들고 있다. 이 방증이란 것은, 범부에 따르면, 우리의 심정, 우리의 혈맥 속에서 찾아볼 수 있는 것으로 이 다섯 가지 방법을 모두 통해서야만 그 시대의 중심문화를 정확하게 파악할 수 있는 것이다. 이러한 다섯 가지의 종합적인 방법론을 통해 신라의 중심문화이며 종교사상인 풍류도에 대한 보다 철저한 접근을 시도하고자 했던 범부는 현묘한 풍류도에 대한 이해를 바탕으로 해서만이 화랑, 신라문화, 신라사, 더 나아가 한국문화를 알 수 있을 것이라 이야기하고 있다.

하지만 전통론을 펴는 범부라 할지라도 한민족 전통 모든 것을 받아들여 수용하고 본받아야 한다고 말하고 있지는 않다. 그는 '천명'이란 단어를 들어 이 시대를 사는 우리가 전통 속에서 계승해야 할 것과 계승할 필요가 없는 것을 구분하고 있다.

아래의 인용문을 통해 범부의 이러한 생각을 단편적으로나마 읽을 수 있다.

> 何如間 우리가 가진 禮俗이라는 것이 第一優越하다고 敢히 생각하지 않습니다마는 이러한 血族倫理에 있어서는 確實히 우리 韓國人은 누구에게도 遜色이 있을리 없는 優越한 倫理를 가졌다고 自負해서 좋으리라고 생각합니다. 그러니 우리가 國民倫理를 천명하는 데는 어떠한 사람이 個人으로 생각하거나 그렇지 않으면 어떠한 思潮가운데에서 求할바가 아니라 우리가 지금까지 살아오는 傳統가운데에서 果然 繼承해야 될 倫理가 있느냐 없느냐 그것을 우리가 闡明해야 합니다. 그래서 勿論 우리가 繼承할 必要가 없는 傳統이 있을 것입니다. 하지만 要는 우리가 이제부터 繼承해야 할 것이 무엇이냐 그것을 우리가 闡明해야 할 것입니다. 그러므로 國民倫理는 案出하는 것이 아니라 歷史的 事實가운데에서 우리 生活의 事實 가운데에서 이 生活의 性格 가운데에 闡明해야 하는 것입니다.[36]

36) 김범부, 「國民倫理特講」, 『현대와 종교』 창간호, 현대종교문제연구소, 1977,

그리고 그 광활하고도 냉철한 스펙트럼에 걸려든 것이 바로 신라의 종교사상인 풍류도이다. 앞 문장과 중복되는 이야기이지만, 한국문화를 알려면 신라사와 신라의 문화를 알아야하고 화랑을 알아야 하며 화랑을 알기 위해서는 풍류도를 알아야 한다는 것이다.

그렇다면 범부는 왜 신라를 우리가 반드시 알아야 할, 그리고 계승해야 할 대상으로 보았던 것일까? 이 물음에 대한 답은 다음의 인용문을 통해 찾아보고자 한다.

> **우리의 國民倫理의 闡明에 있어서 첫째 重要한 問題는 우리의 傳統을 闡明하여야 하는데 이 傳統 가운데 두가지 種類가 있습니다.** 첫째는 民族의 固有한 本來에 있는 傳統이고 둘째로는 外來文化 外來思想이 여기에 들어와서 뿌리를 내려와서 傳統으로 化한 것의 두가지 種類가 있습니다. 그러면 이 闡明의 順序에 있어서 무엇을 먼저 闡明해야 하느냐 하면 固有한 傳統부터 闡明할 것입니다.
>
> (중략)
>
> **이 花郎精神이라는 것은 그 當時의 百濟에도 通해 있었고, 高句麗에도 通해 있었습니다. 이러고 보면 花郎의 精神이라는 것은 이러한 意味에서 볼 때에 歷史를 貫通해서 이 韓國民族의 血脈속에 흐르고 있는 것을 알 수 있습니다. 이것이 空間的으로 新羅에 限한 것이 아니라 이 時代의 三國에 花郎精神이 通해 있었습니다. 그러나 問題는 花郎運動이 新羅에 일어난 것만치 또 이 精神이 新羅에서 發揮된 것만치 亦是 花郎의 研究는 新羅에서부터 出發하지 않을 수 없습니다.**[37]

이 글을 통해서 알 수 있듯이 범부가 말하고 있는 전통에는 우리민족 내에 이미 고유한 것으로 내재되어 존재하고 있는 본래에 있는 전통과 외래문화·외래사상이 여기에 들어와서 뿌리를 내려와서 전통으로 화한 것 두 가지가 있다. 그리고 이 둘 중에서 우리민족이 천명하여

209쪽.

37) 위의 글, 214~219쪽 참조.

야 할 전통으로 범부는 화랑도정신을 꼽았으며 그 세가 가장 확장된 신라를 그 바탕으로 삼았던 것이다. 화랑의 가장 숭고한 정신이라 할 수 있는 풍류도는 신라－화랑정신－풍류도라는 도식 속에서 범부의 사상 전반을 휘감고 있다.

이러한 그의 시도는 일제강점기 일본에 의해 새롭게 조명된 신라가 사실로서가 아니라 그들의 침략의 지배논리 즉, 황국신민화정책을 중심으로 하는 내선일체론과 일선동조론[38]에 이용되는 것에 대한 반항으로도 볼 수 있다. 그리고 일제강점기가 끝난 이후에도 동전의 앞 뒤면을 바꾸듯 그 이론을 그대로 끌어다 쓰던 당대 지식인과 정치인들에 대한 새로운 메시지일 수도 있는 것이다. 범부는 이 모든 것들을 해소하기 위해 시대를 관통하면서도, 분열된 국민과 국론을 하나로 모을 수 있는 이론의 해답을 전통론에서 찾고자 했던 것이다. 이로 인해 범부는 단군의 신도설교에서 시작하여 풍류도, 동학에까지 이르는 하나의 흐름으로 신라의 종교문화를 설명함은 물론 한국문화 전반을 아우르는 하나의 확실한 사상적 키워드를 가지게 된다.

그러나 범부는 그의 논의 대부분이 그러하듯 풍류도가 무엇인지, 그리고 우리 문화사에서 그것이 가지는 의미가 무엇인지에 대한 명확한 해답은 제시하지 않은 채 우리 모두가 함께 풀어가야 할 숙제로 남기고 있다.

다만, 명확한 사실 하나는 풍류도의 연원을 도교에서 찾으려는 노력은 원효의 말과 같이, "잎을 중하게 여겨 줄기를 망치는, 소매를 깁기 위해 옷깃을 자르는" 격으로, 풍류도는 "멀리 周漢 때에도 들을 수 없었고 가까이는 唐宋 때에도 보지 못했다"는 이규보(李奎報, 1168~1241)의 말과 같이 의심의 여지없이 우리나라 고유의 사상인 것이다.[39]

---

38) 이에 관해서는 宮田節子의 『朝鮮民衆と「皇國化」政策』, 未來社, 1997 ; 韓晳曦, 『日本の朝鮮支配と宗教政策』, 未來社, 1996을 참조 바람.

39) 김상현, 『신라의 사상과 문화』, 一志社, 1996, 184쪽 참조.

3) 화랑이라는 이름으로 멋 · 화 · 묘

기존에 화랑에 관한 논의는 지금까지 그 수를 세기 어려울 만큼 많다.[40] 물론 범부가 활동하던 시기 역시 그 논의의 수는 다른 여타의 연구에 비해 부족함이 없었을 것이다. 그럼에도 불구하고 그가 화랑에 관해 다시 이야기하는 이유는 무엇이었을까?

지금까지의 논의 진행을 통해 알 수 있듯이 범부 사상의 이론적 핵심은 풍류에 있으며 이것은 화랑의 가장 숭고한 정신으로 이에 대한 면밀한 검토가 없이는 범부가 말하고자하는 풍류에 대한 명확한 이해, 더 나아가서는 한국문화 전반에 대한 이해가 불가능하기 때문이다. 따라서 여기서는 기존의 연구 성과물들을 그대로 답습하여 정리하기보다는 범부가 생각하고 있었던 화랑상에 초점을 맞추어 그것에 부합하는 자료들을 선별하여 논의를 진행하고자 한다. 그리고 이 속에서 범부가 사용한 멋 · 화(조화) · 제 작 등의 용어들에 대한 정의들도 간접적

---

40) 국내에서 발표된 '화랑'에 관한 연구를 제외하고는 국외에서의 연구는 일제강점기 일본인에 의해 발표된 것이 대부분이다. 이것은 식민지지배를 보다 용이하게 하기 위한 침략적 이론이 그 바탕에 있는 것으로 해석된다. 그러다 보니 화랑에 대한 객관적이고 논리적인 전개보다는 자신들의 잇속에 맞는 방향으로 그 논의를 전개하는 경우가 많았다. 다음은 이러한 화랑논의들의 대표적인 글들이다. 三品彰英, 「新羅の奇俗花郎制度に就いて－新羅社會史の研究－」, 『歷史と地理』 第二五卷第一號－第二七卷第五號, 昭和四年一月(一九二九)~昭和五年五月(一九三〇) ; 「新羅花郎の源流とその發展」, 『史學雜紙』 第四五編第一〇~一二號, 昭和九年十月(一九三四)~一二月 ; 『新羅花郎の研究』, 三省堂, 昭化一八年(一九四三) ; 今村鞆, 「新羅の花郎を論ず」, 『朝鮮』 十一月號, 昭和三年(一九二八) ; 鮎貝房之進, 「花郎攷」, 『雜攷』 第四輯, 昭和七年(一九三二) ; 池內宏, 「新羅の花郎について」, 『東洋學報』 第二四卷第一號, 昭和十二年(一九三七) ; 八百谷孝保, 「新羅社會と淨土教」, 『史潮』 第七年第四號, 昭和十二年八月(一九三七).
이외에 화랑의 조직, 화랑의 수련과정, 화랑의 변천, 화랑의 성격과 기능 등 화랑 전반에 관한 연구성과들을 국내외의 자료를 통해 비교적 객관적으로 정리한 논문으로는 최재석, 「花郎研究의 成果－초기부터 1986년까지를 중심으로－」, 『花郎文化의 新研究』, 문덕사, 1995를 참조할 만하다.

으로나마 찾아볼 수 있을 것이다.

〈그림 18〉 紀元二千六百年記念論文[41]

紀元二千六百年記念論文

新羅武士道

화랑은 우리에게 너무나도 잘 알려져 있듯이 『삼국사기』 진흥왕편 37년조에 그 시작이 보인다. 화랑은 '원래 상고사회의 문화에서 자생적으로 발생하여 발전하여 온 청소년 집단'으로 그 기능 역시 '군사보다는 오히려 아름다운 여성인 두 명의 원화를 중심으로 두 집단으로 조직된 수양, 혹은 협동을 위한 결사였었고, 의례집단일 가능성도 보인다.' 〈그림 18〉의 글 역시 이러한 내용을 충실히 담고 있다.

그러나 일제강점기 화랑에 대한 조선독립군과 일본인 양자 간의 차이는 다음 〈도표 18〉과 같은 결과물들을 도출하였다. 한쪽은 조국의 해방을 위해, 그리고 식민지인의 서러움을 달래기 위해 '화랑'을 사용하였고 다른 한쪽은 식민제국의 야욕을 채우기 위한 확고한 정책적 이론으로 사용하였던 것이다.

---

41) 이 논문은 紀元二千六百年記念論文으로 1940년 조선교육회가 조선의 학생들을 '청년학도병=화랑'이라는 공식을 만들어 전쟁터로 내몰기 위해 발행한 것이다. 그 제목은 -內鮮一體精神: 新羅武士道로 당시 경북 · 대구 · 경북공립고등여자학교에서 발표된 논문이다. 이 당시 경북 · 대구 · 경북공립고등여자학교장은 白神壽吉(1889~?)로 廣島고등사범학교 졸업 후 新潟縣 長岡여자사범학교 教諭를 거쳐 1919년 5월 조선공립중등학교 교유에 전임되어 조선으로 왔다. 이후 鎭南浦공립고등여학교장겸 교유, 평양공립고등여학교장겸 교유, 소학교보통학교 주사, 더욱이 조선총독부편수관을 겸했다. 1926년 4월 조선공립여자고등보통학교 교유로 전임되었고, 대구공립여자고등보통학교장에 보임되어 1935년에 이른다. 그 후, 大邱 전임 후에는 新羅文化 연구에 平壤高女시절에 여가를 이용하여 樂浪文化 연구에 몰두하였다.

〈도표 19〉 일제강점기 조선과 일본의 화랑에 대한 이견

연대	표제	목적	비고
召和 7년 4월 30일 (1932년)	花郎社 花郎社 韓人少年同盟	民族意識을 喚起 教養少年들에게 愛國思想을 고취	책임자: 金德根
1938년 1월 20일 (東亞日報)	花郎苑	일제의 핍박으로 지친 민중들에게 잠시나마 고단함을 잊을 수 있게 해 줌	朝鮮興藝社가 창립
1940년 2월 (文敎の朝鮮)	內鮮一體精神 新羅武士道	조선의 청소년들을 일본징병제도에 동참하도록 선동함	기원이천육백년기념논문, 조선교육회 발행
召和 18년 11월 11일(1943년)	「花郎徒精神의 再現. 젊은 學徒의 갈 길은 하나」	상동	소설가 張赫宙의 조선학도전원이 총궐기에 대한 숙망
召和 18년 (월일미상, 1943년)	「훌륭한 군인이 되자」	상동	韓相龍
1944년 3월 1일	韓國獨立黨 機關紙 「獨立評論」	新羅建國의 民族精神을 繼續 體現하여 花郎文化의 高潔耿介한 遺風을 宣揚할 것	獨立評論紙의 創刊辭 中
소화20년 4월 1일 (1945년)	「皇恩의 萬一에 奉答」	조선의 청소년들을 일본징병제도에 동참하도록 선동함	韓相龍

그러나 분명 화랑은 싸움터의 용장들이었을 뿐만 아니라, 화랑 출신의 엘리트들은 정치가로서의 영도력이 강했던 것은 물론, 학자로서는 슬기로웠고, 예술가로서의 재주 또한 탁월했으며, 종교인으로서도 당대의 선석(仙釋)들이 적지 않았다. 다시 말해 그들은 문무를 겸비한 용장이면서도 또한 '신'도 있고, '한'도 있고, '흥'도 부리고 '멋'도 있는 가장 사람다운 사람들이었던 것이다.[42]

그러나 이러한 화랑에 대한 연구는 어떠한 이유에서인지 북한보다

42) 한국향토사연구전국협의회 편, 『花郎文化의 新硏究』, 문덕사, 1995, '序文' 중.

는 남한에서 보다 활발히 진행되었다. 1920대 민족주의 사학자들은 민족운동의 일환으로 우리민족의 정치적 우월성을 강조하기 위해 화랑에 관심을 가졌으며, 반대로 일제 식민사학자들은 화랑을 일본의 무사도와 관련, 남방문화에서 기원한 것으로 보고 이를 원시공동체사회의 전사단[43]과 관련을 시켰다. 이러한 시도는 해방 이후 이승만 정권에 의해 남북의 분단 상황에서 북한에 대응하는 남한의 정통성을 은연중에 내세우고 박정희 군사정권이 자신들의 정통성을 찾기 위한 이론적 출구로서 화랑의 논리를 펴는 것과 연결된다.[44] 이러한 흐름 속에서 남한에서의 화랑에 관한 연구는 ① 민족정신의 앙양, ② 민족통일의 주체로서 청년학도의 정신교육을 위한 연구, ③ 군인들의 정신교육을 위한 연구, ④ 고유사상을 강조하는 경향, ⑤ 불교적인 측면을 강조하는 연구, ⑥ 도교적인 측면을 강조하는 연구 등으로 다양하게 확대되어 갔다.[45]

이러한 기존의 연구들을 앞세우고 범부의 화랑에 대한 연구가 그들과 구별되는 점은 무엇인가라는 커다란 의문에 우리는 다시 직면하게 된다. 앞서 이야기 된 바와 같이 범부는 '화랑'이 단지 상무정신이라는 단일한 측면만 부각되어 그 본래의 정신을 잃어가고 있음을 개탄해 왔

43) 이러한 양태는 아테네인들의 'ephebeia' 및 스파르타의 'Krypteia'와 견주어질 수도 있다(김열규, 「源花와 화랑－性의 갈등과 화랑: 왜 '원화'라야 했는가?－」, 『花郎文化의 新研究』, 문덕사, 1995, 89쪽).

44) 이러한 논리전개에 가장 큰 역할을 한 인물로 李瑄根(1905~1983)을 들 수 있다. 独立運動家で大韓民国の初代大統領(在任1948~1960)李承晩(イ・スンマン, 1875~1965)の指示のもと, 歴史学者李瑄根(1905~1983)は, 花郎を「花郎道」と規定しが大々的な宣伝を行った. 李瑄根は, 1949年に発表した『花郎道研究』の中で, 学生・青少年の愛国心をかき立てる後世の数々の出来事を花郎精神の発露と認定した. 国民国家形成のために「花郎精神なるもの」の総体が「花郎道」として創造され, 報国・殉国の犠牲的尚武精神として喧伝された(최재목, 「韓国における「武の精神」・「武士道」の誕生－花郎と武士道との結び付きへの批判的省察－」, 『양명학』 제22호, 한국양명학회, 2009.4).

45) 최광식, 「花郎에 대한 연구사 검토」, 『花郎文化의 新研究』, 문덕사, 1995, 59~60쪽.

다. 그러나 범부 역시 이러한 당시의 흐름을 자의든 타의든 거스르지는 못했던 것으로 보인다. 앞서 살펴본 『화랑외사』 '서'의 첫머리에 적혀있는 부분이 그것을 단적으로 말해주고 있으며, 또한 "민족중흥의 대 과업을 완수하기에 우리 온 겨레는 밤낮을 가리지 않고 피땀 흘려 싸우며 일하고 있다. 천변을 이겨낼 부지런함과 반공을 더욱 굳건히 할 정신무장을 한시도 게을지 않아야 할줄 믿는다."라는 책을 펴는 의의를 당당하게 밝힌 『재건국민문고』에도 범부의 『화랑외사』는 『화랑의 얼』이라는 제목으로 포함되어 있다.

그렇다면 자신도 인정한 화랑의 상무정신에 비판의 칼을 든 이유는 무엇이며, 그리고 무엇을 위해 그는 그 칼을 들었을까? 범부는 신채호의 역사관을 이야기하면서 그 부분을 이야기하고 있다.

> **이 花郎問題에 관해서 現代에 있어서 우리 先輩 가운데 누가 最初로 問題를 삼았느냐 하면 丹齋 申采浩氏입니다.**
>
> (중략)
>
> **何如間 이것이 民族自主的 自學에서 出發한 歷史 卽 國史를 記錄해야 되겠다고 생각 한 것이 누구냐고 할 것 같으면 丹齋 申采浩先生일 것 같습니다. 그런데 丹齋先生이 지은 「千年間大事件」이라는 書籍이 있는데 거기에는 固有한 國學의 精神이라는 것이 뚜렷이 나타나 있는데 그 中의 하나는 妙淸事件으로 西京亂에 主動者가 누구냐 할 것 같으면 중 妙淸인데 지금의 開城서 首都를 平壤으로 옮기자는 事件입니다.** 그 事件은 首都를 平壤으로 옮기자는 것이 아니라 妙淸의 다른 陰謀가 있었다고 합니다. 그때 말할 것 같으면 妙淸이 陰謀로서 한 것이라고 認定이 됩니다. 그때 거기에 누가 또 參加하게 되었느냐 하면 詩人으로 有名한 鄭之常이라는 사람인데, 그 詩가 淸新하고 有名한 詩입니다. 이 詩人 鄭之常이가 妙淸亂에 參加해 가지고 亂이 대단히 커졌는데 그 當時 이것을 치러간 元帥가 누구냐 하면 金富軾입니다. 그때에 그 亂을 平定하고 돌아왔습니다. 그랬는데 일은 그것입니다. 西京亂이라는 것은 妙淸이가 遷都하기 爲해서 일으킨 것이고 그 內容으로는 거기에 陰謀가 있었습니다. **여기에 申采浩氏의 見解**

> 는 무엇이냐 하면 이때부터 韓國의 國學이라는 것은 아주 亡했다는 것입니다. 왜냐하면 妙淸이가 亂을 일으켰던, 鄭之常이가 參加했던 안했던 이것은 어떤 精神으로 일어났느냐 할 것 같으면 國學的 精神 말하자면 鄭之常이는 國學本位란 말입니다. 金富軾이는 무엇이냐 할 것 같으면 北學派란 말이예요. 北學은 무엇이냐하면 中國學입니다. 그러면 이것이 어찌 되었느냐면 北學系統사람이 그 當時 勝利하게 되고 보니 結局은 이 國學系統이라는 것은 다 없어지고 말았다, 그러면 이 北學이 勝利하게 되자 점점 더 어떻게 되었느냐 할 것 같으면 곧 事大的으로 慕華的으로 되었다, 그 後에 이러한 精神을 代表한 金富軾이가 三國史記를 編修하였다, 이 三國史記 亦是 完全히 北學派의 思想意識을 代表한 物件이다, 그러므로 三國史記는 틀린 記錄이다, 이러한 結論에 到達한 것인데 여기에 있어서는 丹齋先生의 卓越한 見解도 있는 同時에 歷史的으로 보아서는 平靜을 잃은 일이 있습니다. 그 當時 사람들은 대개 金軾式이 같은 思想을 가진 사람입니다. 그러므로 누가 編修를 해도 그렇게 됩니다. 또 그 當時 金富軾의 所謂 北學派가 미워서 丹齋先生이 妙淸이나 鄭之常 이를 치켜 올렸지만 우리가 明瞭하게 歷史를 研究하는 데는 이 丹齋先生의 말을 그대로 追隨할 수 없고 여기서 國學의 精神이 漸漸 衰微해 가고 北學의 精神이 이 民族을 支配하게 된다는 그 氣脈을 觀察한다면 亦是 確然히 나타날 것입니다. 그런데 그 申采浩氏의 「一千年間大事件」 속에도 이 花郎問題에 言及했습니다.[46]

단재의 역사를 바라보는 탁월한 견해에도 불구하고 단재는 평정심을 잃은 가운데서 역사관을 기술하면서 화랑에 대한 곡해를 하고 있다고 범부는 보았다. 즉, 묘청의 난과 북학파 간의 힘겨루기의 과정에서 바로 기술되어야 할 역사가 힘의 불균형으로 한쪽에 편향된 성향으로 기술되었고, 단재는 이에 대한 냉철한 비판 없이 그것을 그대로 인용하면서 화랑을 이야기하고 있다는 것이다.

그렇다면 범부가 말하고 있는 화랑의 실체는 과연 무엇이며 그것은 어디에서 찾을 수 있는 것인가?

---

46) 김범부, 「國民倫理特講」, 『花郎外史』 삼판, 이문출판사, 1981, 215~216쪽.

아래의 인용문은 앞에서 이미 한차례 인용된 부분이기는 하지만 범부가 자신의 화랑상에 관한 가장 명확한 견해를 나타내고 있는 부분이기에 다시 한 번 인용하여 강조하고자 한다.

> 이 花郞을 眞正하게 認識을 할려면 花郞精神 가운데 세 가지 要素를 먼저 規定을 하고 그 規定 밑에서 이 花郞精神을 살펴야 花郞의 全貌를 觀察할 수 있습니다. 그세 가지는 무엇이냐 하면 첫째는 宗敎的 要素입니다. 둘째는 藝術的 要素입니다. 셋째는 軍事的 要素입니다. 그런데 一般的으로 花郞에 對한 常識은 대개 어떠한 觀念으로 規定되어 있느냐 할 것 같으면 軍事面으로 主로 置重되어 있을 것입니다. 一般의 常識化해 있는 花郞에 對한 觀念이 宗敎面과 藝術面이라는 것이 缺如해 있을 것으로 생각합니다.[47]

범부에게 있어 '화랑'은 군사적 요소, 종교적 요소, 예술적 요소 등 이 세 가지의 요소를 모두 갖추고 있는 '특별한' 사람으로 이 중에서 군사적 요소는 '국민윤리론'으로, 종교적 요소는 '무 · 동학 · 생명학'으로, 그리고 예술적 요소는 '풍류'와 그 흐름을 같이 한다.

아래의 〈도표 20〉은 범부가 생각하는 화랑상이 자신의 저서들 속에서 어떠한 모습으로 반영되고 있는가를 도표로 나타낸 것이다.

〈도표 20〉『화랑외사』, 『풍류정신』, 『정치철학특강』, 「국민윤리특강」

『花郞外史』		『風流精神』	『政治哲學特講』 「國民倫理特講」
군사적 요소	------------------------------〉		國民倫理論
종교적 요소	----〉	巫 · 東學 · 生命學	
예술적 요소	----〉	제 빛깔 · 제 길수 · 제 작 · 사우 맞다	

47) 위의 글, 218쪽.

48) 최재목 · 정다운, 「범부 김정설의 『풍류정신』에 대한 검토」, 『동북아문화연구』 20집, 동북아시아문화학회, 2009.9, 〈도표 4〉 인용.

이외에도 범부는 화랑을 통해 멋·화(調和)·제 작을 이야기하고 있다. 이러한 멋·화(調和)는 범부 사상의 이론적 중심이 됨과 동시에 '묘'라는 단어 이외의 것으로는 설명이 불가능한 것으로 상정되고 있다.

아래의 인용문은 이 세 가지 개념을 설명하고 있는 글의 내용이다.

> ① 다만 問題는 花郎이 信奉하는 道는 風流道이다. 이 風流道의 內容은 崔致遠의 記事로 보드라도 三敎를 包含해 있다고 생각합니다. 그런데 이 三敎를 包含한 것은 勿論이고 그 以外에 또 어떠한 特色이 있느냐 할 것같으면 멋이라는 特色이 있드라 이것을 우리가 알 것입니다. 그러면 오늘날 이 멋이라는 것이 墮落하고 頹廢해서 不健全한 現狀을 이루고 있는데 萬一 우리가 저 健全한 멋을 回復할 수 있다면, 亦是 三國統一大業을 이룩한 때와 같은 元氣가 있을 것입니다.
>
> 그러나 이 멋이라는 것을 그대로 살렸으면 좋겠다는 이야기는 아닙니다.
>
> **우리 固有한 傳統한가운데 花郎이 崇尙하든 風流道의 傳統이 있는데 이 風流道란 것은 現代 우리가 實際로 쓰는 말로 할 것 같으면 멋이라는 말로서 規定할 수 있을 것이다. 그런데 오늘날 우리가 보고 또 理解하고 있는 멋의 現狀이란 것은 大端히 古代의 風流精神과는 距離가 멀다. 이것은 멋 自體가 墮落한 것이다. 그러므로 萬一 健全한 멋으로 돌아갈 수 있다면 古代의 風流精神 그것일 것이다.** 그런 말입니다.[49]

> ② 가령 어떤 것은 즉, **忠孝를 崇尙한 것은 儒學과 彷佛하고 또 모든 善을 奉行하고 모은 惡을 짓지말라는 것은 佛敎精神과도 通하고, 말없이 가르치고 하염없이 敎化가 있다는 것은 老子精神에 合當하다고 하여 崔孤雲先生이 이 風流道는 三敎의 精神을 包含하고 있다는 것을 말했지만, 그러나 그것만으로서는 우리는 滿足치 못해요.** 그 以外에 佛敎와도 仙敎나 道敎와도 다른 特色으로서 우리가 살펴볼것이 있느냐 하는 問題입니다. 여기에 基實은 微妙한 問題가 들어 있다는 말입니다. 그것은 무엇이냐 하면, **人間의 價値判斷에 對해서, 人間의**

49) 金凡父, 「國民倫理特講」, 『花郎外史』 삼판, 이문출판사, 1981, 227쪽.

價値를 分別하는 그런 標準에 對해서 韓國사람은 韓國사람만이 所有한 어떤 다른 나라 사람도 그렇께 까지 明白히는 所有하지 않은 그러한 한 개의 價値判斷의 標準을 가지고 있다, 그말입니다. 이것은 其實은 要緊한 問題입니다. 무엇이냐 하면 가령 사람은 대체로 善惡의 標準에서 사람의 價値를 判斷한다는 것, 그것이 一般 常例인데 그 以外에 즉, 善惡標準 以外에 價値判斷의 標準을 求한다는 것은 다른나라 사람에게 있어서는 그렇게 明白하지가 않습니다. 韓國사람만은 善惡이란 標準하고는 좀 性格을 달리하는 標準에서 人間에 對한 價値判斷을 한다 이 말입니다. 그것은 무엇인고 하니 쉽게 말해서 그 사람이 善하다 혹은 惡하다, 智慧스러운 사람이다 혹은 어리석은 사람이다, 또 잘생긴 사람이다 못생긴 사람이다 하는 이것은 전세계 어떤나라 사람이든지 共通된 標準일 것이요. 그러나 韓國사람은 그 以外에 善惡도 아니요, 智愚도 아니요, 또는 美醜도 아닌 그밖에 한가지 것을 꼭가지고 있단 말입니다. 그것은 무엇이냐 하면, 사람을 보고 어떤 말을 하느냐 하면, **'싱겁다' '짜다' 이러한 말을 하는데 이때 '싱겁다' 하는 말은 그것이 決斷코 惡하다는 意味가 아니요, 또 못생겼다는 意味도 아니요, 또는 어리석다는 意味도 아닙니다. 또 '짜다'는 것은 반드시 善하다는 말이 아니요, 또는 智慧스럽다는 말도 아니요, 아름답단 말도 아니요, 그것이 밉다 이런 말도 아닙니다. '싱겁다'는 것은 무슨말인고 하니 어울리지 않는단 말이고, 째이지 않는단 말이고, 조화가 되지 않는다 사우가 맞지 않는다 이런 말입니다.** 그런데 한국사람은 이것을 거의 生理的으로 싫어하는데 그와같이 生理化된 意識이 너무 過敏하기 때문에 사람이 좀 偏狹할 수도 있습니다. 왜 그런고 하니 설령 道德的으로 큰 결함이 없고 또 學識으로도 無識치 않다고 하더라도 그 사람의 말이나 行動이 어울리지 않고 사우가 맞지 않을 때는 즉, 싱거운 때는 그 사람의 價値를 그다지 認定해 주지를 않는단 말입니다. 이것은 여러분이 얼른 觀念으로서 納得되지 않을 것입니다. 과연 實際 이런 경우에 臨할 때는 오라 꼭 그렇구나 이런 생각이 날 것입니다.

그런데 **사람을 評價할 때에 '싱겁다' '짜다'라는 味覺上의 標準이 우리 한국 사람에게 있어서 어째서 그렇게 重大한 問題냐 할 것 같으면, 그것이 우리의 가장 固有한 價値標準인 것을 그러한 말로서 味覺的으로 言表한 것이기 때문입니다. 즉 '짜다'는 말은 지나치게 간이**

맞는다는 말이고 '싱겁다'는 말은 도저히 간이 안맞는다는 말인데, 이 것을 味覺的으로 表示할 때에는 그런 '싱겁다' '짜다' 말로 表示하지만, 가령 어떤 사람을 싱겁다라고 말할 때에 '싱겁다'는 말은 곧 덜되었다, 설멋지다, 설다 이런 뜻을 함축하고 있습니다. 그러면 우리 民族이 이런 말로서 人物이나 물건을 評價하기를 좋아한다는 것은 무엇을 意味할까요? 다른 것이 아니라 그것은 우리 民族이 生理的으로 性格的으로 調和를 사랑한다는 것을 意味하며 이것이 우리 韓國民族의 特色이다 이런 말입니다. 調和를 싫어하는 사람은 世界 아무데도 없지만 特別히 强熱하게 調和를 사랑하는 것이 우리 韓國民族이다 이런 말입니다.[50]

③ 우리 **조선사람은 自身이 所有한 語彙가운데 스스로 놀랠밖에없는 偉大하고도 玄妙한 말을 가지고 있다.** 그런데 한개의 語彙가 이렇게까지 重大性을 가진다는 것은, 얼핏들으면 종 誇張的이 아닌가하는 疑惑도 아주 없지는 않을것이다. 그러나 이건 其實 조금도 誇張的인 嫌疑는 없는것이다. 왜냐하면 말이라는 것이 어떤 個人의 常套語가 아니고, 어떤 民族이 歷史的으로 社會的으로 所有하고있는 語彙인즉, 그것이 그냥 말이 아니라 그것은 그사람들의 性格이요 生理요思想인 것이다. 원체 말이란 입에서나는 소리가 아니라 귀로 들을수 있는 思想이다. 그러므로 어떤種類의 意味깊은 語彙를 가졌다는 것은 곧 그 思想을 가진것이고, 또 그 性格과 生理를 가진 것으로 보아서 옳은것이다. 그런데 **이 신통한 語彙란 다른것이아니라 우리말로『제작』이란 것이다. 그런데 이『제작』이란말은 우리 겨레에 있어서는 그냥 말이 아니라 그것이 思想이요 性格이요 生理인것이다. 그러고보면 우리는『제작』이란 思想또는 그 性格 그 生理의 所有者인것이 분명하다.**

(問)…… 그러면 그『제작』이란 어떠한 意味를 가졌으며 그것이 조선사람의 自然觀과 따라서 조선文化의 性格과 어떠한 關聯을 가졌는가?

(答)…… 우리는 이런말을 한다. **『그것 참 천생으로 되였다』或은『천작으로 되였다』또는『천생 제작으로 되었다』이를테면『아무 사나이에겐 아무 계집이 제작이다』할 때 그 제작이란 꼭 들어맞는 것 사우맞는 것을 뜻하는 것이다. 이 제작의『제』는『저절로』라는 뜻으로**

50) 위의 글, 129쪽.

> **漢字의 『自』와 같으며 『작』은 『이루어졌다는것』을 意味한다. 가령 길을 지내가다가 어떤 天然物이 사람의 마음에 꼭 맞도록 되었을때 感嘆하는 말이 『천생으로 되었다』 『제작으로 되었다』 하는것이다.** 이를테면 어떠한 돌이나 그렇잖으면 다른것이라도 그것이 사람의 손을 대지않고 사람의 마음에 꼭 맞을수있는 어떤 物象을 이루었을때, 다시말하면 어떤 天然石이 사람의 손을 대지 않고 그대로 塔처럼 되었거나 또는 호랭이나 개 모양으로 되어진 것을 볼때 發하는 말이다. 그런데 **『人工을 加하지 않고 저절로 사람의 義匠에 꼭 맞는 것을 제작이라고 하는데 그치지 않고 그와反對로 人工을 가한 것 손을 대어서 만든 것이 꼭 天然物과 彷彿할때도 제작으로 되었다고한다.』 가령 사람이 만든 그릇이 다시 빈틈없이 잘 되었을때 제작으로 되었다고 하는것이다.**
>
> 그러고보니 **『이 제작이란 말은 自然히 人爲에 合한 것에나, 人爲가 自然에 合한 것에나 通用하는 말이다.』 妙味는 여기 있는것이다. 自然히 人爲대로 이뤄져있고, 人爲가 自然대로 이뤄져있는 것이 아니라, 그냥 自然만이라든가 그냥 人爲만이라든가 하는 것은 제작이 아니다. 人爲와 關聯없는 自然이라든가, 自然과 關聯없는 人爲라든가 그것은 다 제작이 아니다. 人爲의 調和가 成就된 自然, 自然의 調和가 成就된 人爲 이것은 그 實相에 있어서 둘 아닌 하나이며 그 이름이 곧 제작이다. 要컨대 自然의 承認을 完全히 얻은 人爲, 人爲의 承認을 完全히 얻은 自然, 여기는 분명히 天人妙合의 契機를 가지고 있다.**[51]

범부는 위의 세 단락의 글을 이용하여 자신의 사상의 정수에 해당하는 멋 · 화(調和) · 제 작 · 묘를 모두 이야기하고 있다. ①에서는 우리 고유한 전통 가운데 화랑이 숭상하던 풍류도를 '멋'이란 말로, ②에서는 우리 민족이 생리적으로 성격적으로 유난히 '조화'를 사랑한다는 의미에서 화(조화)를 이야기하고 이것이 다른 민족과는 구별되는 우리 한국민족의 특색이라고 말하고 있다. 그리고 ③에서는 '제작'이란 단어를

51) 김범부, 「조선 文化의 性格」, 최재목 · 정다운 엮음, 『凡父 金鼎卨 단편선』, 도서출판 선인, 2009, 24~25쪽 참조.

말하고 있는데 이는 '꼭 들어맞는 것', '사우 맞는 것'을 뜻하는 것으로 여기에서 '제'는 '저절로'라는 뜻으로 한자의 '자(自)'와 같으며 '작'은 '이루어졌다는 것'을 의미하며 어떤 천연물이 사람의 마음에 꼭 맞도록 되어 있는 상태를 보고 감탄하는 말이 '천생으로 되었다', '제 작으로 되었다'라고 한다는 것이다. 그리고 이 모든 멋 · 화(조화) · 제 작에는 자연의 승인을 완전히 얻은 인위, 인위의 승인을 완전히 얻은 자연, 여기는 분명히 천인묘합의 계기를 가지고 있다고 범부는 보았다.

화랑이란 이름으로 우리는 범부의 사상을 보았고 그 이름을 통해 범부가 진정 말하고자 하는 것이 무엇이었는가를 간접적으로나마 살펴보았다. 범부는 풍류도와 화랑을 통해 멋 · 화(조화) · 제 작 · 묘라는 키워드를 사용하고 있지만 시대적 요청으로 당대 지식인들에게 요구되어지던 새로운 나라를 위한 통합적이고도 집단 정체성을 명확히 부여할 수 있는 건국이념을 만들어내지 않으면 안 되었다는 점 역시 간과해서는 안 될 것이다. 그리고 이를 위해 범부는 우리 민족에게 상고시대는 물론 일제강점기를 거치면서까지 전혀 낯설지 않게 느껴지던 화랑을 건국정신의 화현으로 드러낸 것이라 볼 수 있다.

3. 범부의 동학 재평가

지금까지의 논의를 통해서 알 수 있듯이 어떻게 보면 범부 이론의 종착점은 '동학'이라 할 수 있다. 무와 샤머니즘으로부터 시작된 한반도의 종교는 신라의 화랑을 거쳐 더 굳건해졌다. 그러나 그 후 외세의 무분별한 유입과 또 그것과의 융섭을 통해 우리민족만이 가지는 숭고한 풍류도가 저급한 문화로 전락하고 말았던 것이다. 이러하던 것이 경주의 최제우에 의해 새롭게 재생되니 말 그대로 '역사적대강력'이며 동시에 '신도성시정신'의 '기적적 부활'이라 할 것이다. 또한 '국풍의 재생'이라 할 것이며 '역사적 경이'라 할만한 정말 어마어마한 사건[52]으로 범부에게 인식되었던 것이다.

그렇다면 동학의 어떠한 점이 범부에게 이토록 절대적인 것으로 비춰지게 되었으며, 또한 범부의 동학에 대한 이러한 관점은 과연 올바른 것인가에 대한 논의를 전개해 보고자 한다. 이를 위해 범부가 이해한 계시종교로서의 동학과 인간 최제우에 대한 이해, 그리고 신라정신과 동학과의 관련성을 짚어볼 것이다.

1) 계시종교로서의 동학

'계시종교'라 함은 신의 은총을 기초로 하는 종교로 토템 등과 같은 '자연종교'와는 상반되는 개념이다. 계시종교에서 '계시'는 선택 받은 자만이 누릴 수 있는 특권이며 그것을 이룰 수 있으며 신의 목소리를 대변할 수 있는 반면, 자연물 하나하나에 영혼이 있음을 인정하고 누구나가 그것을 향해 진심으로 기원한다면 복을 받을 수 있다는 자연종교와는 그 근본이 다른 것이다.

동학이 범부에 의해 '계시종교'로 명명될 수 있었던 가장 큰 이유는 신내림[강령], 그것도 대강령을 받은 일일 것이다. 아래의 인용문은 일반인들과는 다른 대강령을 받은 수은에 대한 범부의 설명이다.

> 그래 **최제우는 내림을 받고 살아 온 혈통과 아울러 내림의 역사적·사회적 훈습을 입어 온 심신이다. 그렇다고 해서 수운이 무당을 찾아가서 내림을 받았을 것이라고 생각되지는 않는다. 그런데 그에게 내림 중에서도 큰 내림, 역사적 大降靈이 내리게 된 것은 무슨 이유에선가?** 무릇 어떠한 역사적 大創見도 아무런 유래 없이 생기는 수는 없는 법이니 그 역사적 대강령 庚申 4월 天啓, 그것만은 유래 없이 온

52) 김범부, 「최제우론」, 『풍류정신』, 정음사, 1986, 90쪽 참조.

것이란 그런 사유는 결코 있을 수 없는 일이다. 아니 創見일수록, 大創見일수록 반드시 그 유래가 있는 법이다.

수운의 불교에 대한 조예가 그리 깊을 리 없고, 仙道 에 대해서나 漢土의 丹學에 대해서도 많은 공부를 한 흔적은 보이지 않는다. 수운의 교양과학식은 오직 유학, 그중에서도 宋學의 經學에 대해서 그 대강을 해득한 모양이다. 그러고 보니 수운의 심중에 그나마 그동안 좌정했던 **宋儒學 적 天은 수운의 근본적인 회의**로서 그 왕좌로서의 동요가 이미 왔던 것이다. 그래서 그 **所宗에 대한 신뢰를 상실**했을 때는 한동안 허무의 오뇌에 시달리기도 했을 것이다. 그중에 본토 **神道의 所宗인 하느님만은 그 심장에 민족문화사적 생리로서 잠재**해 있었던 것이다. 그러나 宋儒學적 天이 그 심중의 왕좌를 점거했을 동안은 하느님의 성격에 대한 의식은 자각되지 못했을 것이다. 그런데 이도 역시 문화교류사적 연쇄인과현상으로서 **기독교의 천주의 성격은 수운의 허무적 심경을 고독시켰을 것이고 인하여 그 심중에 잠재해 있던 하느님의 의식이 방불한 共鳴과 함께 자각을 한 모양이다. 그런데 하느님은 宋學적 천과 같이 하나의 도리라든지 법칙이라든지 하는 종류의 합리적인 원칙만이 아니라, 사실인즉 기독교의 천주와 같이 상벌도 있고 기원도 들을 수 있고 또 계시**(강령)**도 내릴 수 있는 '靈活의 절대존재' 의 성격을 가진 편이다. 이러한 하느님 의식에 자각한 수운은, 인하여 기독교의 계시적 설화를 들을 때 하느님 의식의 자각과 함께 내림**(강령)**에 대한 의식마저 각성할 수밖에 없었을 것이다.** 그리하여 얼마동안 하느님 · 내림, 이러한 의식이 심중에 왕래하면서 일념의 수행이 의식적 혹은 무의식적으로 정통했던 모양이다. 이러다가 **마침내 庚申 4월 5일에는 그 功行이 盈科 하면서 機緣이 성숙한지라 '하느님의 내림'이 내린 것이다. 즉 이것이 천주의 강령이니 계시, 묵시, 天啓 등의 어휘로 표현되는 것이며, 邦譯을 하자면 '내림'이란 이외에 다른 말이 있을 리 없을 것이다.** 그래 하느님 · 내림은 본토 神道의 고유한 사상인데 천주와 계시는 기독교의 정신으로서 **고유의 神道의 혈맥을 潛藏한 최제우는 기독교 교설의 자극을 받아서 하느님의 의식이 蘇惺을 하고 인하여 내림 중에도 큰 내림이 내리게 된 것이다.** 그래서 **수운은 漫然히 天이라 하지 않고 '천주'란 말을 쓰게 되니 곧 '영활한 하느님'을, 또 그 '영활한 내림'을 체증한 까닭이다.** 더구나 侍天主라던가 造化定이라는 것은 무엇을 말하는 것일까?[53]

범부의 설명과 같이 수운은 남다른 총명함에도 불구하고 그다지 평범하지 못한 환경과 그로인한 학습의 한계로 그럭저럭 하루하루를 살아가는 그런 인물이었다. 그러다 우리의 것[神道]이 아닌 기독교와 송유의 천에 대한 의심을 가지게 된 수운을 걷잡을 수 없는 혼란의 소용돌이 속에서 '하느님'의 존재를 자각, 그 누구와는 구분되는 대강령을 받게 되다. 그리고 그 후, '하느님'이라는 말 대신, '천주'라는 말을 쓰게 되니 이것은 수운 자신이 '영활한 하느님'을, 또 그에 의한 '영활한 내림'을 받았기 때문일 것이라 범부는 풀이하고 있다.

범부는 최제우에게 내려진 대강령을 당연한 시대적 요청으로 보았다. 즉, 국풍으로서 신도가 우리 전통문화의 근원임을 누차 강조한 범부는 신라에 와서 그것이 풍류도로 발전, 더할 나위 없이 성장하고 세련되어 신라의 번영을 가져왔다고 보았다. 그러나 이 기운이 후대로 갈수록 점점 희미해져 말경에는 '굿'이나 '무당' 패거리로 전락하게 되었던 것이다. 이러한 때에 시대적 요청에 의해 수운은 '하느님'의 진상을 증언하고 '대강령'을 받아 그 위력을 세상에 다시 천명하니 이것이야말로 역사의 기적적 약동이며, 이 역사적 대사건의 주인공인 최제우는 실로 기적적 존재, 불세출의 존재로 각인되었던 것이다. 그리고 이러한 일련의 흐름은 범부가 보기에는 지극히 자연스러운 것이었다.[54]

이렇게 기적적이고 불세출의 존재인 수운에 의해 만들어진 종교인 '동학'은 인권평등사상을 그 바탕에 두고 있으며 이러한 사상은 단군의 신도를 거쳐 신라의 풍류도에 이르기까지 면면히 이어져 오던 우리네의 것이다. 따라서 범부에게 있어서 수운의 동학은 단지 하나의 종교, 또는 종교집단으로서가 아니라 외세의 유입으로 그 명맥이 전락했던 우리의 전통문화를 기적적으로 되살려 줄 '국풍재생'의 유일한 종교[55]

---

53) 위의 글, 91~92쪽.

54) 위의 글, 103쪽.

55) 그러나 동학이 '종교'라는 범부의 '동학'에 대한 견해가 '동학'에 대한 오해에서

였던 것이다. 다시 말해 범부는 최제우의 동학 사상 안에서 미래의 가능성을 발견한다. 즉 인간 최제우는 유학에서 출발하지만, 그의 하느님 체험의 바탕에는 고유의 샤머니즘을 담고 있는 풍류도적 하느님 체험이 바탕에 깔려 있다. 그런 바탕이 단지 유교적 교육과 사유에 의해 가려져 있었을 뿐이다.[56]

그리고 이러한 의미에서 '동학'이 범부 이론의 종착역이라 말해질 수 있을 것이다.

2) 최제우에 대한 이해[57]

범부와 수운의 관계는 비단 이러한 사상적 연관선상에만 있는 것은 아니다. 얼마 전 범부의 외손자인 김정근과의 전화 통화를 통해서 듣게 된 사실이 이를 방증해주며, 그 내용을 김정근은 자신의 글에 다음과 같이 적고 있다.

> 산책길에서 범부는 나더러 이런 저런 이야기를 많이 해주었다. 그런데 이상하게도 나는 큰 흥미가 없었다. 아마도 당시로서는 나에게

비롯된 것이라는 지적이 있다. "일찍이 동학의 선배들은 동학을 '믿는다' 하지 않고 '한다'고 했다고 한다. 바로 여기에 동학이 'Religion'이 아닌 까닭이 숨어 있다. '동학을 한다'는 말은 동학이야말로 어디까지나 사람이 마땅히 배워야 할 길이요 실천해야 할 학문이라는 뜻이겠고, 이른바 唯一神을 전제로 하는 종교와는 질적으로 구분된다는 뜻이 들어있다고 하겠다(박맹수, 「범부 김정설의 동학관」, 제5회 동리목월문학 심포지엄 자료집 『東學 창시자 崔濟愚와 한국의 천재 金凡父』, 경주 동리목월문학관, 2010.3, 77쪽)."
그러나 여전히 '민족종교로서의 동학'으로 인정되는 경우가 더 많다는 사실을 우리는 간과할 수 없을 것이다(황선희, 『동학 · 천도교 역사의 재조명』, 도서출판 모시는 사람들, 2009 참조).

56) 이용주, 「凡父 金鼎卨의 사상 체계와 전통론의 의의」, 2009年 凡父研究會 第2回 學術세미나 자료집 『新羅－慶州－花郎精神 發掘의 先覺者 凡父 金鼎卨의 思想世界를 찾아서』, 凡父研究會, 2009.10, 123쪽.

57) 이 장은 범부에 관한 한 가장 많은 기억을 가지고 있는 범부의 외손자 김정근의 구술과 글을 많은 부분 활용하고 있음을 미리 밝히는 바이다.

그의 말씀을 들을만한 귀가 없었던 것 같다. 당시 10대 중후반이었던 나에게 그의 말씀은 이해하고 소화하기에 좀 과한 것이 아니었던가 싶다. 범부는 내가 알아듣고 못 알아듣고 여부를 개의하는 것 같지는 않았다.

그런 나를 상대로 범부가 산책길에서 한 번씩 내지르던 소리가 있었다. 그는 빠르게 발걸음을 옮기면서 제법 큰 소리로 "**이 나라 역사에서 최복술이 큰 인물이다.**"라고 했던 것이다. 그것은 경주 시절에도 그랬고 사직동 시절에도 그랬다. 나는 당장은 그것이 무슨 말씀인지 전혀 몰랐다. 나중에 알고 보니 그것은 수운 최제우를 일컫는 것이었다. 나는 나이도 어리고 미숙했기 때문에 더 이상 관심을 가지지 않았고 물어보지도 않았다. **최복술이란 호칭은 수운과 범부의 공통의 고향인 경주 지역에서 흔히 부르던 수운의 아명(兒名)이 아니었던가 싶다. 범부는 그 뒤에도 반드시 최복술이란 이름으로 부르곤 했다.**

지금 생각하면 그것은 동학에 대한 그의 대단한 관심의 표명이었다. 당시에 그가 희망을 건 생명줄이었는지도 모른다. 다만 그때로서는 내가 앞뒤를 분간하지 못하고 감을 잡지 못했을 뿐이었다. 거듭 말하지만 나는 당시에는 그의 말씀을 알아들을 지적 준비가 되어 있지 않았던 것이다.[58]

범부가 태어나 자랐던 경주 지방의 전반적인 학풍은 유교였다. 그리고 자신이 조선의 유학자 점필재 김종직의 후손임을 뼛속 깊이 알고 있었던 범부였다. 그런 범부가 '동학의 창시자인 최제우'를 그리도 높이 평가하며, 또한 자신의 사상의 종착점으로 삼으려고 했던 이유는 어디에 있을까?

범부의 최제우에 대한 이해는 다음과 같이 정리될 수 있다. 창조적 정신의 소유자였던 최제우는 유학에서 출발하지만, 시대적·환경적 요인에 의해 초래된 정신적 위기를 겪는다. 그러나 그는 실패에 굴복하지 않고 새로운 창조를 위한 고뇌를 거듭하던 중 하느님 체험을 하기

---

58) 김정근, 「내가 보는 범부와 동학」, 제5회 동리목월문학 심포지엄 자료집 『東學 창시자 崔濟愚와 한국의 천재 金凡父』, 경주 동라목월문학관, 2010.3, 218~219쪽.

에 이른다. 그 하느님 체험을 통해 최제우는 하늘을 섬기고, 모든 인간에게서 하느님의 존엄을 발견하는 시천주 사상을 완성한다. 거기서 사람이 하늘이라는 동학의 핵심 사상이 꽃필 수 있었던 것이다. 범부는 그의 하느님 체험이 우연히, 누구에게나 주어지는 것이 아닌, 창조적 천재에게 어울리는 필연적인 요인이 작용했다고 보았던 것이다. 즉, 범부에 따르면, 동학은 수운의 내면에 잠재된 샤머니즘의 무의식이 서양 종교의 충격에 의해 현재화되고, 어릴 적 익힌 동양적 · 유학적 사유가 서양적–샤머니즘적 신비 체험과 결합된 동서고금의 사상의 종합체로 나타난 것이다.[59)]

그리고 사적으로는 범부의 조부인 동범(東範)[60)]과 최제우와의 관계에서 찾아볼 수 있을 것이다. 동학계통의 지식인이었으며 숨은 어린이 운동가였던 소춘(小春) 김기전(金起田, 1894~1948)[61)]에 의하면 범부의 조부인 동범은 유년기 때부터 이웃에 살던 최복술(崔福述)과 서로 자주 어울리는 친구 사이였다[62)]는 것이다. 이 최복술이 바로 후일의 동학 창시자 수운 최제우였던 것이다. 이처럼 범부는 어린 시절 자신의 조부로부터 수운에 대한 거부감 없는 경외심을 가지게 되었던 것이다. 그리고 자신이 펼치고자 했던 이론의 핵심과 가장 부합되는 인물 역시 수

59) 이용주, 「凡父 金鼎卨의 사상체계와 전통론의 의의」, 2009年 凡父硏究會 第2回 學術세미나 자료집 『新羅－慶州－花郎精神 發掘의 先覺者 凡父 金鼎卨의 思想世界를 찾아서』, 凡父硏究會, 2009.10, 122쪽.

60) 범부의 조부인 東範에 대한 이야기는 김정근, 「凡父의 家系와 가족관계」, 2009年 凡父硏究會 第2回 學術세미나 자료집 『新羅－慶州－花郎精神 發掘의 先覺者 凡父 金鼎卨의 思想世界를 찾아서』, 凡父硏究會, 2009.10, 44~72쪽 참조.

61) 문필가로 천도교인이다. 小春은 호. 보성전문을 나온 후 1909년에 천도교에 입교하였으며, 매일신보사의 사원, 잡지 『開闢』의 주필, 천도교 청년당 黨頭 등을 역임했다(『韓國史大事典』, 柳洪烈 감수, 풍문사, 1974, 255쪽).

62) 김정근, 「내가 보는 凡父와 東學」, 제5회 동리목월문학 심포지엄 자료집 『東學 창시자 崔濟愚와 한국의 천재 金凡父』(수정 · 보완판), 경주 동리목월문학관, 2010.3, 5쪽.

운이었던 것이다.

반복적으로 이야기되고 있는 부분이지만, 범부는 풍류도를 우리 민족문화의 정수로 파악, 미래 경영을 위한 사상적 자원으로 '천명'한 바가 있었다.[63] 그리고 그러한 범부를 일러 '백결선생'과 같은 화랑의 삶을 살았다고 하는 이도 있다.[64]

아래의 글은 범부와 수운의 관계가 어떻게 세상에 알려졌는지를 적고 있는 김정근의 글 중 일부이다.

> 3월 4일이다. 畏友 金鼎卨 君을 우연히 開闢社 편집실에서 만났는데, 그가 慶州 사람인 관계상 말이 어느덧 大神師 문제에 미치게 되었다. 그는 어렸을 때부터 자기 조부에게 들은 말이라고 하면서 大神師에 관한 이야기를 꽤 많이 하였다. 김군의 말에 의하면 자기 조부는 乙酉生으로 금년이 百歲로서 大神師보다 한 해 아래였는데 幼時로부터 大神師와 從遊하여 너, 나하며 무간하게 노는 처지였다. 그러나 大神師가 한 번 左道亂正의 이름을 얻은 후로부터는 형식상 大神師와 교제를 하지 못하게 되었다는 말이다.[65]

김정근에 의하면, 범부의 조부 동범과 수운 최제우의 친구 관계 이야기는 범부 자신의 구술에 의해 세상에 처음 알려졌으며, 그 내용은 소춘의 필력을 통해 기록으로 남겨졌다. 이 글 속에는 범부가 자신의 조부와 동네 노인들에게서 들은 것이라고 하면서 수운에 관해 전한 이야기들이 담겨 있다. 그 대강은 다음과 같다.

---

63) 위의 글, 5쪽.

64) 이완재는 범부를 "신라정신 풍류도의 화신"이라고까지 일컬었다(이완재, 「범부 선생과 동방사상」, 제5회 동리목월문학 심포지엄 자료집 『東學 창시자 崔濟愚와 한국의 천재 金凡父』, 경주 동리목월문학관, 2010.3, 18쪽).

65) 金鼎卨 구술, 小春(金起田) 글, 「大神師 생각」, 『天道教會月報』 162호(1924. 3), 16~17쪽(김정근, 「내가 보는 凡父와 東學」, 제5회 동리목월문학 심포지엄 자료집 『東學 창시자 崔濟愚와 한국의 천재 金凡父』(수정 · 보완판), 경주 동리목월문학관, 2010.3, 6쪽 재인용).

〈도표 21〉 인간 최제우[66]

인상	키는 크지 않고 중키가 될 듯 말 듯 하였으며 몸은 호리호리하였으며 천고의 미남으로 그 얼굴이 사실 거울과 같았다. 그러나 그의 눈은 역적의 눈이요 역적보다 더 큰 일이 세상에 있다 하면 그런 큰일을 저지를 눈이었다.
성질	어떤 틀 안에 들기를 죽기만큼 싫어하였고 생래적으로 이 세상의 모든 것과 타협하는 성격이 아니었다.
복술이	재가한 과부의 자식이긴 하나 수운은 그 아버지의 만득으로 애주중지 사랑을 받으며 자랐다. 그래서 얻은 兒名이 福述이다.
체포	경주에서 동으로 약 20리 떨어진 형산강 변에서 체포되었다. 자신의 이론을 편지 채 3년도 되지 못한 때였다.[67]

66) 金鼎卨 구술, 小春(金起田) 글, 「大神師 생각」, 『天道敎會月報』 162호(1924. 3), 16~17쪽(김정근, 「내가 보는 凡父와 東學」, 제5회 동리목월문학 심포지엄 자료집 『東學 창시자 崔濟愚와 한국의 천재 金凡父』(수정 · 보완판), 경주 동리목월문학관, 2010.3, 6~7쪽 참조).

67) 아래의 시는 최근 범부의 동학론에 관심을 갖고 있는 시인 김지하가 수운의 죽음을 아쉬워하며 적은 싯구이다(김지하, 『이 가문 날에 비구름』, 동광출판사, 1988, 92~93쪽 ; 박맹수, 「범부 김정설의 동학관」, 제5회 동리목월문학 심포지엄 자료집 『東學 창시자 崔濟愚와 한국의 천재 金凡父』, 경주 동리목월문학관, 2010.3, 88쪽 재인용).

아아 꽃 한 송이
이슬처럼 지네
매운 눈보라 속
철 이른 꽃 한 송이
이슬처럼 지네
비바람 눈보라 거듭 지나면
영원한 봄 오리라 말씀하신 분
오만 년 후천개벽 때가 찼으니
이 땅이 먼저리라 말씀하신 분
사람이 한울이니 사람 섬기되
한울같이 섬기라 말씀하신 분
수운 수운
우주의 꽃 한 송이
지네 지네
아득한 고향 돌아가네
가고 다시 돌아오지 않음 없는 고향
온 세상 꽃 피어날

범부가 소춘을 만난 자리에서 자신의 조부와 마을의 노인들로부터 어려서부터 들었던 수운 이야기를 전한 때로부터 꼭 36년이 지난 1960년에 범부의 「최제우론」이 발표되었다. 그것은 범부의 나이 64세 때였다. 지면은 국제문화연구소가 동학창도백주년기념특집으로 펴낸 『세계』 1960년 5월호였다. 이 글은 그 뒤 정음사에서 나온 『풍류정신』에 수록되었다.

그리고 같은 해인 1960년, 그러니 그가 세상을 떠나기 6년 전이 되는 해에 범부는 짧지만 의미심장한 또 한 편의 동학 관련 글을 남겼다. 그 해 초에 『한국일보』 지면에 「운수천리(雲水千里)」라는 제하에 10회에 걸쳐 겨울 여행기를 집필했던 것인데 그 가운데 5회째 분이 「용담(龍潭)을 바라보고서」였다.[68] 그는 그 글에서 자신의 어렸을 적 기억을 되살리면서 신문사 일행과 함께 실제로 경주 금장 나루터에 서서 바라보는 수운의 고향 마을을 묘사했다. 그는 글에서 예로부터 경주 지방에서 부르던 대로 '매룡골', '현실'이라고 했으며 그것은 바로 마룡동(馬龍洞)과 현곡면(見谷面)을 이르는 말이었다. 그는 같은 글에서 동학은 계시종교라는 것과 우리 무속에서 유래했다는 점을 또다시 지적했다. 그 부분을 범부 자신의 표현에서 확인하면 다음과 같다.

> 수운의 증득(證得)한 종지(宗旨)는 일종의 계시종교(啓示宗敎)인 바 유불선과는 다소의 거리가 있는 것이다. 천어(天語)를 듣는다니 강신

영원한 봄의 시작
죽음이여
수운의 죽음
아아
이슬처럼
철 이른 꽃 한 송이
눈 속에 지네

68) 김범부, 「운수천리」, 최재목 · 정다운 엮음, 『凡父 金鼎卨 단편선』, 도서출판 선인, 2009.

(降神)을 한다니 모두 계시종교의 특색을 가졌는데 이건 또 수운의 말씀한 바와 같이 서학(西學)에서 온 것도 아니다. 이건 다름 아닌 우리의 신도(神道) 곧 무속(巫俗)에서 유래(由來)한 것이다.[69]

범부의 겨울 여행기 10회분은 최근에 범부연구회의 끈질긴 노력 덕분에 빛을 보게 된 단행본 『범부 김정설 단편선』[70]에 수록되었다. 범부의 글을 자세히 검토해 보면 동학 관련은 범부 생애의 마지막까지 최대의 감탄사를 수반한 관심의 대상이 되고 있었다는 것을 알 수 있다.

그러나 동학과 관련된 범부의 글은 1924년의 『천도교회월보』에 실린 구술자료 한 편, 1960년 동학100주년 때 나온 비교적 장문의 「최제우론」, 같은 해에 『한국일보』에 실린 겨울 여행기 「용담을 바라보고서」가 모두이다. 이것이 범부를 연구하는 후학자들에게 주어진 어쩔 수 없는 조건이며 한계 상황이다.

3) 신라정신과 동학

동학은 새로운 문화적 정통 계보론을 수립하고자 하는 범부 사상의 종착지였다. 우리는 범부의 논의가 결국 사상적 천재로서 최제우와 그가 창도한 동학을 우리의 문화적 대안으로, 다시 말해 새로운 정통으로 내세우기 위한 과정이었다고 생각한다. 범부는 동학이야말로 신도, 풍류도로 이어지는 전통적 요소를 온전히 이어받고 있는 전통의 완성이며, 동과 서의 문화를 통합하는 미래적 가능성이라고 주장한다.[71]

그렇다면 범부의 이러한 구상의 출발점은 어디였던 것일까? 부끄럽

---

69) 위의 글, 2009.

70) 위의 글, 2009.

71) 이용주, 「凡父 金鼎卨의 사상체계와 전통론의 의의」, 2009年 凡父研究會 第2回 學術세미나 자료집 『新羅－慶州－花郎精神 發掘의 先覺者 凡父 金鼎卨의 思想世界를 찾아서』, 凡父研究會, 2009.10, 211쪽.

〈그림 19〉 동학의 분포도[72]

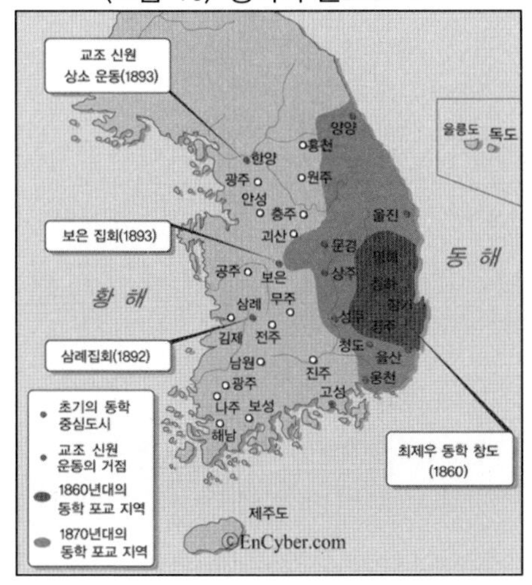

지는 않지만 그래도 과히 자랑스럽다고만은 할 수 없는 우리 한국사에서 지금의 난국을 타개하기 위해 다시 주목되어질만한 가치가 있는 것은 과연 어느 시대였을까?

여기에서 범부는 신라라는 '민족'[73]을 이끌어낸다. 수동적인 '민'과는 구별되는, 그리고 정치적 집단결속력을 가진 국가와는 구별되는 신라민족을 범부는 험난한 한국사를 타개할 하나의 모델로 삼았다. 아니, 좀 더 자

---

72) 출처 http://cafe.naver.com/killhistory/982(검색일자: 2010.2.1).

73) "1990년대 이후 한국의 지식인 사회에서 화두가 되었던 것은 당연히 '민족'의 문제였다. 더욱이 민족과 관련된 논의는 진행과정에서 여러 파생 담론을 끊임없이 재생산해내면서 현재까지도 인문사회과학계를 뜨겁게 달구고 있다.……전근대사회에서 민은 항상 하층신분, 피지배계급으로 존재하면서 상층신분, 지배계급과는 구분되는 존재였다. 그럼에도 이들은 끊임없는 자기성장을 이루어 나갔고, 이에 따라 지배층의 민에 대한 인식도 바뀔 수밖에 없었다. 이 변화의 방향은 점진적이기는 하지만 양자의 경계를 허무는 추세로 나아갔는바, 이는 곧 민의 정치적 성장을 의미하는 것이었고, 궁극적으로는 '主權在民'을 실현하는 것이었다.……한국사에서 민은 각 시대마다 자신의 존재를 역사에 각인시키면서 한 단계씩 성장해왔고, 마침내 '정치적 주체', '역사의 주체'로서의 위치를 당당하게 확보하였다.……실학자들이 가졌던 민에 대한 인식이 있었기에 대한제국시기 의병운동을 이끌었던 의병지도층이 민을 참정권을 가진 '정치의 주체', 자국의 역사를 이끌어가는 '역사의 주체'로 인식할 수 있었던 것이다.……그러나 일제에 의한 국권의 상실은 이 성장을 불가능한 것으로 만들었다. 대신에 식민지적 조건을 극복하는 민족해방운동 과정에서 민은 스스로를 계급적 존재로 자각함과 동시에 '민족'으로 결집을 추도하는 주체로 인식되었다고 생각된다(이석규 편, 「서문」, 『'民'에서 '民族'으로』, 도서출판 선인, 2006 참조)."

세히 말하자면 자신이 말하고자하는 정신사상 풍류를 가장 잘 성장시키고 발현시킨 민족으로, 그리고 인간평등의 기본정신을 동학에 가장 잘 전달해 준 주체로 신라를 '우리가 계승해야 할 것'으로 천명했던 것이다.

물론 일제 식민지기에도 고구려의 상무정신을 이야기하고, 신라의 화랑정신을 이야기하며 탁상공론을 펼친 많은 지식인들이 있었다. 그러나 분단의 결과로 고구려의 상무정신은 북의 이념으로, 신라의 화랑정신은 남의 이념으로 나누어지게 되었다.

앞서 이야기 된 바와 같이 단재의 신라에 대한 부정적인 인식을 비판하면서까지 범부는 신라를, 그리고 신라정신, 화랑정신, 풍류를 제일 앞에 세우고자 하였다. 이것은 비단 자신만의 이론을 구축하기 위한 편협한 생각이라기보다는 우리 민족사를 관통하는 가장 큰 줄기로 풍류를 보았고 그것이 기적적인 국풍의 재생을 통해 '동학'으로 다시금 태어났다는 것이다. 〈그림 19〉를 통해서도 알 수 있듯이 최제우의 동학 창도는 경주에서 시작되어 점차 전국으로 확대되어 나갔다. 이는 정신사적 의의 이외에 신라의 중심인 경주라는 지역이 가지는 특성 또한 간과할 수 없었을 것이다. 굳이 자신의 출생지가 경주라는 사실을 들먹이지 않더라도 범부는 풍류와 화랑정신의 최고점으로 신라를 점했으며, 그 중심이 바로 경주였던 것이다. 그리고 경주 마룡동에서 동학의 창시자 최제우가 태어났던 것이다.

다음은 '신라정신의 원류(源流)가 무엇이었다고 생각하는가'에 대한 서정주의 대답이다.

> 그건 다름 아닌 國仙道 정신이지. 이는 風流道, 風月道, 神仙道 라고도 하는데, 신라의 문장가이며 큰 학자이신 고운 최치원 선생이 쓴 〈鸞郎碑序〉란 글에 보면 風流道 즉 國仙道는 불교와 도교와 유교, 이 세 가지 정신을 모두 포함한다고 나와 있어. 말하자면 儒, 佛, 仙 三敎

를 모두 끌어안는 넓고 큰 정신이지. 공자와 노자와 석가모니의 영향력이 미치기 훨씬 전부터 이 땅에 들어온 이 가르침은 『仙史』에 보면 그 연원이 상세하게 기록되어 있지. 이 國仙 정신은 뒷날 화랑도에 도입되었음은 물론이고, 그 근원을 거슬러 올라가면 檀君 언저리까지에도 선이 닿아 있어. 뿐인가. 내가 보기엔 그 영향이 중국의 민요집인 『詩經』의 시들 속에도 많이 드러나고, 나아가 노자의 『道德經』에서까지 엿보이는데, 이를 어찌해야 할 것인가?(〈대담〉, 244~245쪽)[74]

---

74) 김석근, 「'신라정신'의 '천명(闡明)'과 그 정치적 함의」, 2009年 凡父研究會 第2回 學術세미나 자료집 『新羅－慶州－花郎精神 發掘의 先覺者 凡父 金鼎卨의 思想世界를 찾아서』, 凡父研究會, 2009.10, 104쪽 재인용.

범부의 멋·화·묘 사상이 갖는 특징과 의의

우리는 앞에서 범부 사상 형성의 배경을 바탕으로 범부의 저작 중의 하나인『풍류정신』을 통해서 본 범부의 멋 · 화 · 묘 사상을 구체적으로 살펴보았다. 그리고 범부의 멋 · 화 · 묘 사상이 어떠한 이론적 근거를 가지고 구축되었는지를 그의 종교론을 통해 살펴보았다.

범부의 저작은 그 수가 적고, 그들 또한 구술의 형태를 띠며 산발적으로 이야기가 진행되고 있어 그 정확한 핵심을 찾기에는 다소간의 무리가 있었던 것이 사실이다. 그러나 그중에서도 범부의 이론을 관통하는 하나의 사상이 있었으니 전통론에 근거한 대안종교로서의 '풍류도'와 그 근거로서의 '종교론'이었다.

아래에서는 앞의 장들에서 밝혀진 내용들을 중심으로 범부의 멋 · 화 · 묘 사상이 가지는 특징과 의의를 살펴보고자 한다.

1.『풍류정신』의 '대조화' 사상

『풍류정신』은 범부를 대표하는 저작이다. 그 이름이 가진 영향도 있겠지만, 지금까지의 논의를 통해서 밝혀진 바를 통해서도 알 수 있듯이 '풍류'가 범부 사상의 핵심이라는 것에 대해서는 의심의 여지가 없을 것이다.

그러나 범부의 사상이 '풍류'라는 것만으로 오늘을 사는 우리에게 던져줄 수 있는 시사점은 그리 커 보이지 않는다. 그가 바라보았던 풍류도, 그리고 신라정신이 오늘날 어떻게 재해석될 수 있는지, 그리고 범부에게는 그다지 긍정적인 개념이 되지 못했던 외세문화와의 '통합'과 '융섭'의 개념을 한국문화사에서 어떻게 승화시킬 수 있는지 고민해 보아야 할 것이다. 그리고 이를 통해 우주적 차원의 대조화를 이끌어 낼 때 비로소 범부의 사상은 가치 있는 것으로 우리에게 비춰질 것이다.

1) 한국적 풍류도 · 신라정신의 재해석

범부는 한국의 전통 속에서 일제강점기를 벗어나고 미군의 간섭기를 막 벗어나려는 지금의 난국을 타개할 이론을 구상하였다. 아니, 당대의 지식인으로 이 시대를 끌고 나갈 정신적 이념을 다른 지식인들과 마찬가지로 요구 받았다고 해야 할 것이다. 단지 범부는 그것을 우리의 전통론, 특히 풍류도 속에서 찾았을 뿐이다. 당시의 다른 지식인들도 이러한 전통론이 가지는 향수와 장점을 쉽게 간과하지는 않았을 것이다.[1)]

그러나 범부는 그들의 것과는 달리, 샤머니즘을 기본으로 하는 신도설교에서 출발, 화랑, 동학에 이르는 하나의 생명력을 가진 줄기를 이끌어내고 있었다. 비록 신라시대 외세와의 무분별한 '통합'과 '융섭'으로 우리 고유의 것이 사라지고 저속한 것으로 전락하여 그 명맥만을 유지한 때도 있었으나 최제우에 의한 동학으로 그 기운은 그 전보다 더 강성히 부활되었다고 범부는 보았다. 이러한 면면한 흐름은 의도적으로 한민족에게 주입된 것도 아니요, 그렇다고 누군가의 강압에 의해 없어지는 것도 아닌, 우리민족의 혈맥에 그대로 흐르는 우리 본래의 것인 것이다.

이러한 풍류도와 신라정신은 범부에 의해서 비로써 유불선 삼교의 단순한 뭉침이 아닌 그것을 넘어선 한국 고유의 사상으로 자리매김하게 되었다. 이것이야말로 범부가 추구하고자 했던 한국적 풍류와 신라정신이 아니었을까 생각해 본다.

---

1) 최남선의 '弗咸文化論'이 그 가장 대표적인 것이라 볼 수 있다, 그 외에 우리에게 너무나 익숙한 정인보, 이선근 등의 이론 역시 전통론에 그 깊은 뿌리를 두고 있다.

2) 통합 · 융섭의 사고

앞에서도 언급된 바와 같이 범부에게 있어서 '통합'과 '융섭'은 그다지 긍정의 개념은 아니었다. 신도설교로부터 이어져 화랑이란 이름으로, 그리고 경주라는 특정한 지역에서 더욱 강성해진 풍류도는 외세와의 무분별한 '통합'과 '융섭'으로 인해 그 본연의 모습을 잃어가게 되었다. 그리고 이러한 영향으로 화랑의 숭고한 정신을 나타내던 풍류도는 시대가 바뀌면서 점차 그 깊은 향기를 잃고 형식화해간 것으로 범부는 보았다.

화랑의 숭고한 정신으로서 풍류도는 아래 시대로 내려오면서 적잖게 변질되어 갔다. 고려시대의 '팔관회'가 그것이고, 조선시대 '풍각쟁이', '광대', '기생', '무당', '사당', '오입쟁이' 등 저속된 이름으로 불리게 된 것이 그것이다.

특히, 조선시대 화랑에 대해 부정적인 견해를 드러내고 있는 부분을 몇 가지만 들어보면 다음과 같다.

> ① **오늘날의 배우[俳優]의 놀음은 옛날에 정재(程材)라 말한 것이고, 일반에서는 화랑이라 한다. 화랑이란 이름은 신라로부터 시작하였는데, 화랑은 원화(源花)에서 근원하였고, 원화는 풍월주(風月主)에서 근원하였다.** 법흥왕 때 동남(童男)으로 용모와 거동이 단정한 사람을 선발하여 이름을 풍월주라 하였고, 선사(善士)를 구하여 무리로 삼아서 효제충신(孝弟忠信)을 닦게 하였다. 진흥왕(眞興王) 때에 이르러서는 사람을 알아볼 도리가 없음을 근심하여, 끼리끼리 모아 떼지어 놀리면서 그 행의(行義)를 보아 거용(擧用)하고자 했다. 마침내 미녀 두 사람을 간택하여 받들어 원화로 삼아, 한 사람은 남모(南毛)라 하고, 한 사람은 준정(俊貞)이라 하였다. 무리 3백여 명을 모았는데, 아름다움을 경쟁하고 서로 질투하여 준정이 남모를 죽이니, 준정도 복주(伏誅)되어 마침내 원화는 폐지되고 말았다. 뒤에 다시 미남자를 뽑

아 그들을 단장하고 꾸며서 이름을 화랑이라 하니, 그 무리가 날로 많아졌다. 혹은 도의로 서로 연마하기도 하고, 노래와 음악으로 서로 즐기기도 하고, 산수를 찾아 즐겁게 노닐기도 하여, 먼 곳이라 하더라도 이르지 않은 곳이 없었다. 세월이 오래 되는 동안에 사특함과 정직함이 자연히 나타나게 되자 그 명예와 덕망이 많은 자를 택하여 등용하였으니, 이것이 신라에서 사람을 뽑던 법이다. 대체로 여색(女色)에는 사람들이 쉽게 미혹되므로 성기(聲妓)들의 마당에 섞어 넣으면 진심을 볼 수 있는 까닭에 반드시 이 방법으로 시험한 것이다. 또 **반드시 미남자로서 한 것은, 또한 옛사람이 말한 남색(男色)의 유라 하겠다. 당시의 인사들이 음란하고 추악한 분위기 속에서 그들과 같이 미쳐 날뛰기를 즐겨하였으니, 그들이 강습하고 연마하던 것은 무슨 도였던가? 오늘날 급제 출신자가 반드시 화랑으로 자처하여 가무하며 날뜀**[筋斗]**으로써 즐거움을 삼으니, 이것은 그 유풍인 것이다.**[2]

② **본도(本道)의 폐풍(弊風)을 보건대, 거사(居士)라는 남자들과 회사(回寺)**[절을 돌아다니며 붙여 사는 여인을 방언으로 회사라 한다]**라는 여인들은 모두가 농업에 종사하지 아니하고 마음대로 음탕한 짓을 하며 횡행하여 풍속을 그르치니, 법으로 금해야 합니다. 그중에도 더욱 심한 것으로는 양중(兩中)**[속칭 화랑(花郞)인데 남자 무당을 말하는 것이다]**보다 더한 것이 없습니다.** 무릇 백성의 집에서 귀신에게 제사지낼 때에, 여자 무당이 많이 있는데도 반드시 양중이 주석(主席)이 되게 하여, 주인집과 거기 모인 사람들이 공손하게 맞이하여 위로하고, 밤낮으로 노래하고 춤추어 귀신을 즐겁게 하고, 남녀가 서로 섞여 정욕(情慾) 이야기와 외설(猥褻)한 짓을 무엇이고 다하여, 사람들이 듣기에 놀라와 손뼉 치며 웃게 하여 이것을 쾌락으로 여깁니다. 간혹 수염이 없는 젊은 자가 있으면, 여자의 옷으로 변장하고 분을 발라 화장을 하고 남의 집에 드나들며 밤에 여자 무당과 함께 방에 섞여 앉아서 틈을 엿보아 남의 부녀를 간음하나, 행적이 은밀하여 적발하기 어렵습니다. 혹 사족(士族)의 집에서도 이렇게 된다면 상서롭지 못함이 이보다 더할 수 없습니다.[3]

---

2) 李瀷, 『星湖僿說』 第18卷, 「經史門」, 花郞.

그리고 '화랑=남자무당'으로 칭하고 있는 부분은 조선시대 문헌 곳곳에서 발견된다. 成海應(1760~1836)의 『研經齋全集』에 나타난 "令狐澄新羅國記日, 擇貴人子弟之美者, 傳粉粧飾之, **名曰花郎, 今俗男巫之稱.**"[4]이 그러하고, 丁若鏞(1762~1832)의 『與猶堂全書』에 나타난 "枯苗立鴈行, 野蹊停棗馬, 秧馬也, **水廟禱花郎, 東俗以男巫爲花郎**, 風伯旋噫氣, 雲河黮變章, 浸淫初蘊釀, 涓滴倏盈觴."[5]부분이 그러하다. 이외에도 李睟光(1563~1628)의 『芝峯類說』에도 "小說有云巫覡挾邪, 一登人門, 妖恠隨至, 當斥絕之, 今俗謂巫鬼爲貪財鬼, 以見人之財, 必欲得之, 加害於人也, 又謂知心鬼, 以其善揣問者之心而言或符合也, 識理君子審其妖妄, 而不爲所惑則幾矣, 誣字從巫言, 亦有旨哉, **按新羅時, 取美男子粧飾之, 使類聚群遊, 觀其行義, 名花郎, 時謂郎徒, 或謂國仙, 如永郎, 述郎, 南郎, 蓋亦是類, 今俗乃謂男巫爲花郎, 失其旨矣.**"[6]라 하여 신라의 화랑을 남자무당으로 표현하고 있다.

이외에 화랑은 조선 유생들에 의해 "신라는 사람을 등용하는 방법 화랑을 뽑아 쓰는 법뿐이었고 학교의 제도가 없었다."[7] 또는 "花郎取士亦爲國, 新羅無科擧, 以花郎取人."[8]다는 식의 표현 등으로 단지 '신

3) 『朝鮮王朝實錄』, 「中宗」 19卷, 8년(1513 계유/명 正德 8년) 10월 3일(정유) 2번째 기사: 全羅道 觀察使 權弘 狀啓曰: 觀本道弊風, 男子之稱爲居士, 女人之稱爲回寺者,【女人之游寓山寺者, 方言謂之〔回〕寺.】率皆不事農業, 縱淫橫行, 傷風敗俗, 法所當禁. 其中尤甚者, 莫過兩中.【俗云花郎, 男巫之稱。】凡民人之家, 祀神之時, 雖女巫多在, 必使兩中主席, 主家及參會人等, 虔恭迎慰. 終夕達朝, 歌舞娛神, 男女相雜, 情慾之談, 淫媟之狀, 無所不爲, 令人竦聽抃噱, 以爲快樂. 間有弱冠無鬚者, 則變着女服, 塗粉施粧, 出入人家, 昏夜與女巫, 雜坐堂室, 乘間伺隙, 奸人妻女, 形迹隱秘, 難於摘發, 恐士族人家, 亦復如是, 則不祥莫甚.

4) 成海應, 『研經齋全集』 外集卷五十三, 「故事類」, 少華風俗攷.

5) 丁若鏞, 『與猶堂全書』, 『第一集詩文集』 第三卷, 「詩集」, 詩.

6) 李睟光, 『芝峯類說』 卷十八, 「技藝部」, 巫覡.

7) 安鼎福, 『東史綱目』 제4하, 임오년 신문왕 2년(당 고종 永淳 원년, 682).

8) 沈光世, 『休翁集』 卷之三, 「海東樂府并序」, 雙學士, 文風倡始可貴, 流弊則千萬世矣.

라시대 인재 등용의 방법', 즉 조선의 과거제와 동일한 것으로 취급되어 풍류도가 가지는 본유의 정신을 잃어버리게 된다.

그러나 오늘날과 같은 복잡 다양한 사회에서 '통합'과 '융섭'은 부정의 개념이 아닌 긍정의 개념 그 이상의 의미를 가진다.

그리고 범부가 바라본 '통합'과 '융섭'의 개념 역시 단지 부정적인 측면에서만 이야기되고 있는 것은 아니다.[9] 우리민족 고유의 정신이 신라시대 이후 외세의 무분별한 유입으로 그 정통성이 떨어지기는 하였으나 오히려 이를 계기로 그 이전보다 더 강성한 '동학'이라는 것이 발로하게 된 계기가 되기도 한 것이다. 이것을 우리는 수운의 '다시 개벽', 그리고 범부의 '동방의 르네상스'로 읽을 수 있을 것이다. 즉, "수운이 염두에 둔 '경주'는 그가 오도(득도)한 '용담정(龍潭亭)'[10]이겠지만, 그런 경주는 '계림(鷄林)'－'닭을 귀하게 여기는 나라'＝'꼬꼬댁의 신라'는 해동(海東)으로 새벽, 해돋이 지역, 개벽하는 곳을 의미하기에, 수운의 '개벽'－'다시 개벽' 사상[11]이 바로 이 '닭들이 울어대는' 신라의 정신을 계승했다고 생각한다. 수운은 이러한 지역을 포괄적으로 '아동방(我東方)'이라 했고, 범부는 '동방학'으로 표현했다."[12]는 최재목의 견해는 수운과 범부를 잇는 새로운 전통성의 발견이라 말할 수 있을 것이다.

또한 범부의 풍류도를 통한 대조화 역시 수운의 '내유신령외유기화－시천주조화정'에서도 찾아볼 수 있다. 풍류정신이 기본적으로 우리민족의 정서 속에 있는 숭고한 전통적인 민족성과 화랑의 적극적인 활

---

9) 이 부분은 최재목, 「東의 誕生」, 제5회 동리목월문학 심포지엄 자료집 『東學 창시자 崔濟愚와 한국의 천재 金凡父』, 경주 동리목월문학관, 2010.3을 참조 바람.

10) 『龍潭遺詞』, 「龍潭歌」(『天道教經典』, 171쪽 등) 참조.

11) 『龍潭遺詞』, 「安心歌」(『天道教經典』, 152 · 159쪽), 「龍潭歌」(같은 책, 171쪽) 참조.

12) 최재목, 「東의 誕生」, 제5회 동리목월문학 심포지엄 자료집 『東學 창시자 崔濟愚와 한국의 천재 金凡父』, 경주 동리목월문학관, 2010.3, 39쪽.

동성을 동시에 이야기하는 것이라 상정한다면, 수운의 '내유신령외유기화－시천주조화정'은 내와 외의 경계를 넘어 '하느님'에 의한 조화로운 단계를 이야기한다고 볼 수 있다. 이것은 물론 '동학'이 '계시종교'로서 가지는 종교의 한계성을 드러내는 일면이라 볼 수도 있지만 범부 역시 화, 그리고 조화를 설명하면서 인기와 천기가 하나 되는 것, 이것이 바로 화이고 조화라고 말하고 있어 수운과 범부에 있어 '통합'과 '융섭'의 개념은 어느 정도 그 흐름을 같이 하는 것으로 볼 수 있다.

3) 우주적 생생과 공생, 네오휴머니즘

범부는 1950년대에 이미 남극의 얼음을 녹여 보다 나은 환경과 조건을 가질 수 있다고 말하는 지식인들에게 '우주 전체의 조화'를 말한 바가 있다[13]고 한다. 여기서 말하는 조화는 앞에서 이미 언급된 바와 같이 인간과 인간의 조화, 물건과 물건의 조화의 단계를 넘어선 천인묘합, 그리고 더 나아가서는 상생의 관계를 이끌어낼 수 있는 것으로 '우주적 생명의 멋 · 풍류'로 이름 붙여질 수 있다.

『풍류정신』에는 수록되어 있지 않지만, 『화랑외사』, 「백결선생」편에 있는 '꽃씨 뿌리기'와 관련된 이야기는 앞에서 이야기한 '상생의 관계', '우주적 생명의 멋 · 풍류'와 관련이 깊다고 볼 수 있다.

아래의 인용문은 이러한 백결선생의 태도가 잘 드러나 있는 부분이다.

> 그리고 자기 취미, 아니 취미라기보다는 생활은 첫째, 음악을 좋아하였었지만, 그러나 날씨나 좋고 할 때는 문을 닫고 앉아서 거문고를

13) 이 이야기는 '제1회 범부 김정설 연구 세미나'(대구CC, 2009.6.6)에서 이완재를 통해 들은 것이다. 그러나 범부가 언제, 어디서 이러한 이야기를 하였는가에 대한 객관적인 자료는 확보하지 못하였다. 앞으로 추후 보완되어야 할 부분이다.

> 타는 일은 그리 없었다. **가끔 그는 큼직막한 망태를 메고 산으로 들로 다니면서 꽃씨를 따 모아 가지고, 꽃 없는 들판이나 산으로 돌아 다니면서 뿌리곤 하였다.** 선생은 이 일을 무엇보다도 오히려 음악 이상으로 재미스럽게 생각하였다. **혹시 누가 멋 모르고 그것이 무슨 취미냐고 물으면 그는 『이것이 治國 平天下야.』라고 대답하는 것이었다.** 이것은 선생에게 있어서는 꼭 농담만은 아니었다. 그러기에 수백리 길을 멀다 생각하지 않고 꽃씨를 뿌리러 다닐 때가 많았다. 그리고 백결선생이 망태를 메고 지나간 곳마다 온갖 꽃이 다 피어나는 것이었다. 그리고 나무나 꽃 없는 산, 그중에도 벌겋게 벗겨진 산을 볼 때는 어떤 바쁜일을 제쳐 두고라도 근처 사람을 불러가지고 그 산을 다 집고는 길을 떠나는 것이었다. 그리곤 **사람을 벗겨두면 나랏님이 걱정하는 것처럼 산을 벗겨두면 산신님이 화를 낸다고 말했다.**[14]

'큼지막한 망태를 둘러메고 산으로 들로 다니면서 꽃씨를 따 모아가지고, 꽃 없는 들판이나 산으로 돌아다니면서 뿌리곤 하는' 백결선생에게 이것이 무슨 취미냐고 물으면 '이것이 치국 평천하야.'라고 대답하는 것이다. 이러한 백결선생의 모습에서 지금은 비록 부족하지만 노력을 통해 변화될 수 있다는 '미래에 대한 기대'를 찾을 수 있다.

그러나 이러한 '우주적 생명의 멋 · 풍류'와 '미래에 대한 기대'를 이야기하는 '씨뿌리는 행위'는 범부의 생각과는 달리, '무서운 싸움'에 직면해 '적을 보고 용감히 싸'우고 '모든 신고를 아끼지 않'는 국민이 될 것을 권장하는 글에서 이야기되기도 한다.[15] 이처럼 범부의 생각은 때에 따라 오인되기도 하고, 또 이러한 오인들로 인해 그의 사상이 통째로 '군사정권에 기댄 우익적'인 것, '정치적인 것'으로 폄하되어 우리 근대기 지성사에서 그 이름이 사라지는 빌미를 제공하기도 하였다.

그러나 『풍류정신』을 포함, 범부의 사상 전체를 관통하고 있는 것은

---

14) 김범부, 「백결선생」, 『화랑외사』 3판, 이문출판사, 1986, 146쪽.

15) 柳達永, 「씨뿌리는 사람들」, 『自由文化』 창간호, 自由文化硏究센터, 1963, 10~11쪽. 이 글을 쓴 柳達永은 당시 박정희 정권의 再建國民運務 本部長을 맡고 있었다.

하늘에 덮여있는 인다라망(因陀羅網)[16]처럼 우리 주변의 모든 것은 전체적인 조화를 통해서만 공생할 수 있다는 것이며 이러한 범부의 사상은 오늘날 생명학의 관점에서 네오휴머니즘으로 다시 읽히고 있다. 네오휴머니즘이란 새로운 것을 뜻하는 '네오(Neo)'와 인간중심주의를 뜻하는 '휴머니즘(Humanism)'이 결합된 것으로 휴머니즘에 깔려있는 인간중심적 감정을 모든 생명체와 무생명체까지 확장, 너와 내가 별개가 아님을 인식하고, 조화를 통한 상생의 관계를 추구한다. 이러한 네오휴머니즘의 정신은 바로 범부가 이야기한 '지구적 차원의 조화', 그리고 '우주적 생명의 멋 · 풍류'를 가장 잘 나타내주는 용어라 볼 수 있다.

1990년대 이래 꾸준히 범부를 언급한 시인 김지하는 범부를 우리나라 근대기에 이러한 조화의 원리, 즉 네오휴머니즘을 사상계와 정신계에 제기한 인물로 평가[17]하고 있다. 이와 함께 '원효(화랑), 최제우(동학), 김범부'로 이어지는 생명학적 측면의 영남학 계보를 이야기하기도 하였다.[18]

이외에도 '제3의 휴머니즘', '범부와 동학'과의 관련으로 범부를 새롭게 읽고 있는 구절들을 몇 인용해 보면 다음과 같다.

> ① - 1 김범부라는 사람을 잘 봐야 해요. 이 사람은 때를 잘 못 만나서 그렇지, 참 전재였다고. **풍류도를 어떻게 해서든 현대화시켜 보**

---

16) 因陀羅網이란 부처가 세상 곳곳에 머물고 있음을 상징하는 말로 산스크리트로 인드라얄라(indrjala)라 하며 인드라의 그물이라는 뜻이다. 고대 인도신화에 따르면 인드라 신이 사는 선견성(善見城) 위의 하늘을 덮고 있다. 일종의 무기로 그물코마다 보배 구슬이 박혀있고 거기에서 나오는 빛들이 무수히 겹치며 신비한 세계를 만들어낸다. 불교에서는 끊임없이 서로 연결되어온 세상으로 퍼지는 법의 세계를 뜻하는 말로 쓰인다. 화엄철학에서는 '因陀羅網境界門'이라고 하여 부처가 온 세상 구석구석에 머물고 있음을 상징하는 말이다.

17) 김지하, 『디지털 생태학: 소곤소곤 김지하의 세상이야기 인생이야기』 4, 이룸, 2009, 154쪽.

18) 「嶺南學과 영남대학: 60주년 기념 인터뷰/김지하 석좌교수」, 『영남대학교 개교 60주년 기념호』, 영남대학교 신문방송사, 2007, 16~17쪽.

려고 애를 썼던 사람이라. 건국 초기에 국민윤리 같은 걸 보면 어떻게 해서든 화랑도, 풍류도에서 국민윤리의 기본을 파악하려고 애를 썼던 사람이에요. 동학에 대해서도 깊은 이해를 가졌던 사람이라고. 고대 풍류도의 부활이라든가, 샤머니즘에 대한 재평가, 신선도에 대한 재평가 등 아주 중요한 사람이에요.[19)]

① - 2 초점은 해방 직후의 김범부(金凡父) 선생에게 있다. 왜냐하면 **현대 한국의 최고 과제는 한마디로 줄여서 '최제우와 최한기(崔漢綺)의 통합'인데 제3휴머니즘의 철학적 근거가 될 범부의 '최제우론'과 '음양론'이 곧 다름 아닌 최제우와 최한기 통합의 지남침(指南針)에 해당하기 때문이다.**[20)]

① - 3 이것은 이미 동학에서 제기했고 강증산이 제기했으며 김일부 선생이 황극인(皇極人)이란 말로 제기했던 신인간 사상과 깊이 연결됩니다. 서양에서는 애매하지만 베르그송이 이야기를 했고, 1920년대에 이돈화 선생이 『개벽(開闢)』을 통해 신과 인간의 합일을 통한 우주적 휴머니즘, 신인철학을 제기했습니다. 또 **해방 직후에는 김범부 선생이 동방 르네상스와 함께 제3의 휴머니즘, 즉 사회주의도 자본주의도 아닌 제3휴머니즘에 입각한 신인간주의 운동을 제안한 바 있습니다.**[21)]

② 그렇다면 범부 선생이 '국풍의 재생이요, 사태의 경이라' 찬탄한 동학 탄생의 사상적 배경은 어떤 것일까?……동학은 첫째, 우리 고유사상인 풍류도(風流道=國風)를 뿌리로 삼아 성립되었다. 풍류도는 '포함삼교 접화군생(包含三教 接化群生)'을 지향한다. 모든 사상과 두루 소통하면서 뭇 생명을 다 살려내는 것을 특징으로 하는 사상이다. **동학은 이 같은 풍류도를 후천시대의 개벽(開闢) 상황에 맞게 재정립해 부**

---

19) 이문재, 「인간성에 대한 새로운 인식이 시급하다－'율려문화운동' 펼치는 시인 김지하」, 『문학동네』 1998년 겨울.

20) 김지하, 『김지하의 예감: 새로운 문명을 찾아 떠나는 세계문화기행』, 이룸, 2007, 484쪽.

21) 김지하, 『율려란 무엇인가: 김지하 율려 강연 모음집』, 한문화, 1999, 21쪽.

활시킨 것이다. 범부 선생이 말한 '국풍의 재생'이란 바로 이런 뜻이다.[22]

①의 1, 2, 3은 김지하가 범부에 관해 언급한 부분으로 우리 근현대 지성사에서 안타깝게 그 이름이 잊혀져간 범부의 사상에 주목할 것을 이야기하고 있으며, ②는 동학과 범부의 관련성을 범부가 말한 '국풍의 재생'이라는 말로 정리하고 있다.

범부에 관한 종래의 연구에 드러나는 몇 가지의 언급으로 범부의 모든 사상을 대변할 수는 없지만, 범부 사상에 대한 현대적 재평가가 김지하 등의 언급에서부터 꾸준히 전개되고 있으며 이러한 현상은 범부 사상에 대한 연구방법론의 한 시사가 될 수 있을 것이다.

4) 내화를 넘어서 외화를 어우르는 전통론적 '대조화' 사상

범부의 『풍류정신』 속에 '대조화'라는 표현을 직접적으로 사용하고 있는 부분이 있다.

> 무위 · 자연 등 어구는 본래 노장을 祖述한 도가 사상을 표현하는 대표적인 그것인데, 수운의 소위 무위 · 자연이란 말은 반드시 노장이나 도가의 사상을 준봉하는 데서 유래하는 것이 아니라, 오히려 역사적으로 생리화된 광범한 동방정신인 것이다. 이제 동방정신이란 발은 漢土大陸의 그것만을 지치하는 것이 아니라, 사실은 우리 동방인의 근본정신이 이 무위 · 자연의 경향을 가진 것이다. **그중에도 신라의 근본정신인 風流道 는 그 귀일점이 '大調和'에 있는데 이 대조화란 것은 도대체 '자연의 성격인 것'이고, 또 무위란 것이 역시 대조화의 성격인 것이다.**[23]

이 글을 통해서 알 수 있듯이 '대조화'란 어느 하나만의 것이 아닌

---

[22] 박맹수, 「해설」, 『동경대전』, 최제우 지음, 박맹수 옮김, 지만지, 2009, 15쪽.
[23] 김범부, 「崔濟愚論」, 『풍류정신』, 정음사, 1986, 86쪽.

여러 가지의 것들의 모임, 그리고 그를 통한 조화가 이루어 질 때 비로소 대조화라는 용어를 쓸 수 있다. 이것은 내 것이고, 저 것은 네 것이니, 이것과 저것을 구분한다면 대조화는 이루어 질 수 없을 것이다. 이를 위해 내 안의 것에서부터 비롯되는 내화와 이를 통한 나와 다른 것과의 외화를 통해 전체를 아우를 수 있는 대조화를 이루어야 할 것이다. 이것은 이완재가 설명한 '사우 맞다'의 주관과 객관이 둘이 아닌 하나의 단계를 말하는 것으로 범부가 말한 풍류 역시 이러한 맥락 속에서 보다 명확히 이해될 수 있을 것이다.

남극의 빙하가 녹는다고 그곳의 빙하만 녹는 것이 아니며 쥐의 생태를 파악하겠다하여 생태계 속에 살아 있는 쥐를 잡아와 실험실의 차가운 실험대 위에서 쥐를 해부하는 것으로 쥐의 모든 것을 알 수 있는 것은 아니다. 모든 것은 그 자체로 그 자리에 하느님의 의도대로 조화로운 상태로 있을 때 비로소 대조화의 단계에서 안정을 찾게 되는 것이다.

신도설교, 화랑, 동학이라는 각각의 것들이 자신의 내화를 이루고 그리고 그 사이의 간극을 외화를 통해 넘어서면서 풍류도라는 하나의 대조화 사상을 이루어 낸 것이라 볼 수 있다.

2. 범부 사상의 근원으로서의 종교론

범부 사상은 풍류도로 요약될 수 있다는 이야기는 이 연구를 통해 수없이 반복되었고, 또한 지금까지의 연구를 통해 그것이 틀리지 않았음을 살펴보았다. 그렇다면 이러한 범부 사상의 근원은 어디에서 찾을 수 있을까? 범부는 자신의 저작 전반을 통해 전통론을 이야기하고 있으며 그 전통론의 시작은 신도설교로 거슬러 올라간다. 어떻게 보면 샤머니즘과 무의 형태를 띠며 신앙, 혹은 종교와 밀접한 관련성을 가진 신도설교를 자신의 사상적 이론의 시발로 둔 이유는 무엇일까? 그 이유를 종교론과 전통론과의 관계 속에서 찾아보고자 한다.

1) 종교의 바탕으로서의 샤머니즘

범부는 맑르크스 이론의 오류를 지적하면서 미신 역시 신앙이며, 종교의 한 형태라고 말한 바 있다. 그리고 인간은 이러한 신앙적 생활, 종교적 생활을 하지 않고서는 인간다운 삶을 살아갈 수 없음을 역설, 인간에 대한 진지한 성찰이 없이 오로지 외부의 물질적인 것에만 가치를 두는 맑르크스 주의를 냉혹히 비판하였다.

범부가 말한 종교는, 근대 계량화된 종교를 제외한, 보편의 종교가 그러하듯 자연숭배를 기원으로 하는 샤머니즘을 기반으로 한다. 물론, 최제우의 동학을 특별한 누군가에게만 주어지는 계시종교로 규정한 바 있지만, 이 역시 신도설교-화랑-동학이라는 큰 흐름 속에서 이해되고 있다. 그리고 이러한 한줄기의 흐름을 이끄는 풍류도 역시 샤머니즘과 무[24]의 전통을 지닌 종교로 이해하고 있다.

이러한 측면에서 본다면, 범부는 자신의 이론을 종교에 바탕을 두고 종교만이 가질 수 있는 특수한 결집성을 통해 당시의 국난을 해결하고자 했던 치밀한 계산을 하고 있었던 것은 아닌가하는 생각을 해본다.

최치원의 〈난랑비서〉에서 말하는 포함삼교에 해당하는 유불선은 각각 자신의 특색을 가진다. 유교는 원시유가의 효·제·충·신 등 도의를 숭상했고, 도교는 종교가 아닌 노자의 자연주의와 장자의 지혜주의

---

24) 단군 이래 한국 고대사회의 종교가 巫라는 설은 첫째, 고대 사회 동아시아·시베리아의 보편적인 종교가 무라는 사실, 둘째, 단군신화는 무의 성격을 가진다는 사실, 셋째, 한국고대사회의 특징적인 제천의례가 천신신앙을 계승한 무의 하늘 굿이라는 사실에 근거한다고 말하는 학자도 있다(조흥윤, 「화랑의 종교문화」, 『신라문화의 신연구』, 향토사학연구 전국협의회, 1995, 277~278쪽).

가 승화된 정신적 자유를 향유케 하였고, 불교는 천태종의 중도회현(中道會顯)과 화엄종의 화쟁무애(和諍無碍)를 위시해서 극락정토를 현세에서 실현하려는 적극적인 입세간이 이를 기필코 성취한다는 미륵사상, 즉 미래주의가 다함께 신라라는 국가를 지상으로 삼는 운동에 집약[25] 되었던 것이다.

이러한 것을 통해서 볼 때 범부에게 있어 종교는, 그리고 한국사를 관통하는 풍류정신은 단순한 샤머니즘에서 출발한 미개한 그 무엇이 아닌 미래지향적이고 가치지향적인, 그리고 흩어진 민심을 수습하고 새로운 나라를 이끌 이론의 근본이었던 것이다.

2) 풍류에 근거한 도통론

그렇다면 이러한 풍류도는 누구에 의해 현실에서 그 빛을 발하게 되었는가? 이것은 두말할 필요도 없이 화랑일 것이다.

말하자면 신라정신 → 풍류도[국선도] → 화랑, 화랑정신 식으로 구체화 되어간다고 할 수 있으며, 현실에서 출발하자면 화랑도, 화랑정신 → 풍류도[국선도] → 신라정신으로 점차로 추상화되어 간다고 할 수 있을 것이다.[26]

아래의 인용문에서 범부는 화랑의 피가 우리에게 직접 이어지고 있지는 않더라도 우리의 혈맥 속에 면면히 흐르고 있으며 이를 통해 우리민족은 그 누구나 풍류도를 몸속에 간직한 민족이라는 점을 강조하고 있다.

---

25) 김충열, 「新羅의 調和精神과 三敎統一」, 『신라문화의 신연구』, 향토사학연구전국협의회, 1995, 216쪽.

26) 김석근, 「'신라정신'의 '천명(闡明)'과 그 정치적 함의」, 2009年 凡父研究會 第2回 學術세미나 자료집 『新羅－慶州－花郎精神 發掘의 先覺者 凡父 金鼎卨의 思想世界를 찾아서』, 凡父研究會, 2009.10, 105쪽.

> 다른 말씀이 아니라 **花郎이 所有했던 精神이 피속에 들어가서 그 피가 지금까지 그냥 흘러 내려온다는 그런 意味가 아니고** 누구든지 歷史上에 적혀 있는 花郎이라는 名目으로 傳해 있는 분 만이 花郎의 피를 가졌던 것이 아니라, 말하자면 **이 民族이 全體로 花郎의 피를 가졌던 것이라고 말해야 할 것입니다.** 그래서 그 時代 花郎들은 그 피, 그 精神을 대표하는 사람으로서 모든 다른 사람들이 다 가지지 않고 花郎만 그 피와 그 精神을 가졌던 것이 아니라 그 말입니다. 그러므로 가령 系譜的으로 소급해 들어가면, 직접 歷史上에 적혀 있는 花郎의 子孫들도 많이 있는 것입니다. 그러나 그 이외에 **直接으로 花郎 子孫들이 아니라 할지라도 이것이 花郎과 동일한 血脈系統이라는 것에 있어서는 조금도 의심할 여지가 없을 것입니다.**[27]

이것은 우리 민족을 하나로 모으고자 하는 시도일 것이며, 그 숭고한 정신을 가슴에 새겨 한민족의 우수성을 자각하기를 바라는 범부의 염원일 것이다. 그리고 이를 통해 '민족의 단결', 즉 '집단 정체성'을 의도하였을 것이다.

그런데 여기에서 간과해서는 안 될 하나는 풍류도를 하나의 '도', 즉 정신적 지주로 생각하고 그 흐름을 잇고자 한 범부의 발상일 것이다. 이것은 이미 범부의 전통론에 관한 글 속에서 '풍류도통론'이란 말로 규정된 바 있다. 주자학이라는 왜곡된 시선에 대항하는 우리고유의 전통으로서의 풍류도는 어쩌면 우리가 생각하는 그 이상의 가치를 가지며 지금도 우리의 혈맥 속에 흐르고 있을지도 모른다. 이것이 범부가 주장하는 전통론 속의 도통론이며, 눈에는 보이지 않지만 혈맥에 흐르고 있다는 '혈맥론'을 말하는 것이다. 아마도 '언어란 소리로 들을 수 있는 생각이다.'[28]라는 그의 어법을 빌린다면, 혈맥은 '핏줄로 들을 수 있는 언어-생각'이었을지도 모른다.[29] 그리고 이러한 범부의 '풍류적

---

27) 金凡父, 「國民倫理特講」, 『花郎外史』 3판, 이문출판사, 1981, 228쪽.

28) 金凡父, 「言語와 文章獨立의 課題」, 『東方思想講座』, 영남대 고문헌실 소장, 이종익 기록, 출판년도 · 출판사 미상, 11쪽.

혈맥론'은 결국 수운으로 이어진다.

3) 계시종교로서 동학의 발전적 재천명

범부는 수운의 동학을 계시종교로 규정하고 있다. 누구에게나, 그리고 언제 어디서나 가능한 종교가 아닌 하느님에 의해 선택받은 자만이 받을 수 있는 '계시종교'는 수운이 풍류의 맥을 잇고 있으며 무분별한 외세로부터 구출할 유일한 인물임을 강조하기 위한 범부의 어쩌면 다소간의 허구가 섞인 이야기일 수도 있을 것이다.

그러나 범부의 이론적인 논리 맥락에서 속에서 그는 수운의 동학을 '계시종교'로 간주하였고, '수운이 체험한 계시 광경'을 '내림이 내린 것'으로 규정, '무릇 무속은 샤머니즘계의 신앙풍속으로서 신라의 풍류도의 중심사상이 바로 이것이고, 또 이 풍류도의 연원인 단군의 신도설교도 다름 아닌 이것'이라고 보았다.[30]

다음은 동학을 계시종교로 규정하고 있는 범부의 글이다.

> 동학교조수운최제우(東學教祖水雲崔濟愚)는 우리 근세사상(近世史上)에 제일유명한 인물인즉 많은 말을 하지않아도 잘알수있거니와 동학이란말은 수운자신이 명명한 바라 문자 그대로 동학인것이 가장 정확하다 유불선삼교(儒佛仙三教)운운(云云)은 오히려 투어(套語)에불과하고 동학이란말만이 오직 산말(活語)이다 왜냐하면 **수운의증득(證得)한 종지(宗旨)는 일종의 계시종교(啓示宗教)인바 유불선과는 다소의 거리가있는 것이다 천어(天語)를듣는다니 강신(降神)을한다니 모두 계시종교의 특색을가졌는데 이건 또수운의 말씀 한바와 같이 서학(西學)에**

29) 최재목, 「東의 誕生」, 제5회 동리목월문학 심포지엄 자료집 『東學 창시자 崔濟愚와 한국의 천재 金凡父』, 경주 동리목월문학관, 2010.3, 49쪽.

30) 김범부, 「최제우론」, 『풍류정신』, 정음사, 1986(최재목, 「범부 김정설의 '崔濟愚論'에 대하여」, 『동학학회 9월 월례발표회 논문집』, 동학학회, 2009.9, 51쪽 참조).

서 온것도 아니다이건 다름아닌 우리의 신도(神道)**곧 무속**(巫俗)**에서 유래**(由来)**한것이다.**[31)]

그러나 이러한 특수한 경험에 근거한 계시종교가 오늘에도 그 당시 만큼의 영향력을 가지고 있다고 장담할 수는 없을 것이다. 이러한 계시종교를 시발로 선택받은 민족, 우월한 민족이라는 민족적 우월성은 현대를 살아가는 우리에게 큰 도움을 주지는 못할 것이다.

다만, 범부가 살던 당시의 시대 상황에서 요구되어지던 메시아로서의 개념으로 계시종교 동학은 인간 본성에 대한 자각을 향한 각성 운동적 차원에 더 큰 무게중심을 두고 있었으며, 그런 면에서 어떻게 본다면 동학은 종교적 신앙을 강조하기보다는 스스로의 '심학'을 자부하는 자기 수양의 종교였던 것이다.[32)]

---

31) 金凡父, 「雲水千里」, 최재목·정다운 엮음, 『凡父金鼎卨 단편선』, 도서출판 선인, 2009, 203~204쪽.

32) 배영순, 「최시형의 지도노선과 동학교단의 분열」, 『한국문화사상대계』 2권, 영남대학교 출판부, 2000, 223쪽 참조.

결론

이 연구는 한국 근현대 지성사에서 그 자취가 사라진 범부라는 인물의 실체성을 살펴보고, 그를 바탕으로 그가 폈던 사상과 이론은 무엇이었는지를 살펴보는 것에 그 목적이 있었다. 이를 위해 그의 대표적인 저작인 『풍류정신』을 분석하고 그의 이론의 바탕이 되는 전통적 종교론을 살펴보았다. 그리고 여기서 한걸음 더 나아가 그의 사상이 오늘날 어떻게 재구축되어 다시 읽히고 있는지, 그것이 가지는 특징과 의의는 무엇인지, 그리고 어떻게 재해석될 수 있는지까지 그 논의의 범위에 넣어 연구를 진행하였다.

우선 이 연구의 전제로 범부에 관한 선행연구들을 검토함으로써 현재 범부 연구가 가지는 한계와 그 위치를 살펴보았다. 이를 위해 선행연구들을 검토하고 또 이러한 선행 검토들을 통해 한국 근현대 지성사에서 잊혀진 이름이었던 범부를 사상가로서 정당한 자리로 복귀시키기 위해 어떠한 노력들이 필요한가를 살펴보았으며, 이러한 노력들로 기대되는 성과 또한 유추해 보았다.

그런 다음 그간 제대로 된 검증을 거치지 않은 채 유통되어 오던 범부의 이력에 대한 사실여부를 밝히는데 주력하였다. 그리고 이것을 바탕으로 그 각각의 시기에 범부가 무엇을 고민하였고 무엇을 '하려고' 하였는지를 함께 생각해 보았다.

범부는 자신의 생애 동안 우리나라 근현대사만큼이나 다양한 일들을 겪었다. 그러한 시대적 흐름 속에서 한 명의 지식인으로서 그가 할 수 있었던 것은 무엇이었는지를 재구성된 범부의 〈연보〉를 통해서 살펴보았다. 그리고 이를 통해 범부가 한낱 허망한 구호만을 주장하는 이론가가 아닌 실천적 사상가였음을 이해할 수 있었다.

이 글의 중심을 이루고 있는 범부의 '풍류사상'은 두 가지 각도에서 접근하여 살펴보았다. 우선 첫 번째로 범부의 저작 중의 하나인 『풍류정신』을 통해 범부의 중심사상을 도출하고자 노력하였다. 그리고 이를 위한 본격적인 논의에 앞서 범부 저술 일반에 대한 이해를 전제하였다. 이는 범부 저작 전반에 흐르는 하나의 맥을 잡기위한 노력으로 그것을 통해 범부 사상의 중심축을 대략이나마 찾기 위한 가장 기초적인 작업이었다. 그 뒤, 하나의 텍스트로서 『풍류정신』이 가지는 성격과 특징을 객관적이고도 비판적인 분석을 통해 밝혀내고 『풍류정신』이 가지는 한계성, 즉 일관성을 가지지 않는 네 편의 글들이 후학들에 의해 임의로 묶여졌다는 비판 속에서 과연 『풍류정신』이 범부의 이론을 대표할만한 성격의 것인지를 면밀히 검토하였다.

『풍류정신』에 대한 이러한 객관적 검토 후 범부 사상을 대표할만한 키워드를 『풍류정신』에서 도출하기 위해 노력하였다. '풍류', 혹은 '풍류도'라는 단어보다는 범부의 사상을 가장 잘 대변할 수 있는 개념들이 무엇인가를 생각, 그의 글 속에서 직접적으로 쓰여지고 있는 멋·화·묘라는 단어를 도출, 그것으로 범부의 사상 전반을 이끌어가는 키워드로 삼고자 하였다.

즉, 「화랑」에 보이는 멋으로는 '사우 맞다'를, 「최제우론」에 보이는 멋에서는 '동방, 그리고 계시종교'를, 「음양론」에 보이는 화에서는 '이원론적 서양의 사고방식에 대한 일원론적 동양적 사고방식'을, 그리고 「췌세옹 김시습」에 보이는 묘에서는 '『주역』의 오해에 대항하는 '음양'의 묘'를 각각의 중심사상으로 도출, 논의를 전개하였다.

이를 위해 가능한 사상사적인 배경을 최소화하고 객관적이고 비판적인 텍스트 분석을 시도, 『풍류정신』이 가지는 논리적 흐름을 쫓아가는 방식으로 논의를 진행하였다.

그리고 두 번째로는 범부 '풍류사상'의 사상적 근거를 찾고자 시도하였다. 이를 위해서는 앞서 이루어진 『풍류정신』의 비교적 객관적이고 체계적으로 이루어진 검토를 토대로 범부 사상 전반에 흐르고 있는 사상적 근간을 찾고자 주력하였다. 범부가 그토록 주목한 '풍류도'와 '신라정신'의 뿌리가 어디에 있는지를 그의 전통론 속에서 규명하고자 노력하였으며, 범부의 전통론이 그의 종교론과 가지는 상관관계를 살펴보았다. 이러한 과정 속에서 범부가 이야기하고 있는 종교의 원형으로서의 샤머니즘과 종교적 관점으로 파악한 계시종교로서의 동학에 대한 범부의 이해를 규명할 수 있었다.

그리고 마지막으로 위의 논의들을 토대로 범부의 풍류사상만이 가지는 멋·화·묘라는 키워드가 가지는 특징과 의미를 찾는데 노력하였다. 범부의 사상은 범부가 살았던 시대에서만 숨쉬고 있었던 것은 아닐 것이다. 이러한 노력들을 통해 우리에게 잊혀진 사상가, 그리고 그의 잊혀진 사상이 아닌 오늘에 다시 읽힐 수 있는 사상가, 사상으로 재해석될 수 있을 것이다.

이상과 같은 논의들을 통해 밝혀진 성과들은 다음과 같다.

첫째, 그동안 우리 학계에서 크게 알려지지 않았고 주목받지도 못했던 동양철학자 범부라는 인물과 그의 사상을 발굴하여 재조명함으로써 한국학 연구의 지평을 확대하는 성과를 기대할 수 있었다. 그리고 이러한 노력들을 통해 그 기대는 천재, 혹은 신비가로 회자되던 범부를 더욱더 우리와 거리감을 두게 만드는 것이 아니라 사상가 범부 그대로의 모습, 그만큼의 가치로 우리에게 인식될 수 있을 것이다.

또한 최근 국문학계에서 일고 있는 범부연구의 한계를 극복하고 범부 사상을 전면적·총체적·체계적으로 연구하는 단계에 이를 수 있는 기반을 마련하였을 것으로 보인다.

둘째, 범부에 의해서 제기된 1950년대 '국민윤리' 성립과정을 간단하게나마 확인할 수 있었다. 범부는 어떻게 보면 자신의 모든 이론의 종국은 신생국을 위한 건국이념을 만드는데 있었다고 해도 과언은 아닐 것이다. 이를 위해 신도설교에서부터 화랑, 동학에 이르는 풍류도를 우리 혈맥에 지금까지 흐르는 것으로 규정하고 이를 통해 하나 된 국민정신을 가질 것을 강조하였다.

그러나 이러한 범부의 노력은 박정희 정권기 후반 체제 유지의 정당화를 위한 도구로 활용되면서 범부 사상 전체를 국수주의나 파시즘적 성향을 띤 것으로 오인하게 만든 점도 없지 않아 있었다. 따라서 이 연구를 통해 범부가 '하고자 했던 그것'의 본질에 좀 더 객관적으로 접근, 그 실천적인 면보다는 그것의 저변에 있는 사상적 이론이 어느 정도 규명될 수 있었다고 생각된다.

셋째, 범부가 자신의 글 전반에서 이야기하고 있는 '화랑정신－신라정신－풍류도'의 상관관계를 파악할 수 있었다. 범부의 사상은 통상적으로 '풍류'라는 말로 규정되어 왔으나 이에 대한 구체적인 논의나 명확한 이해가 없었다.

그러나 이 연구를 통하여 그의 사상 체계는 신도설교에서 출발, '화랑정신－신라정신－풍류도'라는 테두리 안에서 보다 구체적으로 논의될 수 있었다. 또한 이러한 논의를 통해 그가 말하고자 했던 궁극은 무엇이었으며 범부의 사상이 오늘에 어떻게 읽히고 있고 어떠한 특징과 의의를 가지며 앞으로 또 어떻게 읽혀질 수 있을지를 파악할 수 있었다.

이완재는 자신의 글에서 '시대적 변천을 뛰어 넘어 오늘날 화랑도정신에서 우리가 배우고 구현해야 할 점이 무엇일까?'라는 물음을 던졌다. 그리고 그 답으로 첫째, 공동체 의식의 강조, 둘째, 정리일관(情理一貫)의 인간관 확립, 그리고 셋째 인간과 자연이 혼연히 융합하는 조화로운 자연관을 말하였다.[1]

물론 화랑도의 저변에 깔려있는 상무적 기풍은 지양되어야 할 것이다. 그러나 생생과 공존을 위한 풍류도 정신은 우리민족의 혈맥에서만이 아니라 전 우주적 차원에서 면면히 이어져야 할 것이다. 그리고 이를 발판으로 앞으로 범부연구에 대한 장은 더욱 확장될 수 있을 것이다.

---

1) 이완재, 「화랑도의 현대적 구현」, 『신화랑 신천년 학술 세미나』 자료집(대구한의대학교, 2010.6.5).

참고문헌

〈범부 원문류〉

① 단행본

金凡父, 『花郎外史』(初版), 海軍本部政訓監室, 1954.
______, 『花郎外史』(再版), 凡父先生 遺稿刊行會, 1967.
______, 『花郎外史』(三版), 以文出版社, 1981.
______, 『風流精神』(初版), 정음사, 1986.
______, 『風流精神』(再版), 영남대학교 출판부, 2009.
______, 『凡父遺稿(政治哲學特講)』, 以文出版社, 1986.
______, 「國民倫理特講」, 『國民倫理研究』 Vol.7 No.1, 韓國國民倫理學會, 1978.
______, 「국민윤리특강」, 『화랑외사』 三版, 이문출판사, 1981.
______, 『동방사상강좌』, 영남대 고문헌실 소장, 이종익 기록, 출판년도 · 출판사 미상.
______, 「주역강의」, 『동방사상강의』, 보련각, 1975.
______, 「五行說과 東方醫學의 原理」, 『道教와 科學』, 比峰出版社, 1990.
______, 『凡父 金鼎卨 단편선』, 최재목 · 정다운 엮음, 도서출판 선인, 2009.

② 기타

金鼎卨, 「列子를 읽음(一)」, 『新民公論』 신년호, 新民公論社, 1922.
金凡父, 「老子의 思想과 그 潮流의 概觀」, 『開闢』 제45호, 開闢社, 1924.
______, 「朝鮮文學의 性格」, 『新天地』 통권 45호, 新天地社, 1950.4.
______, 「韓國人과 유머」, 오종식 · 이희승 外, 『여원』, 여원, 1957.7.
______, 「風流精神과 新羅文化」, 『韓國思想』(講座 3), 高句麗文化史, 1960.4.

______, 「花郎 勿稽子 抄」 『(月刊)自由』 13집, 月刊自由, 1970.3.
______, 「風流精神과 新羅文化」, 『韓國思想』 3, 韓國思想講座編輯委員會 · 編, 1960.
______, 「東方文化의 類型에 對하여」, 『瑞光』, 광주사범대학 학도호국단, 1964.7.
______, 「歷史와 暴力」, 『새벽』送年號, 새벽社, 1954.
______, 「邦人의 國家觀과 花郎精神」, 『最高會議報』 2, 국가재건최고회의, 1961.
______, 「國民的自覺의振作을爲하여」, 『자유문화』, 자유문화연구센터, 1963.2.
______, 「우리는 經世家를待望한다」, 『政經硏究』 1, 한국정경연구소, 1965.
______, 「老子의 思想과 그 潮流의 槪觀」, 『개벽』 45, 개벽, 1923.3.
______, 「持敬工夫와 印度哲學」, 『불교사 불교』 50 · 51권, 불교사, 1928.1.
______, 「韓國名賢史話全集－新刊 · 書評」, 『東亞日報』, 1960.6.18.
______, 「活氣와 苦憫의 山水－風谷畵展平」, 『東亞日報』, 1957.12.12.
______, 「民族의 烈士－旺山先生 殉國52週忌에 즈음하여」, 『東亞日報』, 1959.10.31.
______, 「우리 民族의 長短－自我批判을 爲한 縱橫談」, 『朝鮮日報』, 1961.8.27.
______, 「經典의 現代的 意義－병든 現代는 東方의 빛을 求하라」, 『大學新聞』, 1959.10.26.
______, 「雲水千里」, 『한국일보』, 1960.1.1, 3, 4, 5, 6, 7, 8, 9, 10, 11.

〈원전류〉

『論語』, 『三國史記』, 『三國遺事』, 『芝峯類說』, 『研經齋全集』, 『休翁集』, 『東史綱目』, 『星湖僿說』, 『與猶堂全書』, 『龍潭遺詞』, 『朝鮮王朝新綠』, 『春秋左傳』.
白川靜, 『字統』, 東京: 平凡社, 1984.
諸橋轍次, 『大漢和辭典』, 東京: 大修館書店, 昭和六十年 修訂版.
『認可(해산)關係綴』, 檀紀四二八六年以降, 汶坡教育財團, 학교법인 영남학원 보관.
『會議錄綴』, 檀紀四二八六年以降, 汶坡教育財團, 학교법인 영남학원 보관.
『경주최씨고택 사랑채 복원공사 수리보고서』, 경주시, 2006.
『영남대학교 50년사』, 영남대학교 50년사 편집위원회 편, 영남대학교출판부, 1996.
『韓國史大事典』, 柳洪烈 감수, 풍문사, 1974.
「범부문고목록」, 영남대학교 중앙도서관.

〈국내 자료〉

① 단행본류

강우방, 『한국고대조각사의 원리 Ⅰ - 圓融과 調和』, 열화당, 2004.11.
金相鉉, 『新羅의 思想과 文化』, 一志社, 1996.
김광식 편, 윤창화 사진, 『한국불교 100년』, 민족사, 2000.
김동리, 『김동리 전집 8 - 나를 찾아서』, 민음사. 1997.
김삼웅 편저, 『친일파 100인 100문』, 돌베개, 1995.
김용구, 『한국사상과 시사』, 불교춘추사, 2002.
김정숙, 『김동리의 삶과 문학』, 집문당, 1996.
김지하, 『디지털 생태학: 소곤소곤 김지하의 세상이야기 인생이야기』 4, 이룸, 2009.
______, 『김지하의 예감: 새로운 문명을 찾아 떠나는 세계문화기행』, 이룸, 2007.
______, 『율려란 무엇인가: 김지하 율려 강연 모음집』, 한문화, 1999.
______, 『이 가문 날에 비구름』, 동광출판사, 1988.
김택규, 『花郎文化의 新研究』, 한국향토사연구전국협의회 편, 문덕사, 1995.
김화경, 『일본의 신화』, 문학과 지성사, 2002.
______, 『한국 신화의 원류』, 지식산업사, 2005.
柳洪烈 감수, 『韓國史大事典』, 풍문사, 1974.
白光河, 『太極旗 - 易理와 科學에 依한 解說 - 』, 동양수리연구원 출판부, 1965.
신은경, 『풍류 - 동아시아 美學의 근원 - 』, 보고사, 2003.
안자산, 『조선무사영웅전』, 성문당, 1947.
吳濟峰, 『나의 回顧錄』, 물레출판사, 1988.
유동식, 『풍류도와 예술신학』, 한들출판사, 2006.
이석규 편, 『'民'에서 '民族'으로』, 도서출판 선인, 2006.
이양호, 『방법으로써의 종교』, 이문출판사, 2003.
이영희, 「金東里 小說의 思想的 背景 研究」, 성신대학교 대학원 박사학위논문, 1999.
이용주, 『동아시아 근대사상론』, 이학사, 2009.
이종후 선생 추모문집, 『永遠한 求道의 길』, 유헌 이종후선생 추모문집 간행회 편, 세종문화사, 2009.6
이희승 편, 『국어대사전』(수정 3판), 민중서림, 2010.
임형택, 『문명의식과 실학 - 한국 지성사를 읽다 - 』, 돌베개, 2009.
전진문, 『경주 최 부잣집 300년 부의 비밀』, 황금가지, 2005.
정달현, 『우리시대의 정치사회사상』, 영남대출판부, 2003.
정운현 엮음, 『學徒여 聖戰에 나서라』, 없어지지 않는 이야기, 1997.

조자용, 『한국인의 삶 · 얼 · 멋』, 안그라픽스, 2001.
조재삼, 강민구 역, 『松南雜識』 10, 소명출판, 2008.
최병규, 『풍류정신으로 보는 중국문학사』, 예문서원, 1999.
최재목, 『멀고도 낯선 동양』, 이문출판사, 2004.
최제우, 『동경대전』, 박맹수 역, 지만지, 2009.
최해진, 『경주 최부자 500년의 신화』, 뿌리 깊은 나무, 2006.
월터 J. 옹, 『구술문자와 문자문화』, 이기우 · 임명진 역, 문예출판사, 2004.
텐파니 다나카, 『동아시아, 문제와 시각』, 문학과 지성사, 2004.
프랭크 웨일링 외 11인, 『종교-지도로 본 세계의 종교의 역사』, 김한영 역, 갑인공방, 2005.
황산덕, 『법철학과 형법』(석우황산덕박사회갑기념논문집), 신성인쇄사, 1979.
황선희, 『동학 · 천도교 역사의 재조명』, 도서출판 모시는 사람들, 2009.
황종연, 『신라의 발견』, 황종연 엮음, 동국대학교 출판부, 2008.

② 학술논문류

金庠基, 「花郎과 彌勒信仰에 대하여」, 『李洪植博士回甲論叢』, 新丘文化史.
김상일, 「고전의 전통과 현대」, 『한국문학』, 현암사, 1959.2.
김상현, 「曉堂 崔凡述의 生涯와 思想」, 『曉堂 崔凡述 스님 追慕學術大會-曉堂 崔凡述 스님의 生涯와 業績』, 曉堂思想硏究會, 2006.
金煐泰, 「彌勒仙花攷」, 『佛敎學報』 3 · 4合, 1966.
김석근, 「'국민운동' 제창과 그 이념적 지향」, 『제5회 동리목월문학 심포지엄 자료집』, 경주동리목월 문학관, 2010.3.
_____, 「'신라정신'의 '천명(闡明)'과 그 정치적 함의」, 2009年 凡父硏究會 第2回 學術세미나 자료집 『新羅-慶州-花郎精神 發掘의 先覺者 凡父 金鼎卨의 思想世界를 찾아서』, 凡父硏究會, 2009.10.
김열규, 「源花와 화랑-性의 갈등과 화랑: 왜 '원화'라야 했는가?-」, 『花郎文化의 新硏究』, 문덕사, 1995.
김용권, 「전통-그 정의를 위하여」, 『지성』, 지성사, 1958.6.
김정근, 「김범부(金凡父)를 찾아서」, 제4회 동리목월문학 심포지엄 자료집 『범부 선생과 경주문학』, 경주동리목월문학관, 2009.4.
_____, 「나의 外叔, 金斗弘 교수를 말한다」, 『圖書館學論集』 20집, 한국도서관정보학회, 1993.
_____, 「내가 보는 凡父와 東學」, 제5회 동리목월문학 심포지엄 자료집 『東學 창시자 崔濟愚와 한국의 천재 金凡父』(수정 · 보완판), 경주 동리목월문학관, 2010.3.

______, 「내가 보는 범부와 동학」, 제5회 동리목월문학 심포지엄 자료집 『東學 창시자 崔濟愚와 한국의 천재 金凡父』, 경주 동리목월문학관, 2010.3.

______, 「凡父의 家系와 가족관계」, 2009年 凡父硏究會 第2回 學術세미나 자료집 『新羅－慶州－花郎精神 發掘의 先覺者 凡父 金鼎卨의 思想世界를 찾아서』, 凡父硏究會, 2009.10.

______, 「김범부(金凡父)를 찾아서」, '제1회 범부 김정설 연구 세미나' 추가 배부용 자료(대구CC, 2009.6.6).

김충열, 「新羅의 調和精神과 三敎統一」, 『신라문화의 신연구』, 향토사학연구 전국협의회, 1995.

김태준, 「풍류도와 화랑정신」, 『한국문학연구』 제18집, 동국대학교 한국문학연구소, 1995.12.

______, 「화랑과 풍류정신」, 『신라문화의 신연구』, 향토사학연구 전국협의회, 문덕사, 1995.

김필곤, 「凡父의 風流精神과 茶道 思想」, 『茶心』 창간호(1993년 봄호).

문덕수, 「신라정신에 있어서 영원성과 현실성」, 『현대문학』, 현대문학사, 1963.4.

문덕수, 「전통과 현실」, 『현대문학』, 현대문학사, 1959.4.

민주식, 「東洋美學의 基礎槪念으로서의 風流」, 『민족문화논총』 15, 영남대학교 민족문화연구소, 1994.

______, 「풍류(風流) 사상의 미학적 의의」, 『미학 · 예술연구』 11, 한국미학예술학회, 2000.

______, 「風流道의 美學思想」, 『美學』 11, 서울대학교 한국미학회, 1986.

박맹수, 「凡父 金鼎卨의 東學觀」, 2009年 凡父硏究會 第2回 學術세미나 자료집 『新羅－慶州－花郎精神 發掘의 先覺者 凡父 金鼎卨의 思想世界를 찾아서』, 凡父硏究會, 2009.10.

______, 「범부 김정설의 동학관」, 제5회 동리목월문학 심포지엄 자료집 『東學 창시자 崔濟愚와 한국의 천재 金凡父』, 경주 동리목월문학관, 2010.3.

박현수, 「서정주와 미학적 기획으로서의 신라정신」, 『한국근대문학연구』 7, 한국근대문학회, 2006.

배영순, 「최시형의 지도노선과 동학교단의 분열」, 『한국문화사상대계』 2권, 영남대학교 출판부, 2000.

손진은, 「金凡父와 金東里, 그리고 徐廷柱의 상관관계」, 2009年 凡父硏究會 第2回 學術세미나 자료집 『新羅－慶州－花郎精神 發掘의 先覺者 凡父 金鼎卨의 思想世界를 찾아서』, 凡父硏究會, 2009.10.

申炯魯, 「내가 만난 凡父선생과 曉堂스님」, 『茶心』 창간호(1993년 봄).

우기정, 「凡父 金鼎卨의 '國民倫理론' 構想 속의 '孝'」, 『동북아문화연구』 제19집,

동북아시아문화학회, 2009.6.

______,「凡父 김정설의 〈國民倫理論〉에 대하여-「國民倫理特講」을 中心으로-」,『동북아문화연구』 제22집, 동북아시아문화학회, 2010.3.

유종호,「한국적이라는 것-그것을 어떻게 규정할 것인가」,『사상계』 문예증간호, 사상계, 1962.11.

이도흠,「風流道의 實體와 풍류도 노래로서「讚耆婆郞歌」」,『신라학연구』 8, 위덕대학교 신라학연구소, 2004.

이동환,「韓國美學思想의 探究(Ⅲ)-風流道의 美學聯關(上)-」,『한국문학연구』 창간호, 고려대학교 민족문화연구원 한국문학연구소, 2000.

이문재,「인간성에 대한 새로운 인식이 시급하다-'율려문화운동' 펼치는 시인 김지하」,『문학동네』 1998년 겨울.

이봉래,「전통의 정체」,『문학예술』, 문학과 예술사, 1956.8.

이완재,「범부 선생과 동방사상」,『김범부 선생과 경주문학』, 동리목월문학 심포지엄 자료집, 2009.

______,「화랑도의 현대적 구현」,『신화랑 신천년 학술 세미나』 자료집, 대구한의대학교, 2010.6.5.

이용주,「凡父 金鼎卨의 사상 체계와 전통론의 의의」, 2009年 凡父研究會 第2回 學術세미나 자료집『新羅-慶州-花郞精神 發掘의 先覺者 凡父 金鼎卨의 思想世界를 찾아서』, 凡父研究會, 2009.10.

______,「범부의 종교관」, 제5회 동리목월문학 심포지엄 자료집『東學 창시자 崔濟愚와 한국의 천재 金凡父』, 경주 동리목월문학관, 2010.3.

이종후,「나의 求道의 길 1」,『철학회지』 제1집, 영남대 철학회, 1973.10.

______,「전통사상의 계승과 외래사상의 수용-그 기본 태도에 관하여-」,『철학회지』 제5집, 영남대 철학회, 1975.5.

이태우,「일제강점기 한국철학자 연구(Ⅰ)-범부 김정설의 풍류도론-」,『인문과학연구』 12집, 대구 카톨릭대학 인문과학연구소, 2009.12.

이철범,「신라정신의 한국적 전통론 비판-서정주씨의 지론에 대한」,『자유문학』, 자유문학사, 1959.8.

장일우,「한국적인 것과 전통적인 것」,『자유문학』, 자유문학사, 1963.6.

전상기,「소설의 현실 구성력, 그 불일치의 의미: 김범부의 '화랑외사'와 김동리의 '무녀도'를 대비하여」,『겨레어문학』 40, 겨레어문학회, 2008.6.

정다운,「凡父 金鼎卨의『花郞外史』에서 본「花郞觀」」,『동북아문화연구』 제23집, 동북아시아문화학회, 2010.6.

______,「凡父 金鼎卨の『花郞外史』から見る「花郞觀」」,『東アジア「武士道の研究」国際ｼﾝﾎﾟジャム』 발표집, 北京外國語大學 日本學研究センター, 2009.

2.15.
정달현, 「凡父의 國民倫理論」, 『현대와 종교』 10집, 현대종교문제연구소, 1987.
정종현, 「국민국가와 '화랑도'」, 『신라의 발견』, 황종연 엮음, 동국대학교 출판부, 2008.
정태용, 「전통과 주체적 정신－세대의식 없이 옳은 전통은 없다」, 『현대문학』, 현대문학사, 1963.8.
조동일, 「우리 학문론의 재인식」, 『泰東古典研究』, 翰林大學校 泰東古典研究所, 1993.
_____, 「전통의 대화와 계승의 방향」, 『창작과 비평』, 창작과 비평사, 1966.7.
조연현, 「민족적 특성과 인류적 보편성－서정주와 김동리의 전통에 대한 태도를 중심으로」, 『문학예술』, 문학과 예술사, 1957.8.
조흥윤, 「화랑의 종교문화」, 『신라문화의 신연구』, 향토사학연구 전국협의회, 1995.
진교훈, 「동방사상의 중흥조 '凡父 김정설'」, 『대중불교』 제113호, 대원사, 1992.4.
_____, 「凡父 金鼎卨의 생애와 사상」, 『철학과 현실』 64호, 철학문화연구소, 2005년 봄.
최광식, 「花郎에 대한 연구사 검토」, 『花郎文化의 新研究』, 문덕사, 1995.
최문형, 「건국이념에서 본 동학의 공동체윤리관 조명」, 『동학연구』, 한국동학학회, 2003.3.
최재목, 「東의 誕生」, 제5회 동리목월문학 심포지엄 자료집 『東學 창시자 崔濟愚와 한국의 천재 金凡父』, 경주 동리목월문학관, 2010.3.
_____, 「범부 김정설의 '崔濟愚論'에 대하여」, 『동학학회 9월 월례발표회 논문집』, 동학학회, 2009.9.
_____, 「凡父 연구의 현황과 과제 및 凡父의 학문방법론」, 2009年 凡父研究會 第2回 學術세미나 자료집 『新羅－慶州－花郎精神 發掘의 先覺者 凡父 金鼎卨의 思想世界를 찾아서』, 凡父研究會, 2009.10.
_____, 「李退溪의 肖像畫에 대하여」, 『退溪學論集』 第2號, 嶺南退溪學研究員院, 2008.6.
_____, 「崔南善 『少年』誌現れた陽明學と近代日本陽明學」, 『일본어문학』 33호, 한국일본어문학회, 2006.5.30.
_____, 「韓国における「武の精神」·「武士道」の誕生」, 『양명학』 제22호, 한국양명학회, 2009.4.
최재목·이태우·정다운, 「「凡父文庫」를 통해서 본 凡父 金鼎卨의 東洋學 지식의 범주」, 『儒學研究』 제18집, 충남대학교 유학연구소, 2008.12.

_____, 「凡父 金鼎卨 연구를 위한 예비적 고찰」, 『일본문화연구』 제24집, 동아시아일본학회, 2007.10.
최재목 · 정다운, 「범부 김정설의 『風流精神』에 대하여」, 『동북아문화연구』 제20집, 동북아시아문화학회, 2009.9.
_____, 「'鷄林學塾'과 凡父 金鼎卨(1)」, 『동북아문화연구』 제16집, 동북아문화연구, 2008.9.
최재목 · 정다운 · 우기정, 「凡父 金鼎卨의 日本 遊學 · 行蹟에 대한 檢討」, 『동북아시아문화학회』, 2009.5.
최재석, 「花郎研究의 成果－초기부터 1986년까지를 중심으로－」, 『花郎文化의 新研究』, 문덕사, 1995.
한흥섭, 「「鸞郎碑序」의 風流道에 대한 하나의 해석」, 『한국민족문화』 26, 부산대학교 한국민족문화연구소, 2005.
_____, 「풍류도와 한국전통음악의 연관성」, 『국학연구』 5, 한국국학진흥원, 2005.
홍기돈, 「김동리의 소설 세계와 범부의 사상」, 『한민족문화연구』 12, 한민족문화학회, 2003.6.

③ 학위논문류
김숙정, 「김동리 초기 단편소설의 인물 연구」, 단국대학교 교육대학원 석사학위논문, 2007.
김찬호, 「김동리 소설의 사상적 배경연구: '화랑의 후예' '등신불' '역마'를 중심으로」, 고려대학교 인문정보대학원 석사학위논문, 2006.
김철웅, 「김동리 초기 문학과 문학교육」, 홍익대학교 교육대학원 석사학위논문, 1999.
이희환, 「김동리와 남한 '국민문학'의 형성」, 인하대학교 대학원 박사학위논문, 2007.

④ 기타
柳達永, 「씨뿌리는 사람들」, 『自由文化』 창간호, 自由文化研究센터, 1963.
申采浩, 「朝鮮歷史上 一千年來 第一事件」, 『丹齋 申采浩 全集』 下, 丹齋申采浩全集 編輯委員會 編, 乙酉出版社, 1972.
오종식, 「잊을 수 없는 사람－뒤에서 감싸준 金凡父 형」, 『新東亞』, 동아일보사, 1972.12.

〈국외 자료〉

① 단행본류

中見立夫,『岩波講座・帝國日本の學知: 第3巻 東洋學の磁場』, 東京: 岩波書店, 2006.

段玉裁 注,『說文解字注』, 鄭州: 古蹟出版社, 2006.

宮田節子,『朝鮮民衆と「皇國化」政策』, 東京: 未來社, 1997.

韓晳曦,『日本の朝鮮支配と宗教政策』, 東京: 未來社, 1996.

金正明 編,『朝鮮獨立運動 Ⅰ－民主主義運動篇－』(分册), 東京: 原書房, 1967.

三品彰英,『新羅花郎の研究』, 三省堂, 昭化一八年, 1943.

鮎貝房之進,『雜攷』 第4輯, 京城: 朝鮮印刷株式會社, 昭和6, 1931.

② 학술논문류

今村丙,「新羅の花郎を論ず」,『朝鮮』 161, 朝鮮總督府, 1928.

三品彰英,「新羅花郎の研究」,『朝鮮 古代研究』 第1部, 東京: 三省堂, 昭和18, 1943.

______,「新羅花郎の源流とその發展」,『史學雜紙』 第四五編第一〇~一二號, 昭和九年十月(1934)~一二月.

______,「新羅の奇俗花郎制度に就いて－新羅社會史の研究－」,『歷史と地理』 第二五巻第一號－第二七巻第五號, 昭和四年一月(1929)~昭和五年五月(1930).

池內宏,「新羅の花郎について」,『東洋學報』 24, 東洋學術協會, 1936.

八百谷孝保,「新羅社會と淨土教」,『史潮』 第七年第四號, 昭和十二年八月, 1937.

③ 학위논문류

朴己煥,「近代日韓文化交流史研究 : 韓國人の日本留學」, 日本 大阪大學 文學研究科 博士學位論文, 1998.

〈신문류〉

김지하,「嶺南學과 영남대학: 60주년 기념 인터뷰/김지하 석좌교수」,『영남대학교 개교 60주년 기념호』, 영남대학교 신문방송사, 2007.

崔凡述,「청춘은 아름다워라」,『國際申報』, 전체연재 기간: 1975.1.25~1975.4.5.
(범부 관련 기사: 1975.1.25, 2.5, 2.12, 3.8, 3.26, 3.27, 3.31, 4.5 총 8회)

記者未詳,「再建運動 中央委員 50名을 委囑」,『東亞日報』 1961.11.12.

記者未詳, 「불교 친선 수행」, 『매일신문』 1939.8.6.

〈기타 자료〉

崔凡述, 凡父의 講義 '花郎과 風流道'를 記錄한 노트, 年代未詳.

〈인터넷 자료〉

http://www.toyamamitsuru.jp/(검색일자: 2009.3.3).
http://www.toyo.ac.jp(검색일자: 2009.3.20).
http://search.yahoo.co.jp/(검색일자: 2009.4.10).
http://www.toyo.ac.jp/museum/institution/index.html(검색일자: 2009.4.30).
http://www.tendai.or.jp/index.php(검색일자: 2009.5.25).
http://www.tufs.ac.jp/index-j.html(검색일자: 2009.11.30).
http://stdweb2.korean.go.kr/search/List_dic.jspl(검색일자 2010.5.1).

정다운(鄭茶雲)

영남대학교 문과대학 철학과 졸업.
동대학교 대학원 한국학과 박사과정 졸업. 문학박사. 한국학 전공.
현재 〈범부연구회〉 선임연구원

『凡父 金鼎卨 硏究』(공저, 대구프린팅, 2009), 『凡父 金鼎卨 단편선』(공편, 선인, 2009) 등이 있으며 논문으로는 「凡父 金鼎卨의 風流思想에 대한 硏究」－멋 · 和 · 妙를 중심으로」(영남대학교 박사학위 논문, 2010.6), 「凡父 金鼎卨 연구를 위한 예비적 고찰」(공동, 2007), 「범부 김정설의 『風流精神』에 대하여」(공동, 2009), 「凡父 金鼎卨の『花郎外史』から見る「花郎觀」」(2009) 등이 있다.

e-mail: 0707@ynu.ac.kr